U0127338

THE
TIME TRAVEL HANDBOOK

亂入 時空旅行團

帶你完美路過兩千年來
— 20個歷史現場 —

FROM THE ERUPTION OF VESUVIUS
TO THE WOODSTOCK FESTIVAL

WYLLIE, ACTON
威利、艾克頓
AND GOLDBLATT
還有 戈布雷著

張綺容、陳湘陽 譯

【圖片來源】

對於本書所使用圖片之版權擁有者，出版社皆已竭力知會並註明出處，若有疏漏，懇請版權擁有者撥冗告知，俾使敝出版社得以勘誤。

Francis I by Jean Clouet (p.20), Louvre Museum; *Henry VIII at the English Camp* (p.22–23), Royal Collection Trust/Her Majesty Queen Elizabeth II; *Henry VIII after Hans Holbein* (p.27), Walker Art Gallery. *V For Victory* (p.57), Picture Post/Getty Image; *Dancing in the streets* (p.62), Photo12/UIG/Getty Images; *Piccadilly Circus* (p.64) and *Churchill, Attlee and Bevin* (p.67), Keystone/Getty Images. *Michael Lang and Artie Kornfeld* (p.72), Bill Eppridge/Life/Getty Images; *Breakfast* (p.77), John Dominis/Life/Getty Images; *Undress Code* (p.81), Silver Screen/Movipix/Getty Images; *Swami Satchidananda* (p.84), Mark Goff/WikiCommons; *Country Joe* (p.87), Jason Laure/Woodfin/Getty Images; *Lost girl* (p.90), Three Lions/Hulton Archive/Getty Images. Tea tax cartoon (p.103), Mohawks (p.109), Hulton Archive/Getty Images. *Charles I* (p.113), Fine Art Images/Superstock/Getty Images. *Tardivet and Miomandre* (p.144), Bibliothèque Nationale de France. *Berlin Wall 'Death Strip'* (p.161), Thierry Noir/WikiCommons; *Brandenburg Gate* (p.167), Sue Ream/WikiCommons; *Rostropovich* (p.173), L. Emmett Lewis Jr. © Stars and Stripes. *Charlie Parker* (p.239), Gilles Petard/Getty Images; *Lindy Hoppers at The Savoy* (p.242), Charles Peterson/Hulton Archive/Getty Images; *Outside Minton's Playhouse* (p.247), William Gottlieb/Redferns/Getty Images. *Fab Five* (p.253), Astrid Kirchherr/K&K/Redferns/Getty Images; *The Beatles at The Top Ten Club* (p.260), Ellen Piel/K&K/Redferns/Getty Images; *The Beatles at The Star Club* (p.265), Ulf Kruger/K&K/Redferns/Getty Images. *Mobutu introduces Foreman and Ali* (p.268), George Walker/Liaison/Getty Images; *Foreman in training* (p.274), Neil Leifer/Sports Illustrated/Getty Images; *Ali prepares* (p.277), Stringer/AFP/Getty Images; *Ali throws the Big One* (p.281), The Ring Magazine/Getty Images. *Kublai Khan* (p.293), Dea/Getty Images. *Tahitian women* (p.311), Time Life Pictures/Mansell/Life/Getty Images; *The Endeavour* (p.318), SSPL/Getty Images. *Up Pompeii!* (p.330), Art Media/Print Collector/Getty Images. *John Ball* (p.337), British Library Board. *Union artillery unit* (p.356), *Zouave uniform* (p.361), *Colonel Dixon Miles* (p.364), *Union attack* (p.367), *Federal Cavalry at Sudley Springs* (p.368), *Senators Zachariah Chandler and Benjamin Wade* (p. 369), all Library of Congress.

所有地圖由 Magnetic North 製作。

目錄

碗糕時空旅行社
WYLLIE, ACTON & GOLDBLATT'S

亂入時空旅行團
Time Travel Tours

歷史會重演。重演第一次像悲劇，重演第二次度假去。

有人說：過去是異域。我們說：準備好護照度假去。威利、艾克頓與戈布雷（簡稱碗糕 Wag）時空旅行社推出多套穿越時空行程，讓我們替你打點食宿，帶你穿越歷史場景，再送你平安回府，沿途參觀的都是絕妙的歷史時刻。本公司的「咻一下時光機」舉世無雙，採用電漿時空往返科技，不僅精準降落在正確的時空，更可以將時空干擾減至最低，再也不會有穿越團員被丟包在錯誤的世紀，也不會回來後發現自己跟嬸婆交換了身分。

敝社認為穿越時空不盡然是鬧劇，歷史重來就該大肆慶祝、無樂不作、愜意歡度。你覺得回到過去就該像這樣是嗎？那麼敝社的「盛典＆展覽行程」非你莫屬。你要不要去金襴會瞧瞧歐洲封建晚期的虛浮華靡？看看英法兩國貴族在碩大的露天營帳裡設宴飲酒、縱馬挺矛、脫帽向亨利八世和法蘭西斯一世致敬。此外，1851年的萬國工業博覽會也頗有看頭，敝社將帶你探索維多利亞時代的倫敦，參觀水晶宮裡形形色色的展品。你若嫌這行程不夠歡樂，敝社還推出1945年倫敦歐戰勝利日和1969年紐約上城胡士托音樂節，兩套截然不同的體驗，同樣讓你與眾人一齊嗨翻天。

倘若你是經驗老到的穿越團員，敝社建議你去看看改寫歷

史的重大事件。碗糕時空旅行社精心策劃「歷史轉捩點行程」，
包準讓你直擊歷史轉輪，帶給你超凡的五感體驗。想感受古老
政權傾頹的氛圍？想見證現代世界興起的瞬間？不妨穿越到英
國內戰末年瞧瞧查理一世被送上斷頭臺，或是到法國大革命方
酣之際見證凡爾賽婦女大遊行。對於口味現代一點的團員，敝
社在短短的二十世紀裡精選了兩套行程，一套在頭，一套在
尾：起頭的是第一次世界大戰導火線——1914年斐迪南大公暗
殺事件，壓尾的是東西德冷戰的終結——1989年柏林圍牆倒塌
事件。

　　若有穿越團員想來趟歷史反思之旅，碗糕時空旅行社還推
出「文化盛典＆運動盛事行程」，保證你入寶山絕不空手而回。
敝社精挑細選的歷史現場路線，帶你返回貌似難以重現的經典
歷史現場，在你面前重播當年的盛況：從古代奧運會到莎士比
亞環球劇場開幕夜，從孕育咆勃爵士樂的二戰時期紐約到披頭
四發跡的戰後德國漢堡，還有拳王阿里對上喬治·福爾曼的叢
林之戰，口味多樣，任君挑選。

　　有些團員膽子大、能吃苦，敝社新推出加長版「海陸史詩
饗宴行程」，可隨同馬可波羅暢遊十三世紀元朝上都六個月，
或是與庫克船長同船三載航向澳大利亞。對於那些泰山崩於前
而色不變的團員，敝社竭誠歡迎你加入「超越極限行程」，包
括超人氣維蘇威火山爆發龐貝毀城浩劫、中世紀末葉農奴起義
火燒倫敦，還有敝社最新鉅獻——美國內戰之旅，保證前排座
位，讓你一睹牛奔河之役南北兩軍的飛揚跋扈和兵敗將亡。

　　不論你選中哪個行程，本書就像希臘女神雅典娜身旁的貓
頭鷹使者替你指點明路。敝社一面編纂這本指南，一面早出晚
歸，把行程全跑過一遍，靠著這後見之明為你擘劃穿越歷史路
線，帶你在正確的時間到達正確的地點，教你怎麼吃、怎麼住、
怎麼買——當然還有怎麼回家。馬克思叔叔認為：「人類創造

歷史，卻無法選擇時空。」敝社無法讓你創造歷史（畢竟木已
成舟），但敝社能讓你選擇時空。「過去」歡迎你。快來加入敝
社的穿越團吧！

注意事項：穿越細則及條款

服儀問題

穿越團員必須盡量混入人群，因此，碗糕時空旅行社將依
據各位貴賓的行程提供服裝。不過，有些貴賓或許已經有
合適的衣裳，還有些貴賓或許想自己訂做，煩請這些貴賓仔細閱讀本
指南的服儀說明。如遇團員膚色面貌與古人迥異，恐有招惹異樣目光
之虞，敝社身經百戰的假體暨化妝部人員將就地採取行動。

健康問題

所有穿越團員出發之前都必須接受嚴格的健檢，單單一隻
看似無害的病毒，就足以讓毫無免疫力的古人全城覆沒。
同樣的道理，前往高危險時空的貴賓回程時必須接受健檢，如有必要
將進行隔離。有些舟車勞頓的行程，譬如「海陸史詩饗宴行程」和「超
越極限行程」，敝社有權拒絕體弱多病的團員報名，並建議各位貴賓
投保回溯健康險。

語言問題

除了比較現代的行程之外，各位團員的母語應該都派不上
用場。說英語的團員如果沒有先修十六世紀英語會話課就
穿越回伊麗莎白時代的倫敦，鐵定會發現自己說的話別人都聽不懂，
別人說的話自己也聽不懂。因此，碗糕時空旅行社依照貴賓選擇的時
空提供各位語言及民情課程，除了教授基礎會話，還介紹當地的肢體
語言、風俗人情、言行舉止。請注意，這些課程非上不可，所有團員
都必須具備粗淺的語言能力。

時空干擾 ··

敝社的穿越行程都經過精心挑選,各位貴賓在人群中絕對不會惹眼。敝社之所以無法安排登陸月球之旅,或是讓各位貴賓與凱撒、拿破崙之流勾肩搭背,道理就在這裡。即便如此,各位穿越團員仍須戰戰兢兢,千萬別干預你所參觀的事件,儘管時空連續體很穩定,不會受你現身過去等小動作所干擾,但大動作絕對不行。各位貴賓若有違規之虞,碗糕時空旅行社有權將你遣返回現代,概不賠償任何損失。

各位貴賓可略略與群眾來往,並進行飲饌等日常活動。這些行為儘管會改寫歷史,但造成的結果微不足道,不至於難以忍受,譬如回到現代後你可能不愛爵士樂而改迷速度金屬,或者另一半不叫潘姆而改叫萊諾。這些更易就像職業傷害一樣在所難免。不消說,紀念品是一定不能帶的,以免古董市場行情大亂。此外嚴禁手機及相機。自拍?想都別想。

以上穿越細則及條款如有違反情事,後果自負,敝社概不承擔。

第一部
PART ONE

盛典 & 展覽行程
CELEBRATIONS
& EXHIBITIONS

金襴會
The Field of the Cloth of Gold

時間：1520年6月8日～6月24日
地點：英屬加萊行省

1520年6月，英王亨利八世（Henry VIII）與法王法蘭西斯一世（Francis I）於今天的法國北部舉行露天盛會，為期逾兩週，英法兩國封建貴族出席者眾，以締結兩國和平為名義，慶祝法王之子與英王之女文定，會場政治氣息濃厚，走的是十六世紀的務實政治，史稱「金襴會」，由十八世紀史家起名。金襴會是千載難逢的時機，兩位文藝復興國君得以武君之姿互別苗頭，拿出騎士風骨向臣子誇耀，展現自己是歐洲政壇的璀璨明星。

二王的行宮雄偉壯麗，華麗的營帳鋪天蓋地，兩人安頓好、會晤過後，緊接著就是盛大的騎士比武，雙方騎士或是策馬揮槍、或是步戰競技，更有種種享樂及歌舞筵席穿插其間。

注意 ▶ 本穿越團主要安排參觀英國營地，如有貴賓想體驗法語喧嘩，期盼敝社能在不久的將來帶你蒞臨「樂香居德哈都」（按：金襴會的法文音譯）。

歷史充電站：雙王會

英法雙王會有一段頗長的歷史。1254年，英王亨利三世（Henry III）於法國夏特會晤法王路易九世（Louis IX），兩位國君一同騎馬至巴黎赴宴，席間相談甚歡。1259年雙方再會，簽署英法和平條約。1396年，英王理查二世（Richard II）會晤法王查理六世（Charles VI）。這次的雙王會聲勢更浩大，兩國的關係更進一步，雙方相會時正值英法百年戰爭，英王理查二世迎娶七歲的法國公主伊莎貝拉（Princess Isabella），雙方化干戈為玉帛。

自羅馬帝國滅亡以降，歐洲君王莫不大興軍事，英王亨利八世和法王法蘭西斯一世也不例外，畢竟保疆衛國和開疆拓土是君王職責所在，君王須得以身作則，展現武將威儀和貴族風骨。不過，反面聲浪自十六世紀初便接踵而至。在學界，伊拉斯謨（Erasmus）等新人文主義學者認為太平之治最能展現君主威儀，倡導不講武將風範改尊騎士氣節。在政壇，兩位睥睨全歐的政治家有志一同，皆盼能撲熄肆

虐全歐的連天烽火，其中一位是教皇利奧十世（Pope Leo X），他憂心鄂圖曼帝國在東方日漸壯大，另一位是英國樞機主教渥西（Cardinal Wolsey），因為唯有長治久安，他才能將英國從歐洲邊陲推上政壇中心。

主教與教皇爭當和事佬，不久後便有了1518年的倫敦條約，由教皇邀請歐洲各國簽訂，共同維護歐陸長久和平，法國便是簽署國之一。席間英法說定聯姻，法國王儲與亨利八世的女兒瑪麗公主（Princess Mary）定親，但書是兩國君主協議會晤並舉行騎士比武大會。英法雙王會和親與比武缺一不可，因為王儲訂親雙方才有偃旗息鼓的理據，而操戈策馬才能展示雙方武力。

接下來一年半，英王和法王互比誰送的禮大，雙方政客七嘴八舌，檯面上吵的是雙王會的繁文縟節，檯面下卻是兩國的政治角力。英國主事者是宮務大臣兼第一代伍斯特伯爵查爾斯・桑默塞（Charles Somerset），法國則由海軍上將加斯帕德・科利尼（Gaspard de Coligny）主導。

儘管雙方相持不下，但終究在 1520年4月拍板定案，雙方王公貴族都得共襄盛舉，參與這場勞師動眾的雙王會，兩國各動員六千人，連人帶馬外加行篋從英法各地運至昔英屬加萊行省。

─────{ 行程簡介 }─────

　　貴賓的落地時間是1520年6月8日，地點是阿德爾鎮和吉訥鎮之間車轍馬跡遍布的通衢。這兩個城鎮位在今天法國北部，各位貴賓將降落在這條通衢上距吉訥鎮一哩處，這裡在當時是英屬加萊行省，距離加萊港十哩。法國因克雷西會戰大敗，1347年將加萊割讓給英國。這裡也是各位團員的返航點，請貴賓於6月24日在此集合。

　　就在貴賓穿越前一天，六千多名英國王公貴族浩浩蕩蕩抵達吉訥鎮，但貴賓抵達時，通衢上依舊是車轔轔、馬蕭蕭，請貴賓往西朝英國營地吉訥鎮走，沿途應該會碰到法國的國璽大臣安東‧杜伯哈（Antoine Duprat）及海軍上將古菲耶（Guillaume Gouffier）馳騁而過，在雙王會正式展開前到英國營地向亨利八世請安，英國的禮數自然也不落人後，派遣五、六位朝臣策馬奔馳過通衢，前往法國營地阿德爾鎮晉見法蘭西斯一世。通衢上絡繹不絕的還有一山一山的建材和食糧，或用車子載著，或用騾子馱著，川流不息往英國營地送。營地周遭可見遊民、乞丐、扒手出沒，看準接下來幾天必有殘羹和布施，先前來卡位分一杯羹。

英國營地

　　貴賓抵達吉訥鎮時，首先映入眼簾的不是石造的城堡、不是教堂的尖塔、不是櫛比鱗次的屋幢，而是城堡前搭起的三百

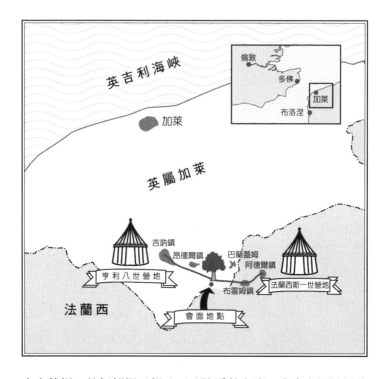

座大營帳，整個都鐸王朝及王公隨扈就在那一座座斑斕繽紛的帳篷底下，帳篷有的圓、有的方、有的長。這幾日英國的達官貴族暫以營帳作為寓所，有些大族的寓所多達十幾座營帳，其間以遊廊和穿堂銜接。這可不是格拉斯頓伯里草地音樂祭，只是看著有些像，中央頂篷和四周旗桿旌旗翻飛，最外圈是不太衛生的下人房，裡頭歇著僕從、幫傭、馬夫、護甲師傅。亨利八世的行宮就在營地正中央、吉訥城堡的正前方，外觀富麗堂皇，數幢兩層樓高的磚造建築相連在一起，屋頂上搭著營帳。

住宿

貴賓進入英國營地後，可以看到各營帳皆以上色木板支撐和裝飾，最奢華的營帳還鋪設地板及踢腳板。都鐸王朝的王徽隨處

可見，包括吊閘圖騰和紅白玫瑰，但貴賓千萬別各於抬頭，瞧瞧那支撐營帳的椽柱上雕鏤著富麗的百獸紋，有龍、有獅、有鹿、有羚羊、有獅鷲，還有靈犬。

你未來兩週的東道主是亞德利安‧佛特斯裘爵士（Sir Adrian Fortescue），因此要請你找一下爵士的營帳，營帳上飾有佛特斯裘家族的盾徽，藍色盾面，左上到右下斜著一道白色斜紋，斜紋兩側緄著兩道波紋，兩道波紋另一側各繡一道金線，用通俗拉丁文來說，這種盾徽叫做「azure a bend engrailed argent cotised or」。

你的東道主亞德利安爵士為受封騎士，領地在赫特福德郡，新近喪偶，要服五年的喪，這一向心事滿腹，不會留心營帳裡多了一張嘴吃飯，除非你走到他跟前，那可就另當別論。投宿期間，請你務必待在佛特斯裘家族營帳中最邊角的小圓帳裡。瞧見佛特斯裘家的家僕制服了？敝社備了一件給你換上，好讓你混進宴會廳。啥？你說你坐哪兒？瞧見那排汙水桶了嗎？接下來兩週就由你執掌了。

英王行宮

亨利八世在吉訥鎮的行宮占地一百平方碼，四幢建築圍成天井，建築以石造為底，上頭砌磚牆，磚牆高八呎，上築泥笆牆，泥笆牆面開縱向天窗，牆頂鑲義式木造壁帶，壁帶以十字與葉紋裝飾，最上層以木材搭建梁柱和橡木，最後再掛上彩繪的帆布。整幢行宮修建不到三個月，動員上千名工藝精湛的工匠，木材和現成牆板從英國各地運來，玻璃由法蘭德斯供應，帆布則來自西歐各處。

你要是上前走近雕花繁複的宮門，不妨留心門前堂皇富麗的大噴泉，上頭裝飾著數尊酒神巴克斯的木雕，在開筵日，兩股美酒從噴泉口瀉流直下，一股紅酒，一股白酒，因受壓而汨

汩流出，一旁有陶罐供賓客自取，你大可跟著眾人拿陶罐接酒來喝。宮門上裝飾著大天使米迦勒的雕像，刻意向法國的騎士守護聖者致敬。

你走進宮門來到行宮內的大天井，兩群營帳立刻躍入眼底，樞機主教渥西下榻在左邊，英王胞妹薩福克公爵夫人瑪麗公主（Mary, Duchess of Suffolk）下榻在右邊。左右營帳後方各是一字排開的磚牆建築，左側是亨利八世的寓所，右側是凱薩琳王后（Queen Catherine）的居處，地底以暗道相連，至於國王的寓所則設遊廊直通後方的吉訥城堡，遊廊兩側栽種著扶疏的黃楊。行宮內的營帳守衛森嚴，閒人難近，你要能往裡頭瞥上一眼，定要瞧瞧凱薩琳王后那組百花繡帷，一共九幅，以金子和絲線織成。樞機主教渥西的會客大廳也掛著華麗的掛毯，據傳其中一組繡的是「佩脫拉克的勝利」。縱使你不入內，在營帳外也能聞到王室寓所內新摘花草的甜香。

你最有機會登堂入室的是正對宮門的那排正廳，樓高兩層，一樓終日熙攘，三位老資格的王室重臣（宮務大臣、內庭總管、財務大臣）在此辦公，王室各司皆設在此，包括貨棧司、珠寶司、御膳司、香料司、餐酒司、盥皿司（執掌王室飲膳盥沐用水及器皿），此外還有管家禽的、管瓢盆的、管菜糧的。正廳二樓是宴會廳，須循內梯而上，爬到頂是一尊鎧甲步兵像，進入宴會廳後不妨瞧瞧頭頂的彩繪帆布，上頭繁複的藻飾包括亞歷山大‧巴克利（Alexander Barclay）那篇流傳甚廣但晦澀難解的布道文，他是當前宮內的神學新寵，1515年成為聖本篤修會修士，1513年翻譯出版德國詩人塞巴斯蒂安‧布蘭特（Sebastian Brant）的諷刺詩《愚人船》（*The Ship of Fools*），這在1520年是絕佳的談資。

你從宴會廳後門出來後沿著迴廊走，可以從連通道進入行宮的禮拜堂，裡頭寬綽宏偉、鑲金鍍銀，兩旁是挑高的皇家祈

禱室，又稱節日密室，是王室專屬的包廂座位，正中央的聖壇
點著金色高燭，擺放高逾四呎的珍珠十字架，聖壇後的管風琴
是從英國宮廷運過來的，天天都望彌撒。

飲饌

　　金襴會的酒食階級分明，你這十四天雖然能吃到幾場大宴，但多半還是在佛特斯裘爵士的營帳內用餐。當時有頭有臉的貴族都在自家進膳，餐餐都是湯湯水水配上硬邦邦的裸麥麵包。貴賓你的眼睛可要張大一點，御膳房偶爾會放飯給貴冑及其家臣，膳房附近隨時可見乞丐、隨營婦、痲瘋病患、吉訥鎮民之類的人在那兒碰運氣。

　　餐桌上的水純用來盥洗，你在英國營地主要是喝麥芽酒，共分成三次搾，越搾品質越差，第三搾稱為淡啤酒，酒精濃度最低，專供僕從和孩童飲用。前文提過，葡萄酒只有開筵日才有，平常日喝不太到。

　　你參加大宴時必會發現，當時吃一頓飯要上好幾道菜，鹹的甜的都有，家禽、野味、烤魚、蒸魚、鹹派、甜餅、醃肉、烤肉自然不會少，說不定還能吃到天鵝等珍禽，而且分作兩頓吃，第一頓先吃天鵝肉，下一頓用天鵝頭、天鵝頸、天鵝毛拼成整隻天鵝再上桌。根據英國宮廷帳目統計，這十四天一共購入各色禽鳥六千四百七十五隻，雞蛋近十萬枚，大羊、小羊合計三千四百零六頭，小牛八百四十二隻，大牛三百七十三頭。

法國營地

　　你身為亞德利安・佛特斯裘爵士的低賤家臣，要是闖進法國營地，那可是大大的違禮，敝社叮囑你萬萬不可，不過隔著安全距離眺望眺望那倒是沒問題。法國的王公貴冑紮營在阿德爾鎮，在英國營地東邊偏南，兩地相距五哩，你從來的那條路上往反方向走就對了，抵達後會看見法蘭西斯一世下令營地四

《法蘭西斯一世肖像》，由宮廷畫家尚·克盧埃（Jean Clouet）所繪，
成畫時間在雙王會前後，鍊墜是大天使米迦勒像，王袍是典型的文
藝復興風格。

周要挖的壕溝已經挖好，城牆需要修葺的也已經修葺好，營地
就在壕溝和城牆中間，裡頭搭了將近四百座帳篷，住著成群的
法國爵爺和貴戚。

　　法蘭西斯一世的寓所應該能在城西瞧見，這兒的聯排別墅
連同大營帳一同充當法王的行宮。值得一提的是位在城裡邊的

大宴會廳，以抄手長廊與行宮相連，據英國騎士埃德蒙・浩爾（Edmund Hall）所述，裡頭「宏偉壯觀，愜意快活」，係仿圓形劇場而建，外觀是三層石牆，裡頭則樓廳環抱，「常春藤做花結，各色常綠植物排成回字浮雕，十分賞心悅目」，頂篷則以金色星辰點綴。

　　阿德爾城的改建工程由海軍上將加斯帕德・科利尼和炮兵參謀賈克・熱努亞克（人稱熱努亞克的加里奧特）共同監工，後者調度有方，曾海運重炮過阿爾卑斯山，助法軍於1513年在米蘭取勝。營地工程大多在三百哩外的杜爾完成，當地的紡織業提供足夠的專業人力，承接法國宮廷浩大的工程，紡織工、絲綢工、皮革匠在杜爾主教宮裡日夜輪班，耗時三個月，一針一線縫出四百座帳篷，其中最吸睛的要屬王室主帳篷，金色布面拼接三道藍色絨布，絨布上鑲著法國國花金色鳶尾花，帳頂是一顆金球，你應該能看見金球上有尊高六呎、漆著金色和藍色的大天使米迦勒像，一手挺矛，一手持盾，腳邊還有一條斬成兩截的大蛇。法國營地許多帳頂都飾以金色大蘋果，係以胡桃木雕飾而成。克勞德王后（Queen Claude）的帳篷就在近旁，同樣是金色布面，但更輕盈、更鮮豔。王太后的帳篷則以絳紅和紫羅蘭雙色布料拼接。

每日行程

6月8日，星期四
雙王會

　　貴賓該在星期四上午抵達英國營地，此時準備工作正如火如荼展開，刷馬的刷馬，擦馬鞍的擦馬鞍，眾人莫不興高采烈、

引領企盼。約莫到了下午五點鐘，你會聽到三聲炮響，示意英王一行人已出發前往雙王會。此處響聲方落，遠方又是三聲炮響，宣告法王一行人也上路了。

　　英王的隨從由百名弓箭手領隊，有些是王室禁衛軍，有些是渥西的私軍，後方騎在馬背上的大批扈從，有些是侍臣，有些是騎士。亞德利安‧佛特斯裘爵士如果順利趕到，應該也會

英王抵營圖。圖右可見行宮和酒泉，右上角是比武場，左上角的龍會在倒數第二天望彌撒時出現。

列隊其中。高官顯爵跟在大批扈從之後，簇擁著亨利八世施施而來。領在英王前頭的是擎著王劍的多塞特侯爵（Marquess of Dorset），侯爵左方是身穿大紅綢袍的樞機主教渥西，右方的英王馭馬官亨利·吉爾福德爵士（Sir Henry Guildford）牽著國

王的備用馬匹，壓後的是十多位親信和獵友，另有一批貴冑隨侍在後，護送各區主教和外國使節。最後經過的是樂師和執事，包括十二名權杖員、十二名小號手、十二名傳令官，皆穿著都鐸王朝的官服，沿路吹打奏樂不絕。

　　法王的隨扈大同小異，但陣仗或許不如英王浩大。敝社強烈建議你別跑去法國營地或守在半路觀賞法王一行人，在雙王會的地點亞頓谷等待即可。率先騎馬抵達的是兩百名王室禁衛軍弓箭手，他們身穿金色大衣，領在騎兵隊前頭。殿後的兩百名王官攬轡前行，一百個瑞士近衛隊步行在側，十二個小號手緊跟在後，他們是法王和貴冑的前導，引領波旁公爵（Duc de Bourbon）和海軍上將古菲耶，以及法王身旁捧著王劍的馭馬官加里亞佐・桑瑟夫里洛（Galeazzo da Sanseverino），王劍裏以藍色絨布，上頭鑲滿金色鳶尾花。壓後的有洛林公爵（Duke of Lorraine）、阿朗松公爵（Duke of Alençon）、旺多姆公爵（Duke of Vendôme）、各區主教和大天使米迦勒騎士團。

　　英王及隨扈一離營，步兵立即列陣跟上，王室禁衛軍全員出動，身穿飾有金色玫瑰的都鐸官服，隨侍在英王一行人前後左右，四千多人浩浩蕩蕩，依據斥候通報的法王動靜時走時停，法國斥候也急忙奔回通風報信。有一回，英王一行人全數止步，與軍師討論前行是否安全。約莫到了七點鐘，你會走進亞頓谷，雙王及隨扈各就各位，站在山崗上面對面遙望。

　　樂聲止，兩行人皆無動靜。貴賓請留心看法蘭西斯一世，他會率先提轡上前行禮，三位親信緊跟在後。亨利八世也上前回禮，後頭跟著亨利・吉爾福德爵士、伍斯特伯爵、遣法使理查・溫蓋特爵士（Sir Richard Wingate），當然少不了樞機主教渥西。你瞧瞧溫蓋特爵士身上那件織錦袍多漂亮，那是法蘭西斯一世御賜的，但跟亨利八世的行頭一比，那可就差遠了，只見英王身穿銀色上衣、銀色罩袍，切縫飾以金線，滿身珠光寶

氣，脖子上掛著嘉德勳章和守護聖者聖喬治的碩大鍊墜，頭戴飾有花翎的黑帽。法蘭西斯一世則身穿時尚及臀格紋緊身上衣，衣料上飾以金絲銀線及各色寶石，腳下蹬著一雙白色長皮靴，頭上跟英王一樣戴著黑帽，絲絨材質，上頭鑲滿珠寶。

　忽然一聲低音號響，雙王隨扈收韁勒馬，英王和法王策馬前行至會面點，一桿長矛豎立在地，雙王舉帽致意、跨在馬背上互相擁抱，雙方人馬喝采叫好，僕從一時蜂擁而上，陪同雙王手挽著手進入小帳。帳外英王隨扈陣仗不亂、固守山崗，法王隨扈則按捺不住好奇趨到彼處，半生半熟攀談起來。約莫過了一個鐘頭，雙王出帳，雙方人馬互相擁抱，主教渥西神色凝重，一聲令下，雙王會告終，雙方在太陽西沉前打道回營。

6月9日，星期五
榮譽樹

　盾牌掛上榮譽樹，騎士比武大會正式展開。榮譽樹位在比武場一隅，以樹莓和山楂的枝幹交纏而成，象徵英法新結友好，下以石柱固定，並以木籬環繞。上午九點過半，雙王從各自陣營選出六十名貴胄及六十個侍衛，至榮譽樹懸掛盾牌。

　比武場是英國主場，榮譽樹正中央的位置因此留給了法蘭西斯一世，他率先掛上盾牌，接著亨利八世掛於其右，十四位廣發英雄帖的貴胄將盾牌掛在二王之下，最後掛上低枝的三面盾牌分別代表三種競技：灰黑色代表單人策馬比武，金褐色代表多人策馬比武，銀色代表步戰競技。接下來兩個鐘頭，挑戰者走到榮譽樹前輕觸三面盾牌，再將自己的盾牌留在圍籬上，最終總計有兩百名挑戰者留下盾牌。

6月11日，星期日
開筵宴客

　　過了晌午，只聽得一聲炮響，英王動身前往法國營地，法王也上路前往英國營地，兩人中途在比武場碰頭，再分別由彼此的王后接待。你若有緣潛入英國營地的宴會廳，便可見法蘭西斯一世與英國王后並未隨眾人共膳，其用膳區不得擅入，宴會廳則以繡帷掛帳一分為二，一百多名英國女官在一處用膳，二十位紳士隨侍在側但不飲食，法國顯貴波旁公爵和海軍上將古菲耶則在另一處與隨扈共饌。宴飲後眾人欣賞歌舞，英國樂官以小鼓、管樂、古提琴伴奏，法國樂師則以短笛和長號演奏「義式舞曲」，由舞者邀賓客共舞，與純演出的宮廷舞劇大不相同。

6月12日，星期一
策馬比武開賽

　　星期一早上，英國營地宛若空城，眾人泰半前往「金襴會比武場」（這名字是後人起的，當時還沒這種叫法）。比武場位於英屬加萊行省境內，地點在吉訥鎮和阿德爾鎮中間，長九百呎、寬三百呎，四周溝渠深八呎，開渠掘出的泥土則築成一道高聳的壁壘，比武場內以木柵和椿柱分隔空間，兩頭設臨時凱旋門，近吉訥鎮的凱旋門兩側是堅固的武裝廳，供英王和法王使用，榮譽樹則在近阿德爾鎮的凱旋門旁。比武場左邊是新搭好的后帳，高官顯爵當日在此觀賞比武，后帳右邊是略顯東倒西歪的三層樓看臺，供平民百姓觀戰使用。英王曾要求在看臺前挖一條深渠，以防閒雜人等入場干擾，但此地土質鬆軟，近日又有霪雨之患，看臺根基本來就不穩，開渠或有倒塌之虞，

亨利八世秀御寶,此為仿漢斯・霍爾班(Hans Holbein)畫風肖像。此
畫開風氣之先,在此之前分開腿站立被視為無禮之舉。

因此最後以加設木柵作結。

　　比武場正中央是一排罩著布的木牆，稱為「布罩」，十五世紀末引入賽制，便於騎士控馬揮矛時更加進退有節，從而減少傷亡。布罩左右設置柵欄，用意在輔助馬匹直行前進。

　　中午左右，克勞德王后和凱薩琳王后到場，過不久亨利八世和法蘭西斯一世也來了，後頭跟著各自的「擋男」（Tenans），也就是日前發英雄帖的貴冑，「擋男」身後跟著兩隊「吠男」（Venans），也就是挑戰者，帶頭的是阿朗松公爵和海軍上將古菲耶，接著是一連串的表演和儀式、舉矛和鞠躬，策馬比武大賽終於展開。

6月13日，星期二～6月17日，星期六
霪雨霏霏，泥中摔角

　　飄風急雨和夏日暴雨打亂了接下來五天的賽事。6月13日雨勢太大，比武場泥濘成一片，「布罩」兩旁的柵欄遭撤除，騎士無法順利馭馬前行，比賽沒看頭，索性取消。6月14日依舊淒風苦雨，不過下午十分精采，一則有摔角大賽，由英國侍衛出戰布列塔尼摔角手，二則有英國弓箭手表演射箭。

　　6月15日場地差不多乾了，策馬比武大賽再次展開，英王和法王雙雙下場。亨利八世與利森元帥（Marshall Lescyn）挺矛交戰，炒熱全場氣氛，英王不僅在場上出鋒頭，身上那件鑲金玫瑰菱紋罩袍也比法王更勝一籌。隔天又下雨，雖然有幾場賽事照樣舉行，但二王、二后缺席，也不見其他要人在場。6月17日太陽露臉，終於得以持戈縱馬，亨利八世和法蘭西斯一世狀況絕佳，雙雙出戰德文郡伯爵（Earl of Devonshire）領軍的「吠男」，亨利八世總計折斷長矛十八支，法蘭西斯一世折損十四支。

比武場和榮譽樹。你的位置在左側。

6月18日，星期日
收干戈，上酒菜

　　這天英國營地傳聞四起，眾人議論紛紛。一早法蘭西斯一世冷不防駕臨亨利八世的寓所，二王偕同至禮拜堂望彌撒，接著英王離營前往阿德爾鎮，法王則在凱薩琳王后的居處休憩直至開宴。宴會廳雖以繡帷掛帳隔開男賓和女官，但宴畢即撤除，以便賓主共舞。這天法蘭西斯一世領著十位舞伴進場開舞，穿的全是飾以花翎的絲絨長斗篷。

6月19日，星期一～6月20日，星期二
比武也要比行頭

　　策馬比武大賽最後兩天陽光普照。星期一英王和法王到場，舉行繁瑣冗長的贈禮儀式和贈馬大典。星期二雙王下場比武，貴賓不妨瞧一瞧法蘭西斯一世的裝束，上頭以胸針和刺繡仔細拼出騎士語錄，在場有法國王公替你解惑，各位貴賓儘管

各位貴賓別一味貪吃烤天鵝，以免像左下角那位倒楣鬼吐得慘兮兮。

發問，譬如星期二的裝束便暗藏著騎士座右銘：「心鎖在苦海，／因她，／不與我相戀。」

除了單人策馬比武，星期二也有多人策馬比武，騎士兩人一隊，比武場撤掉「布罩」，兵器包括鈍劍、長棒和短棍，雖說是比武，但比的是馬術，精采的也是馬術，騎士要能勒馬急轉、策馬飛奔，兵器相接力道才足。精明的騎士會算準步數和出招時機，在后帳前方舞劍揮棍。

6月21日，星期三～6月22日，星期四
步戰競技

接下來兩天是步戰競技，兩人在比武場隔著「布罩」較量，扭打擒抱施展不開，比的是使兵器的技巧，包括短劍、長槍、長矛。各位貴賓請留意亨利八世身上的盔甲，儘管英法兩國經

過繁冗的協商，規定英王不得穿戴其最先進、最精密的甲冑，但這天穿上身的已足以展現英國皇家兵工廠的種種革新。法蘭西斯一世堅持戴面罩式頭盔，並執意下身穿裙鎧，亨利八世則在頭盔和裙鎧之外加上腿甲和護胄，護胄是綁在皮帶上的鉸接金屬片，既能保護穿戴者又不影響其活動。

6月23日，星期五
比武場望彌撒

步戰競技告終後，大批工人漏夜趕工，先是整修比武場，在比武場中央搭起寬闊的舞臺，舞臺上興建大禮拜堂，禮拜堂內掛上繡帷、擺上珍珠十字架，眼尖的貴賓八成會覺得那十字架很眼熟，約莫是在英國營地的皇家祈禱室看過？隔日你到比武場，便可見大禮拜堂矗立在后帳和平民看臺之間，真是神乎其技。

彌撒於中午舉行，由英國樞機主教渥西主持。請你留心臺上諸位神職人員的位置，看看誰站得高一些、誰又站得矮一點。譬如渥西的位置就比法國樞機主教博伊西（Cardinal de Boisy）高，但比起法國其他樞機主教，渥西和博伊西顯然高出一截，兩國其餘主教的位置則低了一階。望彌撒時，兩國的皇家唱詩班齊聲合唱，管風琴自英國營地的皇家祈禱室搬來，在聲樂、低音號、短號的伴奏下，法國管風琴家皮耶爾・穆頓（Pierre Mouton）演奏了格外美妙的《祈憐經》（Kyrie）。

貴賓請留心看一看樞機主教波旁（Cardinal Bourbon），他會捧著《福音書》讓二王和二后親吻，緊接著英王和法王相擁並親吻平安器，象徵兩國和解，兩位王后也挽起彼此的手，主教準備舉揚聖體，讓餅酒成為耶穌的聖身寶血，此時請貴賓務必抬頭，你會看見天邊出現一條龍，其後時人寫道：「睹飛龍

盤旋，其形為獸，其體瘦長中空，從天邊橫過。」此獸雖常以噴火龍之姿出現在後代畫作中，但你目睹的其實是一只碩大華美的法國紙鳶，這紙鳶雖搶戲，但主教渥西的表情絕對值得你玩味再三。

6月24日，星期六
最後的晚宴

這天英王和法王再次前往對方的營地及行宮，在告別晚宴前，二王皆易容變裝，貴賓若留神細看，便可瞧見那騎在馬背上的大力士海克力斯不是亨利八世又是誰？他身披金獅毛皮，手持青緞木棍，身旁的隨扈有的打扮成希伯來列王、有的打扮成基督教勇士，例如亞瑟王和查理曼大帝。晚宴尾聲二王賜贈珠寶獎賞給比武大賽贏家。貴賓請盡情暢飲，宴畢別忘了返回佛特斯裘爵士的營帳，準備穿越回甜蜜的家。

萬國工業博覽會
The Great Exhibition

時間：1851年5月1日～10月11日
地點：倫敦

萬國工業博覽會簡稱世博，1851年夏天在倫敦舉行，普世同慶人類心靈手巧的奇蹟，展場是有史以來最大的溫室，展出超過十萬件展品，吸引六百零三萬九千一百九十五人參觀，相當於當時英國人口的七分之二，每天參觀人次差不多在五萬上下。雖然打著「萬國」的名號，但展品大半來自主辦國英國及其殖民地，整場博覽會頗有英國槓上異邦的味道。1851年正值大英帝國聲勢如日中天，煉鐵量占世界總額一半、棉布產量過半，稅收更是傲視群雄，難怪在博覽會上出盡鋒頭，更何況英國就是主辦國，占盡地主優勢。

敝社的貴賓對國際商展和世界博覽會司空見慣，很容易忽視萬國工業博覽會的驚人創舉。這是頭一次這麼多國家一起齊聚一堂（如果沙場碰頭廝殺不算的話），也是頭一次王公貴族和平民百姓無拘無束摩肩擦踵（英國階級之間向來壁壘分明）。1848年席捲全歐的革命浪潮才剛落幕，英國宮廷對法國

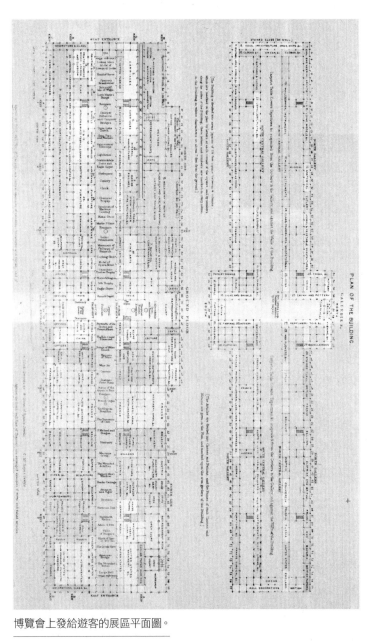

博覽會上發給遊客的展區平面圖。

大革命也還心有餘悸，原本很焦慮打破階級藩籬後果會不堪設想，沒想到大家相安無事，看展品看得難以挪步，爵爺看土包子看得張口結舌，土包子看爵爺也看得呆若木雞。

　　至於展品嘛，各位貴賓也千萬別錯過。有些展品令你大開眼界，有些展品則因路人瞧得目不轉睛而瞧得你目不轉睛。你見慣二十一世紀的光怪陸離，許多展品在你眼裡根本看不上眼，但卻足以讓維多利亞時代的英國人興奮不已。所以嘍，你就忘了那想到就揪心的倫敦千禧巨蛋，好好參觀 1851 年這場扭轉世局的博覽會吧。

▋**注意 ▶** 本穿越團安排的是二日遊，貴賓可在展期之間任選兩天，詳情請見「購票」一節。

歷史充電站：世博的由來

　　萬國工業博覽會的誕生要歸功於兩位男士，一位是郵票之父亨利・柯爾（Henry Cole），一位是弗朗西斯・阿爾伯特・查爾斯・奧古斯都・埃曼紐爾・薩克森—科堡・哥達（Francis Albert Charles Augustus Emmanuel Saxe-Coburg and Gotha），也就是維多利亞女王的夫婿阿爾伯特親王。阿爾伯特親王在參與籌劃世博之前，跟英國當今遲遲無法繼位的查爾斯王子一樣吃癟，除了當個小跟班陪同女王出席各大社交場合之外，急需尋求自我定位。藉由世博，我們親王似乎闖出了名堂，先前倫敦那票狗眼看人低的公子哥兒老當他是德國來的老古板，說他趨炎附勢、愛出鋒頭，這下都不敢作聲了。

　　事情是這樣的。1843 年，阿爾伯特親王當上英國皇家文藝學會會長，該學會臥虎藏龍，專事發揚各項工藝發明。兩年後，該學會在倫敦總部後方的岸濱街附近舉辦了一場小型展覽，展出各項得獎作品，得獎者之一「樂夏」（Felix Summerly）正是亨利・柯爾的化名，他設計了一組精妙絕

倫的茶具。展覽結束後柯爾加入學會，1848年向阿爾伯特親王提議舉辦全國展覽，預估籌備三年。

親王哼哼哈哈敷衍一陣，柯爾則赴巴黎參加數年一次的展覽，該展已經有五十年的歷史，柯爾在展場得知法國原先有意開放各國參展，後來雖然作罷，但卻讓柯爾起心動念，盤算著倫敦舉辦世界博覽會必能促進貿易，各國一來因為好勝、二來因為不敢不跟風，必定會躬逢其盛，英國則會受到舉世矚目，何樂而不為？

柯爾一回國便提議擴大展覽讓各國參與，阿爾伯特親王立刻被說動，一時之間風起雲湧，說定策展經費由各界認捐而非由國會出資。1850年1月，維多利亞女王任命皇家委員會負責籌備世界博覽會。3月21日，倫敦市長官邸的埃及廳大開盛宴，一來把風聲傳出去，二來爭取各界支持，出席賓客大約兩百人，包括各郡市長、外國大使、政客、軍界高官。筵席將盡，阿爾伯特親王對在座權貴顯要發表談話：「諸位先生，本次1851年世界博覽會乃一試金石也，此番大業能顯示全人類發展的程度，並為將來各國努力的方向指點明路。」

本穿越團將讓你親眼目睹這番誇誇其談實則所言不假。

｛行程簡介｝

萬國工業博覽會的地點在倫敦海德公園南面，占地十八英畝。二十一年後，阿爾伯特親王的紀念雕像長立於此，手裡捧著萬國工業博覽會的展品目錄，這其間自有文章，怎一個巧字能了得。

世博的選址曾引發地方人士反彈。住在肯辛頓區的名流驚恐萬分，想到自家土地要讓平民踐踏，一度還揚言要「罷舞」，嚷嚷著要搬到鄉下去避風頭，五、六月的舞會全數取消。不過呢，這些老爺貴婦終究沒遷走，縱使遷走，肯辛頓的商家照樣能大撈一筆，反正上門的顧客多的是，哈洛德百貨創辦人查爾

水晶宮南面入口，展覽會現場比這張明信片熱鬧得多。

斯・哈洛德（Charles Harrod）便是受惠者之一，你可以上他開在騎士橋區的小商店挑選野餐用品，從海德公園南面出去，走不過幾百碼就到了，這地方在當時還是個小村子，哈洛德的生意做得有聲有色，幾年後這爿小商店便擴大成百貨商行。

水晶宮

　　皇家委員會起初廣邀建築師標案設計展覽會場，總計收到兩百四十五件來稿，但都不夠吸睛，最後委員們索性關起門來集思廣益，其中又以伊桑巴德・金德姆・布魯內爾（Isambard

Kingdom Brunel）的點子最多。1850年6月22日，《倫敦新聞畫報》（*Illustrated London News*）刊出展覽館草圖，各地一時怨聲載道，一來設計風格毫無新意可言，二來整幢建築共需一千九百萬塊磚頭建成，全英國的磚窯廠都必須放下手邊工作，燒磚燒上數把個月，眼看就要無法如期完工。

就在這緊要關頭，救星出現了。他是德文郡公爵的首席園藝師約瑟夫‧派克頓（Joseph Paxton），先前為查茨沃斯莊園打造了碩大無朋的溫室，在預建好的鐵架上覆上玻璃，專門用來栽植王蓮。他解釋像世博展覽館這樣龐大的建築也可以使用這項先進技術，而且工時只要原來的一半。果不其然，這件差事落到了他手中。

儘管藝評家約翰‧羅斯金（John Ruskin）貧嘴薄舌，將派克頓的心血結晶比喻成小黃瓜攀爬架，但比起裡頭琳琅滿目的展品，水晶宮可是一點也不遜色，其十字格局介於中世紀教堂和鐵路車站之間，長大約三分之一哩、寬大約四百零八呎，以三百三十根大型鐵柱和數百根中小型鐵柱支撐，使用超過三十萬片玻璃建造而成。

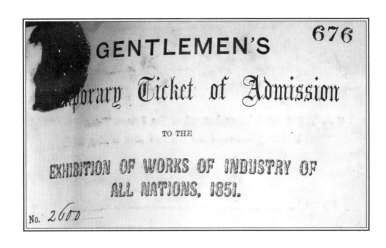

食宿・購票・服儀

敝社為各位貴賓預訂倫敦布魯克街梅寶尼飯店，該飯店後來由凱萊奇（Claridge）夫婦買下，即為今日赫赫有名的凱萊奇大飯店，房價含一客晚餐和床上早餐，竟然只要十五先令，折合英鎊大約一百六十五元，相當合算。貴賓倘若想走親民路線，敝社也可替你向湯瑪士・哈利森（Thomas Harrison）的家具倉庫訂床，地址在倫敦匹黎可區蕊樂那路。該倉庫在世博期間改建為旅社，名為「技師之家」，每晚提供一千張床位，附設飯廳、吸菸室、盥洗設備，還有一位醫師進駐，一晚一先令三便士。

敝社可請時空機駕駛員讓貴賓降落在你倫敦下榻處，但你若想降落在英國其他地方也行，轉乘蒸氣火車前往倫敦即可，同車的旅客將和你一樣興致勃勃體驗這種新奇的交通工具，沿途眾人異想天開，揣想進城後種種遭遇，聽得你更加興高采烈。

貴賓抵達倫敦後不用愁交通問題，但要小心公共馬車或出租馬車敲你竹槓，倘若碰上雨天，這些馬夫更是漫天開價，而且價格只漲不跌。

【購票】

本次世博穿越團的行程依各位貴賓選擇的開團日期而略有差別。開幕第一週票價較貴，人潮較少，撞見名人的機率較高，可是，無法跟廣大的庶民廝混，令人不免有遺珠之憾。親眼目睹維多利亞的平民百姓大驚小怪，那可精采了！至於名人嘛，你大有機會撞見維多利亞女王在展場信步閒逛，她怎麼也逛不膩啊，來來回回少說也逛了三十趟，一直逛到七月才到蘇格蘭的巴爾莫勒爾城堡遊獵去。不過你得早點到場，女王都在開館前幾個鐘頭就開始東轉西晃，晃到巧遇幾位臣民為止。你瞧瞧展場裡有沒有一位矮肥短的貴婦？頭上戴著王冠，胖到連下巴都看不見，那位就是了。你八成還會巧遇查爾斯・狄更斯（Charles Dickens）、喬治・艾略特（George Eliot）、路易斯・卡羅（Lewis Carroll）、艾蜜莉・勃朗特（Emily Brontë）等英國小說家，或許還會碰上桂冠詩人丁尼生（Alfred Tenny-son）和生物學家查爾斯・達爾文（Charles Darwin）

首屆世博門票價差很大，季

票男士要價三基尼、女士要價兩基尼，前者折合成今日幣值是三百四十六英鎊，後者則是兩百三十一英鎊。購賣季票雖然看似沒必要，但若想觀賞開幕典禮就非得持季票不可。開幕第二天、第三天的票價是一英鎊，第四天到第二十一天票價是五先令，第二十二天之後星期一到四票價一先令，星期五兩先令六便士，星期六則是五先令。

【服儀】

敝社將依據貴賓穿越回去的身分提供你服裝和配件。男士若想看起來體面，禮帽、手杖必不可少。此外，不論你穿越成什麼身分，頭飾都是一定要的，反倒後世認為代表維多利亞時代的蓄鬚風氣此時尚未流行，你要是留著大鬍子或絡腮鬍現身，人家還當你是法國佬哩。至於女士，荷葉邊蓬蓬裙正當道，裡頭搭一件亞麻混馬鬃的硬挺襯裙撐起裙襬——啊？你說怎麼不穿裙撐？因為裙撐要過幾年才會引進英國。至於首飾，一頂無簷軟帽便搞定，名媛和村姑都是這個造型。

【餐飲】

水晶宮裡提供的餐飲教人不敢領教，兩家點心坊賣你一盤火腿或一客豬肉派就要價六便士，若加點麵包配奶油還要加價兩便士，世博指定飲料舒味思蘇打水一杯六便士，冰淇淋一小球也是六便士，一大球一先令，這在當時簡直是天價，更有許多客人抱怨點心坊的女侍蓬首垢面。敝社建議你自備野餐籃前往，這樣一來還能規避禁酒令。你可以請梅寶尼飯店代你準備，也可以上騎士橋區找哈洛德開的小商店採買。

除此之外，消息靈通之士會溜達去快閃高檔餐廳「萬國宴」，現址為皇家阿爾伯特音樂廳，設席一千五百席，老闆是法國人，名叫艾萊西・松宜（Alexi Soyer），是英國史上第一位名廚，先前愛爾蘭鬧馬鈴薯饑荒，松宜發揮愛心，在愛爾蘭設立施粥廚房。你若上「萬國宴」享用法式英國料理，一餐兩先令到十先令不等，折合現代幣值為二十二到一百一十英鎊。

【突發事故】

貴賓身處狄更斯筆下的倫敦，扒手集團首領費根無法無天，你走在街上得隨時提防扒手，不過在水晶宮內倒挺安全的，因為統

治階級瞎操心，所以展場裡到處都是便衣和武警，警方還在水晶噴泉附近設了兒童走失和失物招領處。

如果貴賓的突發事故是要出恭，你可使用史上第一座收費沖水馬桶，這都得感謝高瞻遠矚的衛生工程師喬治・詹寧斯（George Jennings），出恭一次一便士，小恭的話男士可免費使用小便斗，女士則只能「以便士換便事」。

5月1日：開幕典禮

倘使貴賓買的是季票，便能參加5月1日的開幕典禮。縱然女王和親王要過了晌午才會到場，但水晶宮的大門九點就開了，敝社建議你能早點到就早點到，預留充分的時間逛水晶

維多利亞女王和阿爾伯特親王聯袂出席開幕典禮，當時講究的是莊重，沒人在放氣球的啦。

宮。一早才六點鐘，海德公園已經人滿為患，從白金漢宮到水晶宮的道路也堵得水洩不通。到了開館前後，路上已經排了一百萬人，其中十分之一是外客。

　　貴賓進入水晶宮後，趕緊挑個靠近展場正中央高臺的位置坐下，女王的座位就在高臺上，她那張繁麗的椅子是向印度館借的，絳紅鵝絨椅面，花青絲絨華蓋，上頭用鴕鳥羽毛繡著鳶尾花。十點鐘，展場開始冠蓋雲集。你若眼尖，便能瞧見八十二歲的威靈頓公爵（Duke of Wellington）向年事更高的安格爾西侯爵（Marquess of Anglesey）攀談，這可真是溫馨感人的一刻！這兩位耆老向來有心結，遙想當年滑鐵盧之役，主將威靈頓公爵毫不知體恤副將（也就是當時人稱「阿克斯布里奇勛爵」的安格爾西侯爵），兩位爵爺之間有一段千古傳誦的對話。

　　「天啊！我的一條腿沒了！」副將說。

　　「天啊，真的沒啦！」主將答。底下就沒話了。

　　日近正午，期待的氣氛愈見濃厚，先聽得一陣激越的號角聲響，接著遠處海德公園的九曲湖炮聲隆隆，震耳欲聾的歡呼響徹迴廊，水晶宮南面的管風琴奏起國歌，王室駕到進場！琴聲歇，煙硝散，阿爾伯特親王發表一席洋洋得意的談話，維多利亞女王夫唱婦隨，坎特伯雷大主教祝禱世博，各大教堂唱詩班放聲高唱韓德爾的〈哈利路亞大合唱〉。在悠揚的歌聲中插了一段歡樂的脫稿演出，只見一個中國佬跑到高臺前對女王和親王點頭哈腰，眾人還當他是哪裡來的達官貴人，殊不知他只是停泊在萊姆豪斯港埠一艘破船的船長，不過是一時百感交集罷了。

　　歌聲畢，王室成員在水晶宮裡兜轉一圈，正經細瞧幾樣展品，女王宣布展覽開始，語畢步下高臺離場，幾位激動的太太輪流搶坐寶座，感受椅面上女王尊臀的餘溫。

　　貴賓請別拘束，盡情參觀水晶宮吧。

{ 展品 }

旅遊指南有句老生常談，說什麼要逛完某大博物館要耗時多久云云，但這可是水晶宮啊，因此敝社不諱老哏，還是要囉唆一句：根據《泰晤士報》（*The Times*）估計，要好好把第一屆世博逛完，少說也要兩百個鐘頭。粗略來說，水晶宮的西半邊是大英帝國的展品，其餘異邦的展品全擠在東半邊，一樓展廳和二樓迴廊皆如此，不過二樓迴廊的展品比較玲瓏小巧，走的是瘋癲古怪的蒸氣機械風。

從南面進入水晶宮是最壯觀也最有人氣的，往裡頭走就是著名的十字翼廊，首先映入眼簾的是十棵榆樹，本來眾人以為會為了建水晶宮而砍掉，但你瞧瞧派克頓是怎麼處置的？不過就圍起來唄！一見這幾棵參天大樹，便知水晶宮有多遼闊，而且越往裡頭走感覺越寬敞，走到正中央是一座水晶噴泉，由富雷・奧斯托爾（Follet Ostler）打造，高二十七呎，以晶瑩剔透的粉紅玻璃為建材，不僅美得冒泡，而且還是無價之寶，更是野餐的人氣首選地。

大英帝國

水晶宮一樓大廳西半邊陳列的全是大英帝國的展品。貴賓請在北翼廊往左轉，先瞧瞧平淡一點的印度展區（更精采的在主大道另一頭，整座水晶宮由主大道一分為二）。首先看到的是「藝苑」（Fine Arts Court），這名字取得名不副實，裡頭其實包羅萬象，從頭髮製成的假花，到肯尼沃斯城堡園林的橡樹刻成的大型浮雕壁櫃，可說是應有盡有。再過去一直往西側大廳盡頭走是「機械運轉區」（Machines in Motion），這裡或許是世

醬子你滿意嗎？——印度展區陳列的貴族步輦。

博人氣最旺的展區，得以一窺即將翻天覆地的神奇創新科技。
機械運轉的動力來自水晶宮外的蒸氣鍋爐，其中令人眼睛為之
一亮的機械是詹姆斯・內史密斯（James Nasmyth）的蒸氣鐵鎚，
威力大到可以把碩大的鋼塊捶扁，但又細膩到可以把酒杯裡的
水煮蛋敲破而酒杯無損，整個運作過程你都得以親眼目睹。德
拉魯公司的專利信封機則是展場的另一亮點，能將平凡無奇的
紙張摺成信封，並且黏好、疊妥，一小時可產出兩千七百枚。
另一臺機械每分鐘可捲出一百根香菸，也同樣引來眾人圍觀。

「機械運轉區」再往南走是「火車頭展示區」（Locomotives），包括倫敦暨西北鐵路公司那臺有一千一百四十馬力的利物浦火車頭，此外還有路面輕軌，只是當時還沒有這個詞，製造商管它叫「街上跑的火車」。貴賓不妨留心四周參觀者見了這些交通工具的反應，跟二十一世紀初的觀眾見了無人機同一個模樣。

你要是看膩了蒸氣動力，請往南轉向主大道，你會先面向水晶宮西側的牆，迎面而來的是你映在世上最大鏡子裡的倒影。有了這面鏡子，寬敞的水晶宮更顯遼闊。貴賓請在此轉身，你會看見整座水晶宮從南往北延伸，水晶噴泉看上去就像個小圓點，落在一浪半（大約半哩）之外。請貴賓朝水晶噴泉走，你會先看到按照利物浦碼頭等比例縮小的模型，長約四十呎，停滿了一千六百艘迷你船艦。再往前你會看到更多模型，包括新啟用的不列顛跨海大橋，數根平行鋼管架在梅奈海峽上，堪稱工程奇蹟。看完不列顛跨海大橋的模型，接下來的展品可說是無奇不有，包括抹香鯨的頷骨、燈塔的照明系統，爭奇鬥豔的鴕鳥羽毛與早期攝影作品並陳，電鍍花瓶上描繪著阿爾伯特親王與莎士比亞、牛頓爵士等名人並肩。

貴賓走到水晶噴泉時大可歇歇腿，接下來再往南進攻，這一區或稱為「中殿西側」，是印度展區的第二區，也是比較富麗堂皇的一區。人稱印度是大英帝國「王冠上的寶石」，此區的鎮展之寶是孟加拉太守進貢給維多利亞女王的四樣大禮，包括華蓋天鵝絨寶座一張、鳳輦兩架（其一以象牙雕成）、精美的「好搭」（howdah）一張。你若是剛開展期間就穿越回去，大概會跟眾人一樣丈二金剛摸不著頭腦，不知這「好搭」作何用途。要再過一陣子，一頭填充大象才會從埃塞克斯郡薩弗倫沃爾登鎮的博物館送來，眾人這才恍然大悟，原來「好搭」是象馱的轎子，上頭有遮蓋，又稱「象轎」。

　　此區以西是加拿大區、西印度群島區、南非區和新南威爾斯區。加拿大區的人氣展品是雪鞋、雪橇等一望便知其嚴寒的器具，相較之下，紐芬蘭島的各色魚肝油產品就沒什麼人佇足。西印度群島區展示著五顏六色的水果和花朵，澳洲的新南威爾斯區和南非區的展品則多為珍禽異獸，包括填充鴨嘴獸一隻、一百零三磅的象牙一根和鴕鳥蛋數枚。

　　殖民地展區和英國本土展區之間有個緩衝區，是英國建築師奧古斯塔斯·普金（Augustus Pugin）策劃的中世紀展廳和英國雕像廳。普金的展品可謂用心良苦，目的在於沖淡英國展區的濃濃工業風，展廳一邊是形形色色的中世紀教堂裝飾，另一邊則是中世紀的家具、掛毯等，走的是維多利亞時代的哥德風，向美好的1450年代致敬。這些工藝品厲害歸厲害，許多人卻看不出門道，世博歌頌的不是美麗新世界嗎？展這些做啥？

　　相較於中世紀展廳門可羅雀，英國雕像廳可說是人山人海，儘管（或說是因為）輿論對此頗不以為然。人潮之所以這麼多、輿情之所以這麼不滿，都與展場內觸目皆是的裸體雕像有關——尤其是裸女雕像。裸女在今日雖是稀鬆平常，但在1851年卻非如此，縱使是石雕裸女也是難得一見的。

　　從中世紀展廳往西側大廳盡頭走，貴賓會感受到工業革命的氣息更加濃烈，最靠近主大道這一側的展品全依城市陳列，首先是伯明罕展出煤氣設備等中產階級家用品；雪菲爾的展品以鋼製品為主，包括全世界第一把瑞士刀，共計八十片刀片；另有約克郡的羊毛織品和曼徹斯特的棉製品。再往前則是一整排農具，引來穿著罩袍的鄉巴佬圍觀，這些鄉下人的眼底盡是痴迷，巴望著這些器具帶給農家子弟更輕鬆的未來。

　　是時候更上層樓了。

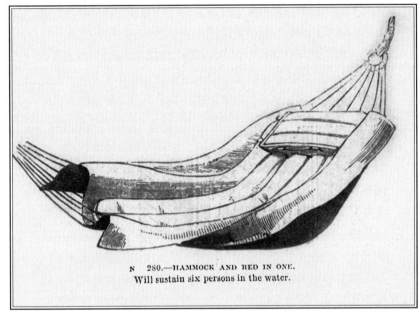

N 280.—HAMMOCK AND BED IN ONE.
Will sustain six persons in the water.

各項精巧的發明在世博大受歡迎，這個吊床改製的救生艇是經典到不行的
英國展品，看得參觀者嘖嘖稱奇。

西迴廊的英國展區

　　整座水晶宮迴廊合抱，將中殿圍成十字。你不妨倚著護欄
四下環顧，瞧瞧水晶宮有多遼闊，俯瞰人潮在底下展廳轉悠，
仰看翼廊的屋頂高聳入天，瞧完了再往迴廊南邊走，來到展覽
館南面入口正上方，你只消逆時鐘將西迴廊「攻一輪」，便能
逛完較為袖珍的大英帝國展品。

　　雖然講好要往西攻，但英國展區一開頭就入侵東迴廊，陳
列著所謂的新潮服飾，包括威靈頓帽（配威靈頓靴正好）、使
用鬆緊帶的服裝（讓穿戴者免受綁帶束縛）、鑲著一千三百顆
鑽石的格紋襪，從此處請往西迴廊走，史皮塔爾菲爾茲市集和

佩斯利市的絲綢立刻鋪天蓋地而來，此外還有花邊蕾絲、化學製品、藥劑和槍炮，包括劃時代的瞄準鏡一臺。

貴賓走進西迴廊後，找一找寫著「樂器、鐘錶、科學儀器、外科器具」的展示牌，維多利亞人的發明天才舉世無雙，在此區更是展露無遺，展品包括防水錶一只，在水杯裡滴答滴答好不歡愉；另有機械鐘一座，以電力作為動力，走在時代最前端。此外，現場還展出各式地球儀，其一以薄紙充氣製成。若要論受人矚目，則以瑪瑞魏斯博士（Dr Merryweather）的暴風雨偵測器為首，這大約是你頭一次看到用水蛭來報氣象的晴雨表。這水蛭呢有個習性，只要偵測到大氣壓力降低，也就是大雨將至之時，就會離開水面。你眼前這架暴風雨偵測器便是利用這個習性，水蛭一出逃便會觸動警鐘，預報暴風雨即將來襲。

貴賓若覺得看水蛭看得意猶未盡，不妨移駕到外科器具展區再找一找，除了水蛭之外，此區還擺了一根拐杖，握把可貯放藥品、醫療器材、灌腸器，另外還有一張床，只要預先設定好，時間一到就會傾斜床身，把睡在上頭的人摔下來，而且依照英國公共活動的優良傳統，現場還有波麗士大人充當實驗白老鼠示範給你看。另一項醫療器材奇觀則是一具可彎折的人體模型，以七千件鋼鐵零件組成。

貴賓逛到這裡已經是北翼廊西側，四周挨挨擠擠陳列著精美的英國瓷器，有的產自史丹佛郡，有的產自伍斯特郡。這一側設有內梯，貴賓可拾級而下至一樓展廳，在此「以便士換便事」（詳見「突發事件」一節），男女化妝室就在點心坊兩側，敝社建議你先行個方便，接下來才有餘裕對付異邦。

異邦

水晶宮東半邊陳列著大英帝國之外大小異邦的展品，大國

的展區在主大道兩側，小國則看哪兒有位置就往哪兒塞，不僅一樓展廳這樣陳設，二樓迴廊也比照辦理。因此，最佳參觀路徑便是以主大道為中軸呈之字前進，便能逛完一國又一國的展品。但這法子在二樓迴廊卻不適用。舉個例子，你若想逛遍奧地利的展品，之字前進只會摔死你，你只消沿著迴廊轉一圈，最後就會吐出這麼一句：「喔！又逛回奧地利了！」

一樓展廳

在你投奔異邦之前，先覷一眼大名鼎鼎的光之山鑽石，重達一百九十一克拉。1849 年日不落帝國併吞旁遮普省，這顆印度巨鑽從此落入英國手中，擺進華美的鳥籠展示在世博的主大道上，就在水晶噴泉東側，可惜你一路推推搡搡擠到前頭，一看就掃興，怪只怪時人切割技術欠佳，打光又不夠高明，整顆巨鑽黯淡異常，要到隔年重新切割，才會變成閃閃發亮的一百〇九克拉美鑽，眼前你就先享受碎嘴的樂趣。相較之下，一旁那組碩大的寶石耀眼得多，史稱「霍普典藏」，再過去是好大一塊金塊，開採自加州馬里波薩金礦。

主大道另一側是中國展區，但展品大多來自倫敦的商賈。或許你早就料到了？中國展區布滿了瓷器、漆器、絲綢、竹製品，但其中最令人浮想翩翩的，卻是奇形怪狀的樹根雕刻和用以燉燕窩的燕巢。這些巢穴是以金絲燕的唾液築成，歐洲人想破頭也想不到這是要如何入菜？只能繼續覺得東方人果然古怪。

從中國展區往東是瑞士展區，巧奪天工的雕刻玩具和家具林林總總，但要論印象深刻，則非鐘錶莫屬，所有你想得到的樣式和配戴方式都有，有掛在手鍊上的、鑲在戒指上的、嵌在羅盤上的，任君玩賞，維多利亞女王尤其鍾意這一區。再往主

大道另一側走，你會來到西班牙、葡萄牙及西葡殖民地，各式菸草商品一字排開，從哈瓦那雪茄到馬尼拉呂宋菸，無所不包，整個展場還以鼻煙噴香，擺放著一面西班牙格拉納達摩爾王朝修建的阿蘭布拉宮宮牆，另有鬼斧神工的鬥牛場雕塑一座。

西葡東邊是今天的義大利，貴賓穿越回去時這地方還各自為政，包括羅馬、托斯卡尼、薩丁尼亞王國（下轄薩瓦公國和皮蒙特區），展品以鑲嵌畫、貝殼雕刻、袖珍雕塑為主，其中有個櫻桃核雕，上頭雕著聖喬治大戰惡龍及二十四顆迷你人頭，將袖珍二字發揮到淋漓盡致。

貴賓請再往東走，主大道兩側是法國展區，參展數計一千七百四十件，僅次於主辦國。這位英國宿敵品味絕倫，把主辦國氣得是牙癢癢，不論是賽佛爾的陶瓷還是戈布蘭的掛毯，水準一看便知在英國之上，所幸英吉利海峽彼岸的農具和機械咸認是笨重的次等品，另有一尊維多利亞女王雕像也惹來爭議，高十八呎，表面鍍鋅，這材質女王不是很習慣吶。

再往前走的比利時和荷蘭展區分散在主大道兩側，荷蘭的展品包羅萬象，有世上吸力最強的磁鐵，也有珠光寶氣的科尼普豪森之鷹（Kniphausen hawk），這尊老鷹雕像跟真的老鷹一樣大，上頭鑲滿了紅寶石、紅玉、紫水晶。比利時的主要展品則是雕塑，尤其是那尊策馬的十一世紀十字軍戰士，各國雖然也有類似的展品，但以比利時這尊最為宏偉。

貴賓請再往東進入奧地利展區，也就是時人口中的奧地利帝國，其領土橫跨中歐、巴爾幹半島、義大利北部，展品包括精緻的威尼斯玻璃和米蘭雕塑，由於觀看人潮眾多，主辦單位不得不規劃單向看展動線。另有布達佩斯的銅、銀浮雕，上頭雕飾著亞歷山大打勝仗的場景。維也納端上檯面的是有七十二刻度的時鐘，另一項大受歡迎的展品則是香水，包括一座人稱科隆之水的古龍水噴泉，同樣的噴泉在水晶宮這一側共有兩

榆樹高過迴廊，將水晶噴泉襯托得更令人驚豔。

座，引來眾多仕女圍觀。

　　過了奧地利就是德國，不過嚴格說來德國還要二十年才建國，因此現場分成四個展區：薩克森王國、普魯士王國、北漢薩城邦、德意志關稅同盟，精采展品包括科隆之水噴泉（這次真的來自科隆），還有與十歲小童等高的水果盤，上頭飾以人

形，象徵人類從游牧進步到農業而後科學再臻於藝術，最頂點矗立著一個現代人（八成是德國人），他站在棕櫚樹上，手持火炬朝大蛇揮舞。不過呢，人氣最高的德意志展品是奧古斯特·奇士（August Kiss）雕刻的「亞馬遜女戰士擒虎」，女戰士栩栩如生聳峙在主大道上，東側是巴西唯一的參展作品，遠看還以為是兩束鮮花，近看才曉得是用羽毛做的假花。

主大道以東的壓軸好戲是俄國展區，沙皇尼古拉一世差人送來一套令人屏息的珠寶，但真正教人看到眼珠子凸出來的，卻是那間西伯利亞孔雀石廳，從整套餐桌椅到十二呎高的門扉，全用碧綠的孔雀石打造。位在俄國對側的是斯堪地那維亞展區，空間很小，憑良心講，各位團員不看也罷，但對瑞典鋼鐵愛不釋手的貴賓則另當別論。

逛到這裡，你肯定覺得已經環遊世界一周，迎面而來的是一樓展廳最後一個參展國——美國，首先映入眼簾的是尼加拉瀑布和重達七公噸的鋅礦。美國向以礦業立國，展區各處皆以各色礦石點綴，讓地質迷大呼過癮。但說實話，在剛開展期間，美國展區除了礦石之外幾乎一無所有，這讓英國佬樂暈了，他們對這位大西洋對岸的小表弟半是訕笑半是惶恐。美國展品無法如期運到，實在是運輸困難所致。

然而，等到展品運到，主辦國不得不承認這小表弟確實有一套，其展品以農具為主，比英國製的更輕、更快、更便宜，夏末進行實測結果也證明美國農具的性能確實在英國之上。此外，美國在「鎖匠大比拚」一項也大獲全勝，來自新英格蘭的鎖匠艾佛烈·查爾斯·霍布斯（Alfred Charles Hobbs）破解了英國布拉馬·丘伯公司的鎖具，獲得獎金兩百英鎊，至於其公司製造的「隱祕鎖」則無人破解。

其餘聲名大噪的美國展品包括塞繆爾·柯爾特（Samuel Colt）劃時代的左輪手槍、防止屍體腐化的真空棺材，維多利

亞人痴迷死亡，這項展品正中他們下懷；另有輕巧的可攜式縫
紉機一臺，英國人得以初窺這項即將改變數百萬婦女生命的科
技，不出幾年，艾塞克‧勝家（Isaac Singer）的縫紉機即將問世。

　　貴賓看了這麼多工業展品，不知是否也像法國作家司湯達
（Stendhal）當年看義大利濕壁畫那樣看得頭暈目眩？也就是犯
了人家說的「司湯達症候群」？別慌，水晶宮東北側的點心坊
多的是不知在貴什麼的吃食，兩側還設有化妝室供先生小姐方
便，經過這番整飭，貴賓請準備上樓，邁向敝社水晶宮穿越之
旅的尾聲。

東迴廊的異邦展區

　　或許該說聲謝天謝地！東迴廊這一側必看的展品比較少，
敝社建議各位團員上樓後往東南角走，走著走著你會感到寬心
自在，再次瞧見那雙鑲了鑽的格紋襪，這時請你往東行，首先
會回到法國展區，但這裡展的是織品和服飾，最亮眼的展品是
用頭髮織成的維多利亞女王肖像。

　　東迴廊南側主要是德意志關稅同盟展區，在一架又一架
的普魯士巴伐利亞鋼琴中，有一臺稀奇可貴的艾沃洛迪康
（Aeolodicon）簧風琴，係以踏板鼓動風箱發聲，另外還有各種
你想像得到的木製和錫製童玩，以及一棵點了燈的聖誕樹，這
在英國仍然是新玩意，枉費阿爾伯特親王努力推廣。此區最突
出的展品，要屬超俗氣的「搞笑園地」，策展者是來自斯圖加
特的赫曼‧布魯蓋（Hermann Ploucquet），共計上百隻動物標
本耍寶演出，全學著人類的樣子擺出各種姿勢，你瞧刺蝟在溜
冰，青蛙在給人剃鬍，松貂還當起了老師，訓斥一群調皮搗蛋
的兔子學生。

戶外展區

　　有幾件龐然大物水晶宮裡擺不下，只得四散在外頭，東側有法國救生艇和鑄鐵噴泉、瑞典巨大花崗岩十字架、中國垂絲柏、美國印第安錐狀帳篷；西側有碩大煤塊數枚、戰艦大小的船錨三支、少了鐵軌有些冷清的平交道一座，一旁還有名雕刻家夏樂馬羅切提（Charles Marochetti）的「獅心王理查」，就是日後立在國會大廈前的那尊雕像。貴賓請從此處穿越回家。

CHAPTER

3

倫敦歐戰勝利日
VE Day

時間：1945年5月7日～5月8日
地點：倫敦

倫敦行的！經過將近六年的戰亂，老百姓避難度日，僅靠配給物資餬口，躲過了德軍的飛彈轟炸，終於捱到了歐戰的尾聲。1945年5月8日，倫敦萬人空巷，眾人大開派對、盛況空前。本團穿越回去的時間抓得恰恰好，貴賓剛落地不久，廣播便宣布歐戰勝利。你可隨同眾人在浪蕩的蘇活區舉杯向邱吉爾（Churchill）致敬，喝他個昏天黑地，隔天睜開眼先到皮卡迪利圓環閱覽各家頭條，再上薩伏依大飯店享用歐戰勝利午宴，目睹特拉法加廣場人山人海，人人痛飲作樂、大肆慶祝，你將親耳聽見邱吉爾在白廳街對著群眾演說，親眼瞧見國王喬治六世（King George VI）在白金漢宮的陽臺朝五萬人民初試王室揮手。你可以跳上一整夜的康加舞，找一兩名美國大兵擁吻，拿出啤酒桶來敲開暢飲狂歡！

注意 ▶ 敝社將為有需求的貴賓開紐約二戰勝利團，帶你穿越回1945年8月14日的紐約，這天太平洋戰爭落幕，全紐約遠近同慶，快跟路人一同湧進時代廣場，接受從天而降的盛大彩帶洗禮！

歷史充電站：1945 無樂不作

看樣子英國早就心裡有數了。1945年初，德國大敗已露端倪，向來撙節用度的英國貿易委員會放寬棉布配給，准許販售紅、白、藍三色旗布，工務部則宣布「篝火解禁，惟廢物可燃」，此時雖然勝利在望，但終究是勝負未定。5月7日晚間，倫敦家家篝火、處處飄旗，焦躁不安的氣氛在街頭巷尾瀰漫，全城屏息等待政府放出消息，確定德國投降、歐戰告終。邱吉爾原先計劃5月7日一早宣布勝利，但卻被蘇聯拖住，蘇聯堅持先把消息壓下來，等德國簽完投降書再同時發布勝戰消息。但這個計畫也被打亂。美聯社率先在紐約報導德國投降，百萬人上街狂歡，把曼哈頓擠得水洩不通，眼看再等下去也沒什麼意思，邱吉爾授意英國廣播公司宣布：翌日5月8日為歐戰勝利紀念日。

｛行程簡介｝

貴賓的落地時間是1945年5月7日晚上六點，地點在玻璃屋街，你到達後請沿著這條窄街走，盡頭就是皮卡迪利圓環北邊。玻璃屋街也是各位貴賓的返航點，請於5月9日早上九點之前在此集合。

貴賓走到皮卡迪利圓環後只要瞧一眼，便知倫敦還處在戰爭時期：滿城的霓虹燈和招牌燈都熄著，圓環中央的愛神像用布匹罩著，上頭貼滿戰爭債券廣告。期盼興奮之情洋溢在空中，戰鬥機在倫敦上空放肆翻滾飛行了整個下午，報僮扯著喉嚨直喊「終戰了！」捲筒式衛生紙從市中心辦公大樓的窗口飛出來。派對即將展開。

比出「耶」的勝利手勢！這是邱吉爾引領的風潮。各位貴賓若想跟著一起比，可參考斜紋軟呢外套女士的手勢。

5月7日，星期一
歐戰勝利日前夕

　　各位貴賓，抵達皮卡迪利圓環後就是自由活動時間，但請盡量別離無線電廣播太遠，找個咖啡店、小飯館什麼的，晚間七點四十分就要正式宣布歐戰勝利！英國廣播公司的播報員會朗讀以下字句：「依據盟軍三巨頭協議，明天，5月8日，是為歐戰勝利紀念日，並為法定假日。」語畢，停泊在泰晤士河的上千艘拖船和船艦一齊長鳴汽笛。

　　終戰的消息傳遍全國大街小巷，皮卡迪利圓環率先開趴狂歡，一萬人在三個小時之內全聚集到附近，沙夫茨伯里大街上

燃起熊熊篝火，貴賓穿過蘇活區往北走，可見遭炸彈夷平的房屋地下室全點起了火苗，趁著還有呼吸的空間，你可以跟眾人搭火車跳康加舞，或是一邊唱〈呼基庫基〉*一邊跳舞，或是找個士兵翩翩起舞。不過由於天候不佳，派對戛然而止，午夜前後下了一場夏季雷雨，片狀閃電劃破天空，暴雨一下就是好幾個小時，你得趕快找個地方避雨，所幸這趟穿越之旅就只下這麼一場雨，翌日天氣乾爽、和煦如春。貴賓若是睏了，請往皮卡迪利圓環的攝政街口走，敝社已事先用你的大名在體面的攝政宮大飯店預定房間，地址是皮卡迪利圓環，W1區，電話是 Regent 7000，入內可見飯店中庭採刻花玻璃天花板，呈現出裝飾藝術的建築風格。

＊Hokey-Cokey，英語系國家流行的一種帶動唱，起源於英國民間舞蹈。

餐飲

英國實施配糧制已經實施了將近六年，近期之內還不打算取消，倫敦西區的餐廳、飯店、小飯館雖然照常營業，但糧食短缺、食材良莠不齊。有鑑於此，敝社不揣冒昧，擅自用貴賓的大名預訂薩伏依大飯店的午餐和晚餐，地址是岸濱街90號，WC1區，電話是 Temple Bar 4343，而且價格有點划算。儘管出入飯店的都是富商名流，但受戰時規定限制，午餐和晚餐都是五先令（另外，非房客會被多敲詐三先令六便士）。你在這裡可以見到內閣的成員和盟軍指揮部的將帥，舞臺上美國演奏家卡羅・吉朋斯（Carroll Gibbones）和薩伏依大飯店伴舞樂隊演奏著慵懶的爵士樂，你在樂聲流瀉中享用歐戰勝利午宴套餐，湯品是「尼斯清湯奏凱」（La Tasse de Consommé Niçoise de la Victoire），主菜包括「解放英倫三島雞佐快活油檸醬汁」（La Volaille des Iles Britanniques）和「大頭兵菲力」（Le Médaillon du Soldat），甜點是「盟軍聖代」（La Coupe Glacee des Allies），另附佐餐酒。勝利晚宴套餐稍微沒那麼豐盛，前菜是一道湯，主菜是一隻雞，

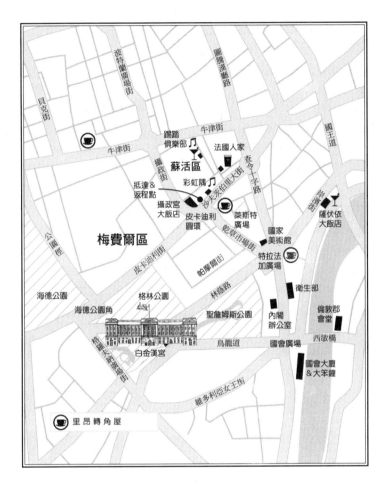

甜點則是冷凍蜜桃。

　　你若想吃得簡樸一點，可以上倫敦西區隨處可見的里昂轉角屋，其裝潢自有一番氣派，貴族平民都吃得起。你若穿著軍裝入內，店家還會招待你喝杯茶、吃個小餐包，店內餐點品項豐富，不論你預算再拮据都有得選。一樓是美食街，二到四樓是主題餐廳，大一點的分店甚至有五層樓，你可以來這裡吃個飯，順便打個電話、發個電報、理個容、洗個衣服，店內裝潢走的是浮誇的新藝術風格，故有「人民的宮殿」之稱。侍者清一色是女性，穿著黑白雙色制服，人喚「姐婕」

（Nippies）。「姐婕」在店內精心安排了0號座位，保證同志穿越團員滿意。里昂轉角屋分店眾多，若論一流則以岸濱街、科芬奇街和圖騰漢廳路為首。貴賓若想上大飯店吃飯，敝社為你安排了岸濱大飯店、攝政宮大飯店和坎伯蘭大酒店，都是二十四小時營業。口味現代一點的團員不妨試試最先打頭陣在倫敦開店的印度餐館，店址都在蘇活區附近，包括波希街的「杜芭印度風情」（Durbar）和「孟加拉印度料理」（Bengal Indian）、風車街的「印度餡餅」（Dilkush）和沃德街的「夏利瑪宮」（Shalimar）。

貴賓若只是嘴饞，街頭派對也是覓食的好地方。家家戶戶的儲藏室都洗劫一空，食品櫃一無所有，四鄰八舍把食材全拿出來大家享用，你家做蛋糕，我家做司康，滿街都是泛黃蛋粉和發灰麵團做的麵點，只有那些膽子大的才會思忖要不要品嚐。貴賓若不想品嚐請別惱火，想品嚐的也別吃太多，人家囤積這些也囤積了好些年啦。

真正迫在眉睫的是要上哪兒喝酒？夜幕才低垂，倫敦市中心的店家即告啤酒售罄。敝社建議你趁天色還亮著就先開喝，等天色暗了再到蘇活區的小商店或酒吧外帶幾杯。

5月8日，星期二
歐戰勝利日

5月8日一早陽光明媚，貴賓或許會先聽見教堂鐘響，這一天不論你人在哪裡，這噹噹之聲都將不絕於耳。你可以先繞到皮卡迪利圓環感受一下，只見滿眼望去都是報僮，路人會覷一覷你手中的報紙、找你搭訕幾句，《每日郵報》（Daily Mail）的頭條是「終戰了！」，《每日快報》（Daily Express）下的標題是「歐戰勝利日」，美國軍報《星條旗》（Stars and Stripes）的頭版橫著斗大的「納粹投降」四字，至於《每日鏡報》（Daily Mirror）則在終戰前就開始吊讀者胃口，預告其報上名叫珍的漫畫女郎會在歐戰勝利日當天全裸，你不妨找一份來瞧瞧，看他們是否

不負眾望。

　　你若不想跟風湊熱鬧，也可以趁這時候先靜心深省，再隨同眾人去找樂子。聖保羅大教堂將在正午舉行追思禮拜，貴賓若想參加請提早到場，屆時一定人滿為患。你可以從牛津圓環站乘地鐵過去，從中央線一路往東到聖保羅大教堂站下車，一出站就到了。

歐戰勝利日午後

　　去白金漢宮吧！從林蔭路或鳥籠道走過去最佳，但這天白金漢宮不若平時光鮮亮麗，石牆藏汙納垢，窗戶或用木板掩著、或用磚頭封著，正中央的陽臺欄杆雖然覆著大紅緄金布幔，但卻顯得整幢建築更形黯淡。真是一場漫長的爭戰。

　　人潮從早上十點開始湧現，隨著時間推移越聚越多，但要到十一點過後才漸有看點，達官顯貴的車隊從白金漢宮正門進出，王室成員也搭乘敞篷馬車現身，首相邱吉爾偕同王室成員亮相時人潮最多，第一次是晚上五點半，另一次是晚上九點半。王室成員總共會在白金漢宮陽臺露面六次，國王喬治六世、王后伊麗莎白（Queen Elizabeth）、大公主伊麗莎白（Princess Elizabeth）、小公主瑪格麗特（Princess Margaret）皆到場亮相。英王身穿海軍軍服、全副戎裝，王后先戴著超大的帽子露面、晚一點才戴著鑽石王冠登場，伊麗莎白公主身穿婦女皇家志工制服，瑪格麗特公主身穿藍色套裝、不時緊張兮兮抿一抿頭髮。兩位公主將獲准在皇家御林軍的陪同下先行出宮，你若瞧見他們，想要尾隨請當心。

　　從白金漢宮沿著林蔭路走，幾分鐘後會抵達特拉法加廣場，這裡從下午一點開始人聲鼎沸，一直熱鬧到5月9日凌晨時分，那些街頭小販尤其惹人注目，他們沿街兜售紅白藍三色

街頭舞會。英國陸軍部女兵與美國大兵牽手跳舞。

獎章、英國國旗、派對紙帽、邱吉爾徽章，煽惑英國國家美術館外圍的民眾掏錢購買，聽聽他們的叫賣詞：「來買邱吉爾喔，六便士一個，便宜賣喔！」傍晚有個小型劇團演出吉伯特和沙利文（Gilbert and Sulivan）的歌劇曲目，入夜後請留意一名身穿紅底白點洋裝的女孩，她讓兩個英國軍官扛著，在眾人的掌聲中站上噴泉頂端。

　　貴賓如果想聆聽演講、與眾人一同品嘗勝利的滋味，則請你往白廳街走，從特拉法加廣場的水師提督門出去就是了，走到底是國會廣場，沿途會經過衛生部，只見其陽臺掛滿了國旗

全天候慶祝。走到三分之二處請你往右手邊瞧一眼，這裡是英國的內閣辦公室，下午三點邱吉爾會在這裡發布重要廣播。再往前走是戰爭紀念碑，英國國會大廈就在你的左手邊。以上地點到了下午一點半將會萬頭攢動，你若想挑個視野極佳的位子，敝社建議你下午一點前就先到場卡位，現場秩序井然，你用不著擔心推擠，但不建議患有幽閉恐懼症的貴賓前往。你瞧瞧那在人群中龜速前進的巴士，上頭用粉筆寫著「希特勒趕不上了」。下午兩點四十分，「希特勒」跑來友情客串，只見英國工務部對面的陽臺出現一位海軍軍官，他穿著希特勒的裝束、學著希特勒的動作，博得底下民眾掌聲陣陣。

下午三點，大笨鐘剛報過時，周圍民眾瞬間鴉雀無聲，白廳街燈上的擴音器放送邱吉爾的廣播：「昨天夜裡凌晨兩點四十一分，德國最高統帥部作戰部長約德爾陸軍將軍，與繼位元首的鄧尼茲海軍元帥，共同簽署了無條件投降書……」聽到這裡，英國民眾歡聲雷動。底下邱吉爾宣布停戰，公告海峽群島收復，並向艾森豪總統和俄國致謝，現場歡呼聲更高。廣播尾聲邱吉爾提醒民眾太平洋戰爭勝負未定，最後高聲疾呼：「奮勇向前，大不列顛！自由萬歲！天佑吾王！」接著皇家騎兵衛隊吹響軍號，眾人高唱國歌，英國正式停戰。此時貴賓可依你周遭情況決定要不要挨擠到國會廣場，下午三點半邱吉爾會站在敞篷車後座亮相，車子在欣喜若狂的人海中緩緩前行，從內閣戰情室開到國會大廈。

接下來一個鐘頭，邱吉爾先召集下議院發表談話，再與上議院一同參與追思禮拜，禮拜完後首相先行離場，因為他忘了帶雪茄。下午五點鐘，邱吉爾再次現身，痛痛快快抽著好大一根雪茄，讓人載著進白金漢宮。請貴賓留意天空（你應該老早就聽見有人在叫嚷了），一排蘭卡斯特轟炸機從你頂上飛過，機尾拉起一道道綠色和紅色的煙霧，眾人連連歡呼叫好。

琅琅上口的軍樂和愛國歌曲

1945年點播率最高的歌曲（尤其在舞池）清一色來自美國。一扭開廣播，不是格倫‧米勒（Glenn Miller）領軍的爵士樂團，就是爵士女聲安德魯斯姐妹（Andrews Sisters）或搖擺樂之王班尼‧古德曼（Benny Goodman）。不過，今晚大家嘴裡唱的，卻是琅琅上口的經典老歌，把以下歌單的曲目全唱過一輪。你大可加入合唱，樂譜就在你的口袋或包包。

〈希望與榮耀之土〉（Land of Hope and Glory）

〈拿出啤酒桶來〉（Roll Out the Barrel）

〈布朗姆媽起來吧〉（Knees Up Mother Brown）

〈我們要在齊格菲防線上晾衣服〉（We Going to Hang up the Washing on the Siegfried Line）

〈倫貝斯之路〉（The Lambeth Walk）

〈多佛絕壁〉（White Cliffs of Dover）

〈後會有期〉（We'll Meet Again）

〈打包煩惱〉（Pack Up Your Troubles）

〈蒂珀雷里路遙遙〉（It's a Long Way to Tipperary）

〈士官長，親親晚安〉（Kiss Me Goodnight, Sergeant Major）‧

拿出啤酒桶來！一車啤酒駛過皮卡迪利圓環，背景的愛神像還用布匹罩著。

歐戰勝利日之夜

　　對於倫敦人來說，這個夜晚最振奮人心的事情莫過於點燈，自從二戰爆發以後，倫敦一入夜就伸手不見五指。白天貴賓或許注意到家家戶戶都在撕窗紙、拆遮光窗簾；一入夜，路燈撚亮，公共建築華燈初上，商店、劇院、電影院霓虹閃爍。你可以趁上半夜到乾草市場街走一走，整條街讓趣吾里電影院的紅色招牌染得通紅，中年紳士與穿著國旗圍裙的胖太太共舞，一旁還有手風琴手以〈國境之南〉（South of the Border）伴奏。

　　夜裡雖然還有更多大咖要演講、有更多名人要亮相，但最熱鬧的地方卻是皮卡迪利圓環，其中又以彩虹隅最受注目。這裡原本是倫敦特羅卡德羅商場，裡頭開了一家里昂轉角屋，1942 年挪為美軍所用，成為美國大兵在倫敦的社交中心，把那些痴迷美國音樂和美式作風的全吸引過來。這一天彩虹隅熱鬧非凡，人潮進進出出，到酒吧和舞池轉一圈再回到街上，樂隊下午便移駕到入口正上方的陽臺，為那些跳舞的男女、狂歡的人群演奏樂曲。樓上那些美國大兵興致一來，什麼卷宗啊、電話簿啊、蘋果核啊、新聞紙啊、捲筒衛生紙啊，撕一撕就往樓下扔，給路人帶來一場彩帶洗禮。

　　還不到下午三點，車潮便把皮卡迪利圓環擠得水洩不通。天才剛暗，人潮又不知從哪裡湧出來，加快了狂歡的節拍。你瞧瞧那個挪威水手，爬到路燈頂上表演脫衣秀，一旁英國兵卒與美國大兵廝混在一起，一同扒光愛神像。偶爾有吉普車和計程車滿載著那尋歡作樂的經過，車頂上、引擎蓋上全趴滿了人，在車陣中寸寸前移。敝社建議你別跟著跳上車，你瞧那位美國大兵，渾身都是口紅印，還嚷著要人獻吻。不論你是男團員還是女團員，路人隨時都會從四面八方竄出來香你一個、摟你一下。

　　貴賓若不想在皮卡迪利圓環人擠人，不妨散步到萊斯特廣場，這裡的路樹點上了燈，是欣賞煙火、烈火和眾人胡鬧的好去處。對街的蘇活區更有意思。你可以到迪恩街的「法國人家」跟旅居倫敦的法國人對飲紅酒、看流亡到英國的匈牙利人狂歡慶祝；大風車街上的風車劇院自1930年代起夜夜上演香豔刺激的裸女秀，向來是看熱鬧、巧遇名人的首選地。貴賓若想要搖擺一點、迷濛一些，華都街的踢踏俱樂部絕不會讓你失望。

　　入夜後白金漢宮的人潮依然川流不息，越夜人越多，多到一旁的聖詹姆斯公園都人滿為患。本團裡若有想爭睹名人風采的，記住八點半諾維・考沃（Noël Coward）會出現在白金漢宮門前，他的名劇《開心鬼》（Blithe Spirit）在西區上演後場場爆滿，劇中演員也聯袂出席，包括西塞爾・帕克（Cecil Parker）、費伊・康普頓（Fay Compton）、瑪格麗特・魯斯福德（Margaret Rutherford），知名作曲家艾弗・諾韋洛（Ivor Novello）也一同到場亮相。

　　晚上九點鐘，國王喬治六世先在白金漢宮裡向全國民眾廣播，再和家人及邱吉爾到陽臺露臉。貴賓有沒有發現白金漢宮門前越晚越喧鬧？你往人群中找一找，瞧見英國爵士樂小號演奏家亨佛萊・利托頓（Humphrey Lyttelton）沒有？他在正門前維多利亞女王的紀念碑上熱情吹奏，不久後來了個胸前背著大鼓的，接著又來了個吹長號的美國水手，還有個把牢飯當家常便飯的也來湊一腳，他把留聲機的喇叭拆下來吹，吹出宏亮的單音。這四個人手舞足蹈了二十分鐘，忽然亨佛萊・利托頓吹出〈上流社會〉（High Society）的前奏，旁人立刻七手八腳將他抬上手推車，接著開始這四人樂隊的巡迴演出，從聖詹姆斯街到皮卡迪利圓環再到特拉法加廣場，兩個鐘頭後又繞回到白金漢宮。這時間貴賓不妨上聖詹姆斯公園逛一逛，樹林和花徑華燈初上，全倫敦最大的篝火燒得正旺，幽暗的角落可見情侶

「我們有氣餒嗎？」邱吉爾（左二）沉浸在民眾的吹捧中，右手邊是歐內斯特・貝文，最右邊是克萊曼・艾德禮——他將繼邱吉爾出任英國首相一職。

你儂我儂，說他們是「忘情」已經算客氣了。

　　稍晚邱吉爾會在白廳街的衛生部做最後一次亮相。率先出現在陽臺上的是兩位內閣成員：一位是內閣副首相兼工黨黨魁克萊曼・艾德禮（Clement Attlee），一位是英國貿易大臣歐內斯特・貝文（Ernest Bevin）。你仔細聽聽街上那些醉醺醺的保守黨員和貴族，他們對這兩位內閣口出惡言，直嚷著要看邱吉爾。邱吉爾露面後並不演講，而是跟底下民眾一搭一唱：

　　「我們孤軍奮戰了一整年。我們挺過來了。我們有放棄嗎？」

　　民眾高喊：「沒有！」

「我們有氣餒嗎？」

眾人直呼：「才沒有！」

最後邱吉爾領著大家高唱〈希望與榮耀之土〉，在晚上十點半左右為這次陽臺亮相劃上句點。

遠離西區喧囂

倫敦西區熱鬧歸熱鬧，但貴賓若想人潮少一點、玩得深入一點，則要往郊區走，以下幾個地點都頗有看頭。

諾伍德：倫敦南部的諾伍德郊區燒起人偶特別好看。阿普斯利路有個絞刑架，架上盪著好大一個希特勒，把路都給堵住了。附近貝爾福路的希特勒裹著卐字旗，上頭寫著「歐洲沒有我的領土」，其中「沒」字被槓掉，「歐洲」也被「地獄」蓋過。火燒希特勒將於晚上八點舉行。

交通方式：搭乘倫敦和克羅伊登線鐵路到南諾伍德站下車。

雷文史各公園：這個公園一邊緊鄰漢默史密斯區、另一邊緊鄰奇希克區，占地雖然不廣，篝火卻是數一數二地旺，另外還有個頗具規模的樂團徹夜演奏，夏綠蒂王后醫院的護士穿著制服在草坪上列隊跳舞，讓貴賓一飽眼福。

交通方式：搭乘地鐵皮卡迪利線到漢默史密斯站，再轉乘區域線到雷文史各公園站下車。

聖保羅大教堂：這座雷恩爵士（Sir Wren）設計的教堂雖然不是全倫敦最熱鬧的地方，其穹頂的打燈卻是全市數一數二漂亮的，你瞧那探照燈的光束在教堂頂端的金色十字架上縱橫交錯、美不勝收，稍晚還有兩束光從下往上，在穹頂岔成「V」象徵勝利（Victory）。

交通方式：搭乘地鐵中央線到聖保羅大教堂站或銀行站下車。

威爾斯登：這個位在倫敦西北部的地區有條漢諾威路，路上的少男少女燃燒篝火的興致特別好。你往漢諾威路走時不妨留心附近街坊的路燈，上頭貼著篝火晚會的手寫傳單，走到漢諾威路時找一找有沒有一塊被炸彈夷平的空地？上方掛著英國國旗，地上堆放著廢材，廢材上有個懸空的希特勒，真人大小，在絞刑架上盪來盪去，腳邊還有張椅子，椅子上坐著蓋世太保首長赫爾

曼・戈林（Hermann Göring）的人偶，身穿祕密警察制服，制服上別著兩枚鐵十字架。晚上九點十五分，空地聚集了一百名少男少女和一臺留聲機。九點三十分，篝火點燃，大家一邊點一邊嚷：「別燒太快，慢慢燒。」有些孩子拿著水管灑水，打算凌遲處死希特勒，還有孩子在燃放老舊煙火和自製照明彈。路上不知何時冒出一架鋼琴，古典樂章流瀉而出，大家一開始還不好意思獻舞，後來漸漸玩開，十一點後更是嗨翻天。

交通方式：搭乘地鐵貝克盧線到皇后公園站下車。

午夜的大笨鐘

今晚漸漸接近尾聲，歐戰正式告終，你不妨考慮到西敏寺走走，聽聽大笨鐘報時，看看上議院那面偌大的英國國旗在聚光燈的照射下翻飛。

最佳的觀景位置在國會廣場南邊的西敏橋上，這裡不僅能看到大笨鐘和國會大廈（瞧瞧國會大廈的河階上垂掛著燈飾），還能同時眺望泰晤士河的南岸，看探照燈的光束漫天旋轉，紅白藍三色燈泡點亮倫敦郡議會的所在地倫敦郡會堂，泰晤士河也讓五光十色的燈泡妝點得五彩繽紛。

隨著午夜接近，霎時間萬籟俱寂，午夜鐘鳴劃破寧靜，緊接著歡聲雷動、煙花處處，探照燈朝穹頂亂轉，泰晤士河的船艦鳴笛。此時你在的地方若沒那麼熱鬧，附近一定有廣播開著，且聽英國廣播公司的史都華・希博德（Stuart Hibberd）宣布：「各位聽眾，你聽到這段播音時，歐戰已經正式結束。」

接下來有些貴賓大概只想徹夜狂歡，不打算回旅館休息，這些貴賓不愁沒伴。有沒有人想躺下來瞇一下呀？格林公園、海德公園、聖詹姆斯公園多的是地方，任君挑選。這夜天高氣爽、涼而不寒，處處篝火可取暖，眾人作樂不作亂。根據警方紀錄，這晚倫敦的犯罪率是零，貴賓大可安心。

4

胡士托音樂節
Woodstock

時間：1969年8月15日～8月18日

胡士托音樂節是1960年代尾聲的驚嘆號，多股美國反主流文化在此匯流，為當代下了註腳。胡士托音樂節號稱「寶瓶座盛會：胡士托音樂與藝術嘉年華」（The Woodstock Music and Art Fair: An Aquarian Exposition），共為期三天，1969年夏季辦在紐約州貝瑟爾鎮，由牧場主人麥克斯·亞斯格（Max Yasgur）提供場地。雖說是音樂節，但貴賓穿越回去便曉得：音樂只是布景，你目睹的是文化羽化、性靈昇華。

主辦單位原先預計十萬人次到場，場地四周的柵欄還來不及圍好，五十萬樂迷便前來朝聖。8月15日星期五下午四點，主辦單位看到舞臺前方萬頭攢動，索性宣布免費入場，消息一出，紐約州長納爾遜·洛克斐勒（Nelson Rockefeller）立刻將胡士托音樂節現場劃為災區。

「災區」兩個字下得相當生動。胡士托音樂節人手嚴重不足、糧食極為短缺，更慘的是交通壅塞，四周車潮一塞幾哩，更兼期間風雨大作、泥濘滿地，樂手遲到、節目表大亂，五花

八門的毒品全場氾濫。然而，比起傳來傳去的迷幻藥「藍色小太陽」，更令人頭暈目眩的是眾人流露的關懷與無私的分享。

　　為期三天的胡士托音樂節歌手陣容堅強，各派高手齊聚一堂，有山塔那（Santana）的拉丁搖滾，也有史萊和史東家族合唱團（Sly and the Family Stone）的多元放克。民謠歌手瓊‧拜雅（Joan Baez）和約翰‧塞巴斯蒂安（John Sebastian）唱出人民的心聲，民歌搖滾樂團克羅斯比、史提爾斯、納許與尼爾揚（Crosby, Stills, Nash and Young）和聲悠揚、哀婉悲切。吉他聖手吉米‧罕醉克斯（Jimi Hendrix）的壓軸演出贏得全場喝采。主辦單位答應帶給觀眾三天三夜的音樂和滿滿的愛，儘管未能事事盡如人意，但這就是胡士托國度五十萬人民的姿態。

歷史充電站：胡士托音樂節的由來

　　胡士托音樂節由四位二十出頭的年輕人發起：難以捉摸的麥可‧藍恩（Michael Lang）是毒梟兼名不見經傳的音樂策劃人，瘋瘋癲癲的阿提‧孔菲德（Artie Kornfeld）是國會唱片副總裁，約翰‧羅伯茲（John Roberts）和喬爾‧羅森曼（Joel Rosenman）是室友，住在曼哈頓，個性正經，做的是投資生意。

　　這四位初次碰面便靈光一閃：紐約州上城胡士托鎮不是已經進駐當代一流音樂家了嗎？像是巴布‧狄倫（Bob Dylan）和

樂隊合唱團（The Band），何不在此開設錄音室？錄音室雖然後來不了了之，但當時為了開設錄音室要經費、要宣傳，這四個人決定轟轟烈烈辦一場音樂會，師法舊金山「人來吧音樂祭」（The Human Be-In）和加州「蒙特利流行音樂節」（Montery Pop Festival），兩場都是1967年為響應社運「愛之夏」（Summer of Love）而舉辦。這點子不久便如滾雪球般越滾越大，四個人遂找來熠熠群星共襄盛舉。

　　音樂會原本計畫在紐約沃爾

基鎮的老舊工業區舉行，距離胡士托鎮大約三十五哩。開演前幾週，大批門票已經售出，但業主禁不起當地居民再三抗議，開口反悔出租場地舉辦音樂會。四名青年因緣際會來到紐約州貝瑟爾附近的白湖鎮，沒想到竟然在這裡遇到救星牧場主人麥克斯‧亞斯格，其酸奶油、優格、巧克力牛奶遠近馳名。雙方敲定合約，7月下旬加緊籌備，8月初亞斯格的牧場便成了演唱會現場。

音樂會的工作人員由新墨西哥「小豬農場」（Hog Farm）的嬉皮組成，伙食和醫療皆由其負責，並與沒當班的紐約州警組成「拜託大隊」（Please Force），也就是胡士托音樂節的維安部隊，請現場觀眾「拜託這樣、拜託別那樣」。

1969年8月15日星期五，舞臺搭好，音響堪用，五萬名沒買票的觀眾已自備帳篷席地而坐，持票入場的觀眾也越聚越多。

胡士托音樂節幕後推手：麥可‧藍恩和阿提‧孔菲德。他們傾家蕩產，成就了這場音樂盛會。

﹛行程簡介﹜

　　貴賓的落地點和返航點是一輛福斯露營車，1963 年款，綠白雙色，就停在十七號紐約州州道北邊，距離貝瑟爾半哩。你一下車便會瞧見整條鄉間小路停滿了上千臺車，車潮順著卡茲奇山的矮丘和樹林蜿蜒，道路中央人潮洶湧，一個個拋下動彈不得的車輛，一路向西前往胡士托朝聖。貴賓請深吸一口氣，聞到沒有？空氣裡瀰漫著清新的牛糞味和哥倫比亞黃金麻菸的甜香。你走著走著往右拐，貝瑟爾就在你眼前展開，瞧瞧那白湖周圍錯落著小村人家，車陣長龍由此一路往北塞。居民對這些「屁孩」的態度十分兩極。有幾戶人家在門前擺起了攤子，有幾戶人家請你喝杯咖啡、祭祭五臟廟，不久電視轉播音樂會現場被劃為災區，居民探問更加殷勤。

　　貴賓若想預作規劃，不妨沿著十四號紐約州州道往前走，走到考恩農加湖後左轉大街，便能瞧見一群人擠在魏斯瑪雜貨店門前。這家雜貨店出現在紀錄片《胡士托音樂節》（Woodstock）裡，由和藹可親的魏斯瑪（Vassmer）夫婦經營，老闆叫亞瑟（Arthur），老闆娘名喚瑪麗安（Marian）。週末附近商家都已拉下鐵捲門，只有魏斯瑪雜貨店開門迎接上千名顧客。貴賓若想買巧克力、餅乾、酒水、香菸、瑞茲拉捲菸紙、衛生紙，眼前便是大好時機，這些在當前音樂祭唾手可得，但在胡士托音樂節卻是有錢都買不到。

音樂節現場

　　瓊妮・米雪兒（Joni Mitchell）寫了一首歌盛讚胡士托音樂節，有一段歌詞這麼唱道：「我們來到胡士托，五十萬觀眾歡

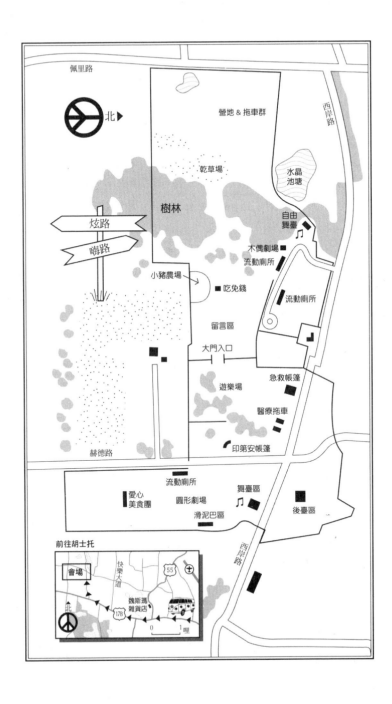

迎我。」各位貴賓也該一起熱鬧了。請你沿著十七號紐約州州道走，繞過白湖鎮南端，你大可順著人潮，只要決定何時右轉進入會場就好。敝社建議你出了鎮朝山谷走兩哩，左手邊是一片樹林，沿途是牧草地，前方有一條河，記得要在過河之前往右拐，在哪裡拐的要記好，牢牢記好，記在心底，你星期一天一亮就得繞回來，難保你不會在神智不清的狀況下沿著原路回到福斯露營車。

營地

各位貴賓右拐後應該會看到主辦單位劃定的營區，就在音樂會場外側，四周是東倒西歪的柵欄，估計有五萬人星期四晚上就來紮營，營地裡的人潮滿到林子裡，貴賓可要見縫就鑽，順便瞧瞧四周有沒有劈好的柴？小豬農場的嬉皮劈了好些來給野營者用，主辦單位也鼓勵大家生火取樂，請各位貴賓自便。

營地裡廁所和盥洗設備稀少，膽子小的團員可別去湊熱鬧。你若有先見之明，方才應已從魏斯瑪雜貨店囤了一疊面紙，除了山腳的流動廁所，會場的印第安帳篷後方有一排洗手間，主舞臺正面的山頂上也有廁所，廁所隔壁就是熟食攤位。講究衛生的團員請往自由舞臺正北邊走，大約散步個十五分鐘就會看到菲利皮尼池塘，這池塘大又乾淨，可以裸泳、潛水、打鬧，敝社強力推薦，但不強迫參加。

有些貴賓若到得晚，大門入口處便已成為留言區和服務臺，在那沒有手機的年代，眾人必須因地制宜，或是在布告欄上寫留言，或是在圖騰柱上貼字條，現場另有協尋帳篷，內有熱心人士相助。貴賓若要在此尋人八成是尋不著，但定能撞見好些奇人趣事。

比如說艾比・霍夫曼（Abbie Hoffman）吧，這名社運人士

惡名昭彰、浮誇做作，他成功說服主辦單位讓他在留言區搭設帳篷，他和其他青年國際黨的「異皮士」（Yippies）成員就在此向無知大眾發送匆促製成的印刷品，譬如星期六早上的傳單寫道：「現在看起來很潮，明天怎樣誰知道，人生禍福相依，你若瞭就向卡茲奇山游擊隊看齊，人人守望相助！開動！」說實話，胡士托音樂節還真沒什麼可以吃的，你就參考參考這傳單上說的，手裡有多的就給出去，人家給你的就大方收下。至於水倒是不缺，水塔觸目即是，只是給水系統時好時壞，另有謠傳說自來水和美國國民警衛隊投遞的礦泉水摻有LSD，有道是謠言止於智者，聽聽就好。

氣象預報

各位貴賓在盛夏的餘暉中來到會場，這時天氣清朗，幾抹雲彩低掛在天邊。但你可別自欺欺人，這可是胡士托音樂節，大雨勢必會滂沱，而你包準會愛上雨天。瑞奇·海文斯（Richie Havens）唱完開場後表示：「大雨讓人互動……讓人慷慨與共……因此我不說下雨掃興，我說這是宇宙巧合。」跟你同行者大都穿著T恤和牛仔褲，有些人穿得更少，你想穿多少就穿多少，但敝社建議你攜件雨衣，福斯露營車上就有，車上還有個小帳篷，往炊具旁邊找就能找到。

星期五傍晚夕陽正好，雲朵在天邊奔馳，入夜後狂風大作。十點鐘，拉維·香卡（Ravi Shankar）唱到一半大雨傾盆，飄風急雨直至深夜，隔日清晨轉為濛濛細雨，不久太陽露臉，幾位歌手輪番上陣，但才過正午雨幕又高懸，淅淅瀝瀝直到下午四點。雨勢一收，音樂立即放送，氣溫來到攝氏二十一度，但就是悶，一個鐘頭後，雨又下回來，死之華（Grateful Dead）上臺時更是雨急似箭，主辦方不得不中斷演出，以免死之華的團員在水窪中彈奏到一半觸電身亡。

星期日陽光普照，天氣和煦，微風徐徐。但到了下午兩點，暴風雲開始在天邊聚攏。四點半，喬·庫克（Joe Cocker）唱完最

後一曲，暴雨直瀉而下，現場白花花一片，下了整整一個鐘頭，接著就是乾乾爽爽的好天氣。挺過風雨的貴賓可在星期一吉米・罕醉克斯唱完閉幕後迎接金色朝陽，在豔陽下穿越回家。

「我們一心想著要準備四十萬份早餐，要餵飽每一張嘴……你要是連嚼都懶得嚼，不如就分給別人吧。」

餐飲

用「不合口味」形容胡士托音樂節的伙食已經算是很客氣了。主辦單位請不動老字號的外燴，只好將就請「愛心美食團」（Food for Love）來開伙，這夥人雖然說得一口好菜，但巧婦實在難為無米之炊，儘管主辦方借來了六萬五千元美金，還在主舞臺正對面的山頂上搭好攤位，但音樂會才開始不到幾個鐘頭，「愛心美食團」就食材用盡，漢堡、熱狗、汽水全被搶購一空。

貴賓若想吃漢堡，星期五黃昏就得抵達攤位，這時主辦單位剛宣布讓大眾看霸王戲，來自格林威治村的左派人士立刻露面，只

見他們滿臉橫肉、嘴裡喊著：「儘管吃，不用錢。」接著小豬農場兼拜託大隊也來了，注意看他們手上的紅色臂章，每個隊員的都不一樣，每人手裡拿著一把熏香，發下去讓觀眾聞一聞、定定神。一大票人在「愛心美食團」的攤位前用大麻交換漢堡，掌廚的當場呼麻起來，接著樂善好施了一個鐘頭，貴賓記得速速去排隊，以免向隅！

這三天貴賓若想打牙祭，還是到「吃免錢」（Free Kitchen）最可靠，你先走到留言區和服務櫃檯，接著再往西行便是。「吃免錢」供應三餐，早餐是什錦果麥，包括傳統燕麥、芝麻、蜂蜜、葡萄乾、麥芽，午餐和晚餐是小麥片和糙米，配菜則看當地有什麼就煮什麼，一旁還有醬油讓貴賓自行取用。人龍雖然長，但前進速度倒是挺快。

不過，參與胡士托音樂節穿越團最大的飲饌樂趣，在於人家給你什麼你就吃什麼。美國國民警衛隊從星期六開始空投，醫療服務團隊則從地面補給各類食品，包括迷你罐裝橄欖和鮪魚罐頭，在此提醒各位團員使用開罐器請當心。星期六下午從天而降的是波隆那香腸三明治、好時巧克力、薄脆吐司、塑膠瓶裝可樂。此外，熱心的貝瑟爾和蒙蒂塞洛居民還特地搭乘巴士前來，將家常三明治和水煮蛋送到會場。

藝術節

眾人只記得胡士托音樂節，都忘了主辦單位原先構想的是藝術季，加上後來計畫趕不上變化，最後展出的作品不多，不過最精采的都在營地以東的林子裡頭。

靠近西岸路的林子有個自由舞臺，由快活搗蛋團（Merry Pranksters）搭建策展，他們是加州毒蟲，奉行情境主義，靠服用迷幻藥從事即興創作，其彩繪的校車就停在自由舞臺後方，舞臺上則可見瑜伽表演，星期五晚上還請來神祕嘉賓瓊・拜雅，眾人在西藏銅鑼的伴奏下靜坐冥想，你可以掄起鼓棒與團員同樂，這種臺上和臺下的互動在當時還很新奇。此外，你還

很有可能收到別人遞來的迷幻藥。

　　貴賓若想嘗試其他娛樂，可以沿著山坡走兩百碼，這裡的木偶劇場成天有演出。你也可以穿過自由舞臺旁邊的林子，來到原本要當停車場的空地，眼前已成為人滿為患的營地，許多觀眾聚集在這裡，尤其以山丘上的乾草場人潮最多，水晶池塘周圍的綠蔭地也不遑多讓。不過，最有意思的展演全在林子裡。這片迷人的樹林占地大約四英畝，林地上交錯著兩條小徑，一條是「嗨路」（The High Way），一條是「炫路」（The Groovy Way），兩條都以小燈泡妝點，路上各種奇人都有，有塔羅占卜師，有遊唱詩人，有人在冥想，有人在做愛，有人賣串珠，也有人販毒。

　　人潮大部分都往東朝主舞臺走，貴賓請順著人群，你或許會穿過正門，也或許會越過被人踩垮的柵欄，沿途請留心山腳下的帳篷群和白色拖車，你若要就醫就往醫療帳篷走。想來你也注意到了？跟你一同前來朝聖的樂迷大多光著腳，不少人因為踩到玻璃或被金屬割傷來此求助，此外，活動期間更有數千名觀眾因吸毒過量前來就醫，小豬農場從週五晚間開始也提供類似的「談話治療」（詳見「神魂顛倒、飄飄欲仙」一節）。

　　藝術區還有兩項特殊展品，一是印第安帳篷，一是遊樂場，前者在各式帳篷中展出美洲原住民的藝術品，都是一時之選，還有許多來自新墨西哥和加州的藝術家駐紮在此。遊樂場星羅棋布著各式木作及繩結器具供人玩耍，貴賓不妨逛逛迷宮、找找那架以繩索綁石塊的原始鞦韆，而最好玩的莫過於用樹樁搭成的攀爬架，你爬上去之後儘管往下跳，跳進一垛一垛乾草堆成的連綿乾草丘。

神魂顛倒、飄飄欲仙

有鑑於胡士托音樂節標榜不吝分享，出團期間你想多恍惚就能多恍惚，麻菸和菸斗必定滿場傳遞，你想跟別人要也別客氣，若能自備打火機更好，不但能在歌手開嗓時派上用場，更是哈麻時的至寶，其他樂迷不是忘了帶就是搞丟。貴賓若想自己弄點貨色，五美元就能弄到一包哥倫比亞A貨。

除了大麻氾濫，胡士托音樂節也不缺LSD，大多是藥丸狀，快活搗蛋團在營地的自由舞臺幾乎天天發送，主舞臺還警告大家棕色小藥丸「不是太優」，這段著名的警告確實有幾分道理，但正如主持人接下來說的：「要多嗨是你家的事。」此外，現場多的是綠色小藥丸、藍色小藥丸、紅色小藥丸，隨口問問那些還沒嗨過頭的就能拿到。用藥常理自然是要守的──你先吃半顆看看，反正還想要不愁拿不到。

會場裡有五花八門的處方藥，包括安非他命、安定、類安眠鎮靜劑、魔菇、迷幻仙人掌，藥性都極強。滿場子轉的摩根鹼似乎藥性剛烈，你若對阿茲特克文明的幻象和圖騰不感興趣，建議你不碰也罷。貴賓若想喝酒當然行，時不時就會有酒瓶傳到你手上，但是你若打算只喝酒不嗑藥，敝社建議你一落地就先到鎮上的酒行自備酒水。

你星期五下午穿越回去時，現場的醫療設施還很稀少，就只北邊那一排急救帳篷，此外就是帳篷旁停著的醫療拖車，車上有訓練有素的醫療人員。然而，隨著越來越多人吸食迷幻藥導致恍惚失常，急救帳篷旁邊開始搭設起安寧帳篷，不久之後滿場都是安寧帳篷，你瞧那桃色和黃色相間的便是，只是這樣的配色對病人可能沒有什麼安神效果。另有幾頂帳篷雖是其他配色，但瞧瞧周圍的病患便知其用途。此外，星期六早上可見直升機從紐約載來更多醫護人員，你若因吸毒不適向其求助，他們會幫你注射托拉靈，絕對是藥到病除，但你大概也與植物人無異。

貴賓若不喜歡托拉靈，不妨試試談話治療，除了安寧帳篷之外，你也可以向小豬農場求助，許多安神鎮定的工作都由小豬農場的成員負責，還有不少人回神後也一時興起加入護理行列，他

們會建議你跟著藥程走，儘管受用其中的妙處。最適合嗨過頭的時段是星期六晚上，約翰・塞巴斯蒂安獨秀完後會和一匙愛樂團（The Lovin' Spoonful）同臺來場不插電演出，以動人的曲目撫慰嗨過頭的觀眾。

服儀解禁，一絲不掛也可以，但敝社建議你最好還是要穿鞋。

每日行程：音樂節

胡士托音樂節的主舞臺是天然的露天圓形劇場，舞臺底下人山人海，貴賓若想找最佳觀賞位置，建議你爬上山丘從服務道路往下看：主舞臺就在山腳，雖然寬三十碼，但從遠處眺望卻很迷你，舞臺四周是高聳的籬笆牆，用以隔開前臺和後臺，你的目光不妨在後臺停留一會兒，看看那高矮錯落的帳篷，瞧瞧那弧形優美的木橋，樂手和工作人員在此上上下下、前臺後臺跑。你不妨也看看那十六架擴音器高懸在七十呎的水塔上，許多樂迷爬到上頭爭睹樂手風采，雖然據報沒人傷亡，但敝社不建議你跟風前往。

你還是瞧瞧舞臺下的人潮吧！在你面前大約有三十萬人，其中當然以白人和中產階級為主，他們對紐約成見極深，但你若注意一旁熙來攘往的人潮，便會看見形形色色的年輕人，包括非裔美國人、亞裔美國人、美國原住民、大學生、輟學生、嬉皮、憤青、民歌手、政客、名校資優生、奎師那教徒。

話說回來，你也該想想要坐在哪裡看表演了：是要離舞

臺近一點？還是離舞臺遠一點？坐在中間還是坐在最後面？無論你坐在哪裡，音響效果都一樣好（這裡的好是依當時情況而論）。你選定之後就不能換位置，必須在原地坐上一整天，只要太陽出來、樂手上臺，現場擠到連貓咪都動彈不得。貴賓若有需要，趕緊趁此時到山頂的熟食攤餵飽肚皮，或到一旁的流動廁所解手。活動期間一旦下雨，若有貴賓想踩水窪、滑泥巴，記得再到此處來。

8月15日
星期五

　　星期五一早，主舞臺前人潮湧現，等待午餐過後開唱。時間一分一秒過去，卻遲遲不見樂手露臉，你大概會感覺到觀眾躁動不安，但放心──好戲一定會登臺。

　　下午五點鐘剛過，這三天音樂節的主持人奇普・蒙克（Chip Monck）便不負眾望上臺宣布：「坐下！起立！想幹嘛就幹嘛，音樂會即將開始，大家好高興是不是！各位先生、各位女士，一起歡迎──瑞奇・海文斯！」瑞奇・海文斯和到場的團員差不多是被硬推上臺，他們是唯一能開嗓演唱的樂團，注意跟在海文斯身後的貝斯手，他在上臺前才剛背著貝斯在車陣中走了二十哩。海文斯打起精神，帶給觀眾兩個半鐘頭的即興演出，風格鮮明的民歌和抗議歌謠一首接著一首，其翻唱的〈自由〉（Freedom）堪稱神曲，至今無人能敵。

　　海文斯在前臺精采開唱，主辦單位在後臺拚命生節目，到處找「人在魂也在」的表演者，萬萬沒想到竟然找到瑜伽宗師沙吉難陀上師（Swami Satchidananda）在後臺晃悠，立刻拱他上臺串場。七點鐘左右，你就算看不見上師本人，應該也會聽見上師空靈沉穩的嗓音。上師短小精幹，身穿番紅花色僧袍，一頭蓬鬆的長捲髮，一把漂亮的白鬍子，盤腿坐在小講壇上，身旁圍坐著弟子。且聽沙吉難陀上師開口說：「透過音樂，我們可以創造奇蹟。音樂是天籟，控制宇宙的不是原子振動，是天籟。天籟的能量、天籟的力量，比世界上任何力量都更加強大。」說得太精闢了！最後上師帶觀眾梵唱「哈哩唵」（Hari-Om），之後便帶著眾弟子退場。

　　晚上七點半，節目終於安排妥當。首先登場的是原本要唱開場的甜水合唱團（Sweetwater），他們帶來結合大提琴和長笛

你需要「飄」一下！沙吉難陀上師在星期五傍晚開場。

的民歌搖滾。八點二十分，博特・桑墨（Bert Sommer）頂著爆炸頭上臺自彈自唱，他撥著民謠吉他，演唱紅極一時的〈珍妮佛〉（Jennifer），精采翻唱賽門與葛芬柯二重唱（Simon and Garfunkel）的〈美國〉（America），引發臺下觀眾熱烈迴響。一個鐘頭後，快速竄紅的民歌手提姆・哈汀（Tim Hardin）登臺，他整個人瘦得像竹竿，根據後臺直擊，他整整「嗨了」二十四個小時，而且怯場得非常厲害。不過，他雖然顫顫巍巍，卻還是成功炒熱現場氣氛，先翻唱〈簡簡單單的自由〉（Simple Song of Freedom），接著又演唱了最新登上排行榜的歌曲〈如果我是木匠〉（If I Were a Carpenter）。

晚上十點鐘左右，曲風和天候都來了個急轉彎。先是西塔琴大師拉維・香卡上臺彈奏三首印度古典名曲，接著便下起了第一場傾盆大雨，雨勢在十一點前後收住，輪到剛出道的紐約民歌手梅蘭妮（Melanie）登場。主持人在串場時說：「這是史上人潮最多的音樂會，但是天這麼黑，我看不到你，你看不到我。所以我數到三，我要全場觀眾點亮火柴。」現場所有找得到火柴的觀眾都照辦，你若早聽取敝社建議自備打火機，手指燙傷的機率必會比其他樂迷低。梅蘭妮看到臺下點點星火，文思泉湧寫下名曲〈放下（雨中的蠟燭）〉（Lay Down〔Candles in the Rain〕）。

午夜前五分鐘，稚氣未脫的阿洛・蓋瑟瑞（Arlo Guthrie）神情恍惚走上舞臺，他父親伍迪・蓋瑟瑞（Woody Guthrie）是美國傳奇民歌手、抗議歌曲先驅，阿洛上臺前在臺下廝混了五個鐘頭，抽抽菸、呼呼麻，以為隔天才要開嗓，突然被叫上臺，他愣了一下，表演途中多次卡詞，演唱得零零落落，但〈走進洛杉磯〉（Coming into Los Angeles）就是要迷濛才有感覺，〈奇異恩典〉（Amazing Grace）就是要亢奮才有味兒。凌晨一點鐘，今夜的壓軸登場：美國民歌天后瓊・拜雅挺著六個月大的

孕肚現身，在忽大忽小的雨勢中演唱〈我們一定贏〉（We Shall Overcome），聽得人特別入心。

8月16日
星期六

　　這天一早，小豬農場的湯姆・勞（Tom Law）率先登臺，帶領你和全場觀眾一起冥想、做瑜伽。十一點鐘，舞臺左側擺出大塑膠桶，裡頭裝著什錦果麥，各位團員可自行取用。這天的表演由沒沒無名的鵝毛筆樂團（Quill）打頭陣，中午十二點半斯文登臺，將沙球等打擊樂器發給底下觀眾，臺上臺下同樂了一陣，歡迎貴賓加入，但記得樂器可別帶回府上，以免干擾時空連續體。

　　有道是早起的鳥兒有蟲吃，都已經過午了，卻還有幾位樂手遲遲未現身，主辦單位只好來個好康大放送。下午一點鐘，鄉村喬・麥當勞（Country Joe McDonald）登臺自彈自唱，唱完以魚的歡呼*嗨翻全場。首先，鄉村喬帶領全場呼喊口號：「給我個F！給我個U！給我個C！給我個K！嗯？FUCK！」貴賓大可一起嘶喊，喊完後鄉村喬與魚樂團（Country Joe and the Fish）獻上一首輕快的歌曲〈我死定啦〉（I-Feel-Like-I'm-Fixin-to-Die），歌詞一方面帶有數學家暨諷刺歌手湯姆・萊爾（Tom Lehrer）的黑色幽默，二方面呼應反越戰訴求，迎來了本日全場第一次大合唱。

　　你或許跟其他觀眾一樣，也想將個人娛樂和精采表演錯開。這天的高潮在下午兩點左右，山塔那樂團登臺演出，吉他手、鍵盤手、鼓手同臺飆奏，搖滾拉丁曲風火爆全場，底下觀

＊Fish Cheer，指〈我死定啦〉這首歌的開場口號，帶領眾人拼出FISH字母，現場表演時則會以FUCK取代。

眾熱情回應，絕對是胡士托音樂節一大亮點，其中尤以〈靈魂
獻祭〉（Soul Sacrifice）最為酣暢淋漓，仔細看──舞臺附近還
有個抱著綿羊的裸男，相當引人注目，據說他從音樂祭一開始
就抱著那頭綿羊走來走去，少說也走了三十六個鐘頭。

　　山塔那樂團一退場，天空就飄起毛毛雨，讓各位團員冷靜
冷靜。不過，約翰・塞巴斯蒂安一出場，陽光立刻露臉，他戴
著金邊眼鏡，身穿變形蟲圖騰印花襯衫，時間是下午三點半。
這位一匙愛樂團前主唱剛展開不順的單飛生涯，帶來的曲目
與現場氣氛正好合拍。胡士托音樂節總監約翰・莫里斯（John
Morris）回憶道：「說來神奇，約翰・塞巴斯蒂安從容登場，舞
臺氣氛隨之一變。」塞巴斯蒂安溫柔的原聲吉他演出，讓你和
全場觀眾精神為之一振，暖陽在樂聲中晒乾你的衣裳，眾人眼
神迷離，一如塞巴斯蒂安神情恍惚、頻頻忘詞，全憑急中生智

「唱那麼小聲怎麼阻止戰爭？」鄉村喬真是一針見
血！各位團員一起歡唱吧。

把歌唱完。他看著底下那人山人海，心裡好生敬重：「哇！我們儼然是胡士托市！」底下觀眾一聽，全體起立，好不壯觀。隨後奇夫·哈特利樂團（Keef Hartley Band）帶來藍調搖滾，不可思議弦樂團（The Incredible String Band）帶來印度民歌爵士，這個由嬉皮組成的小眾英國樂團好用調式音階，即興演奏加上奇詭曲調，現場觀眾似乎都聽不習慣。

　　想聽比較主流的音樂嗎？七點半後，熱罐樂團（Cannded Heat）帶來毫無冷場的藍調爵士，讓人忍不住用腳跟著打節拍，主唱鮑伯·海特（Bob Hite）以激越的假音演唱〈出走家園〉（Going Up The Country）和〈再次上路〉（On the Road Again），讓現場的氣氛嗨翻天。表演到一半，有個怪咖觀眾爬上舞臺擁抱主唱，兩人共抽一根菸，一起隨音樂搖擺。山樂團（Mountain）九點鐘登臺，帶給觀眾正宗搖滾，隨著雨勢轉急，各位貴賓將與山樂團一起風雨生信心，大家千萬要挺住，十點半死之華（The Grateful Dead）準時登場，開唱前兩個鐘頭，死之華團員在後臺大吵大鬧，要主辦單位先付錢否則不開嗓，就在雙方你來我往之際，雨水在前臺漫成一畦水窪。事後回想當晚的表演，死之華的團員想當然沒太多好話，但對於許多觀眾而言，當晚怪誕的即興演奏，不管設備短路只管盡情彈撥，實在是最死之華不過。他們唱到第五首〈點亮你的愛之光〉（Turn on Your Love Light），擴音器電路超載斷電，表演戛然而止。

　　死之華退場不久，雨勢漸收，從深夜到隔天凌晨，樂手輪番上陣，精采表演不斷，貴賓務必別錯過清水合唱團（Creedence Clearwater Revival）精采逼人的路易斯安那州沼澤藍調，他們不讓主辦單位攝影，紀錄片裡看不見他們的身影。珍妮絲·賈普林（Janis Joplin）和柯茲米克藍調樂團（Kozmic Blues Band）合體登臺，一看便知狀況不佳，上臺前不知喝了幾打香檳，儘管如此，珍妮絲的嘶吼藍調高亢依舊，咬字不清唱著安可曲

〈甜蜜的枷鎖〉（Ball and Chain）。凌晨三點半，史萊和史東家族合唱團上臺，這支叛逆的加州樂團種族多元，曲風融合靈魂、放克、迷幻搖滾。此時你不妨看看周遭，觀眾打盹的打盹，昏睡的昏睡，有睡袋的窩睡袋，沒睡袋的就地蜷縮成一團。

　　然而，史萊和史東家族合唱團一唱到讓人心情飛翔的〈要你嗨！〉（Gonna Take You Higher），就連那些陷入昏睡的觀眾也都嗨了起來，全部起立跟著節拍搖擺。清晨五點鐘，何許人合唱團（The Who）出場，樂手炫技，唱功浮誇，樂聲震耳，帶來其搖滾音樂劇概念專輯《湯米》（Tommy）的曲目。貴賓請留意艾比・霍夫曼的身影，何許人唱完〈彈珠檯上的魔法師〉（Pinball Wizard），他就會衝上臺搶下麥克風，口沫橫飛告訴觀眾白豹黨（White Panthers）領袖身陷囹圄，結果慘遭吉他手彼得・湯森（Pete Townshend）用吉他背面毆打，只能被迫下臺。

　　此時曙光漸露，破曉在舊金山的傑佛森飛船合唱團（Jefferson Airplane）迷幻詭譎的電音中，根據吉他手保羅・康德納（Paul Kantner）回憶：「觀眾沉醉在音樂裡，睡眼惺忪，好多人才剛從睡袋裡鑽出來，醒醒睡睡，睡睡醒醒。」貴賓務必要在壓軸曲〈白兔〉（White Rabbit）之前醒來，跟觀眾一起乘著音樂，抵達半夢半醒的超現實奇境。

8月17日
星期日

　　貴賓這天早上可能動也懶怠動，周遭觀眾也同樣提不起勁，連帶著舞臺上也無精打采，一直到下午兩點都沒有表演，直到喬・庫克和油脂樂團（The Grease Band）揭開序幕，這一團全嗑了LSD，正嗨著，上了臺先隨手彈撥，接著喬・庫克踉蹌登場，優閒從容彈唱巴布・狄倫的〈女人都這樣〉（Just Like a

Woman）和〈我將釋放〉（I Shall be Released），但唱到〈朋友助我一臂之力〉（With a Little Help From My Friends）時唱腔一變，變得慷慨激昂、動人肺腑，將氣氛炒熱到最高點，敝社雖然建議貴賓將整場表演聽完，但同時也要請你留神——舞臺後方烏雲滿天，臺下才剛響起如雷的掌聲，現場立刻風雨大作，觀眾將承受一個鐘頭的風吹雨打，貴賓若不找地方避雨，大可留在原地與主持人一同豁出去，試圖用集體念力阻止大雨滂沱，一齊高喊「別下，別下」。此外，你還有機會目睹山丘泥流在你面前崩塌。

　　下午五點過後，雨勢漸弱。六點鐘，陽光再次閃耀，貴賓若是眼睛夠利，應該能瞧見有個戴眼鏡的小人兒，一柄菸斗在手，徐徐走到麥克風前——麥克斯・亞斯格登臺演說了，這可

還記得敝社提醒你要牢記福斯露營車的位置吧？還是說你想把整個1970年代都再經歷一次？

是當天的重頭戲，五十萬觀眾齊聚一堂，心有靈犀聽著亞斯格妮妮道來：「我想你們已經向世人證明：五十萬少男少女可以聚在一起，三天三夜，只為音樂，只為盡興，不為其他。願上帝保佑你們。」演說結束，音樂回歸，鄉村喬與魚樂團登臺，重彈星期六中午鄉村喬演唱的曲目，當時是自彈自唱，這次是合奏。晚上八點，演出步調加快，英倫藍調搖滾天團十年之後（Ten Years After）登臺，激情翻唱桑尼‧鮑伊‧威廉森（Sonny Boy Williamson）的〈早安，小女孩〉（Good Morning Little School Girl），接著阿爾文‧李（Alvin Lee）將一曲〈我會回家〉（I'm Going Home）唱得如痴如狂，但指下功夫卻不含糊，一聲一聲層次分明。

聽了這麼久的音樂會，想來各位團員有些乏了，幸好接下來的曲目比較徐緩，頗能沉澱心情、發人深省。首先登臺的是樂隊合唱團，不久前剛發行首張獨立專輯，為現場觀眾帶來一首接一首的民歌搖滾，其中以〈重量〉（The Weight）最為耳熟能詳，是公路電影《逍遙騎士》（*Easy Rider*）的經典插曲。午夜時分，強尼‧溫特（John Winter）撥響了藍調搖滾吉他，這位出身德州的搖滾吉他白子將帶著你搖擺九十分鐘，凌晨一點半由血汗淚合唱團（Blood, Sweat & Tears）接棒，演出空靈的爵士搖滾。凌晨三點，剛成軍的克羅斯比、史提爾斯與納許樂團（Crosby, Stills & Nash）帶來活力四射的表演，他們輕手輕腳坐上高腳椅，一開場就是無懈可擊的〈組曲：茱迪藍眼睛〉（Suite: Judy Blue Eyes），合音高亢完美，旋律既解悶又添愁，在這三人的不插電演出後，尼爾‧楊（Neil Young）緊接著加入，這位謎樣的搖滾歌手脾氣壞歸壞，表演功力卻是可圈可點，他先跟史蒂芬‧史提爾斯（Stephen Stills）來了個二重唱，接著四人一起來了場電音表演，包括那首餘音繞梁的〈很久之前〉（Long Time Gone）。

　　拂曉時分，克羅斯比、史提爾斯與納許樂團和聲淒美，催人入夢。貴賓也許渾身泥濘，也許雨打風吹，也許筋疲力盡，但音樂還要五個鐘頭才會結束，就讓保羅‧巴特菲爾德藍調樂團（Paul Butterfield Blues Band）陪你撐下去，他們在清晨六點鐘端出節奏輕快的芝加哥白人男孩藍調，吉他呢喃，口琴呼號，如果這樣還不夠提神，沒關係，沙娜娜樂團（Sha Na Na）演唱的老牌流行金曲定能讓你精神百倍，他們在臺上又唱又跳，翻唱〈監獄搖滾〉（Jail House Rock）和〈搖滾舞會〉（At the Hop），早上八點有辦法這樣，已經是雀躍得可以了。

　　接下來有一個鐘頭的空檔讓各位貴賓為所欲為，緊接著壓軸就要上場。早上九點剛過，吉米‧罕醉克斯和五人樂團登臺，先來一曲〈聽見火車駛來〉（Hear My Train a Comin），接著是整整兩個鐘頭的迷幻搖滾，此時觀眾區宛如棄置的戰場，觀眾剩不到五萬，散場的散場，徒留滿地物品及一山一山的垃圾和餘燼。在這滿目瘡痍中，罕醉克斯宣布要「亂彈一通」，彈著彈著，便演奏起電音版美國國歌〈星條旗〉（Star-Spangled Banner），並翻唱〈嘿！喬〉（Hey Joe）作為閉幕曲，好聽到令人頭皮發麻。在你眼前搬演的正是活生生的音樂史。

第二部
PART TWO

歷史轉捩點行程
MOMENTS THAT MADE HISTORY

CHAPTER

1

波士頓茶會
The Boston Tea Party

時間：1773年12月15日～16日
地點：新英格蘭

重大歷史事件多半籠罩著一層又一層的神話，真相因此撲朔迷離，波士頓茶會（The Boston Tea Party）也不例外。這起傾茶事件象徵美國人民擺脫殖民桎梏、大舉邁向建國之路，後世大抵認為該起事件體現人民的反抗精神，展現人民有抵抗壓迫的權利。然而，由於有心人士竄改史實，想方設法跟這起事件沾邊圖利，因此，1773年12月16日當晚幾個鐘頭的真相日漸扭曲，史實與史載出入頗多，而且分歧與日俱增。

就連「波士頓茶會」這個名稱都有誤人之嫌，這是1820年代起的名號，貴賓穿越回去瞧瞧就知道——這哪裡是什麼茶會？此外，由於當晚舉事者誓言保密，事後也不曾透露半點口風，所以史家無從得知這些傾茶人士的確切身分，直到他們過世後才可見「名單」流出。1835年，事件發生逾六十年，某位「目擊者」亮出五十八名舉事者名單，聲稱這些人當時都在商船上。不久之後又有另一份名單傳出，這回是訪問波士頓市民

取得的史料。兩份名單是否能夠盡信，至今仍無法定論。

正因為舉事者身分不詳，各位穿越團員才得以享有這難得可貴的機會，化身成無名民族英雄，不僅目擊歷史，更能締造傳說，而且不會干擾時空連續體。你將在波士頓待滿三十六個鐘頭，淺嘗欣欣向榮的客棧文化，在車水馬龍的街道上與各色商人摩肩擦踵，緊鑼密鼓籌備茶會，在水濱與波士頓市民會合，一舉將英國茶葉付諸流水。

歷史充電站：賦稅法案和波士頓慘案

英國打贏七年戰爭（Seven Years' War，1756~1763）成為世界霸權，但也因此積欠下一億四千五百英鎊的債務。1763年，英國政府為了還債，決定提高對美國殖民地的稅收，國會頒布系列法規第一條《美國稅收法》（American Revenue Act），提高對紡織品、咖啡、靛青、舶來品的進口稅，一時之間呼聲四起，高喊「無選票，不納稅」（No taxation without representation）。1765年又再引進《印花稅法》（Stamp Act），大大衝擊商賈、律師、出版商。

由於民怨沸騰，波士頓全城暴動，洗劫城中精英豪宅，這些精英財勢顯赫，全仰仗英方在背後撐腰。大批民眾走上街頭，抗議遊行絡繹不絕，國會被反動聲浪叮得滿頭包，不到半年便廢除《印花稅法》，但又在1767年引進《唐森德條例》（Townshend Acts），增加五花八門的商品稅賦，包括茶葉在內，再度引發民眾反彈。

有鑑於波士頓情況告急，英國撥了一支軍隊去穩住局面。1770年2月23日，該軍隊出了大亂子，開槍掃射一旁口出惡言的民眾，造成五人斃命，史稱波士頓慘案。由於安危堪慮，該軍隊撤退到城堡島上的威廉堡避難。

期間民眾持續反抗《唐森德條例》，波士頓茶會於焉成形，領導者登高一呼，三百位市民加入「自由之子」（Sons of Liberty），並集結中下層階級形成同盟，

團結起來孤立用人唯親的麻州總督湯瑪士‧哈欽森（Thomas Hutchinson）及其親信。

然而，撇除抵制英國茶葉一事，1770年代初期可謂風平浪靜，早先1760年代才叫風起雲湧。1773年5月，英國國會頒布《茶葉法》（Tea Act），盼能挽救江河日下的東印度公司，該公司壟斷茶葉貿易，1600年由英國女王伊麗莎白一世特許成立，百年後已處於破產邊緣，價值一千七百萬英鎊的茶葉銷不出去，全堆在英國倉庫裡生灰塵。眼看荷蘭茶黑市走私猖獗，《茶葉法》調降茶葉稅來破壞行情，此法縱使立意良善，但波士頓的激進人士依舊勃然大怒。

《茶葉法》頒行後，第一艘抵達波士頓港的商船是達特茅斯號，船主之一是弗朗西斯‧羅奇（Francis Rotch），二十三歲，基督教貴格會信徒，駛船經商，家鄉在南塔克特島，船上貨物半數歸他所有。11月30日，達特茅斯號停靠格里芬碼頭，12月1日卸貨完畢，只剩茶葉還在船上。兩天後，又有一艘小商船埃莉諾號入港。12月7日，另一艘更小的商船比佛號靠岸。

達特茅斯號報關後必須在二十天之內卸貨並繳稅，否則貨物將

保羅‧李維於1768年的雕版印刷作品，畫面上英軍登陸波士頓的場景當年曾引起全美群情憤慨。

遭到扣押，白白讓英國得利，期限是 12 月 16 日午夜，眼看時間一分一秒流逝，火藥味不免愈來愈濃。12 月 14 日，波士頓召開有史以來最盛大的集會，席間羅奇遭無情施壓，與會人士要求他將達特茅斯號開走，但他若照辦便等於前功盡棄，因此只能盡力敷衍搪塞。

自由之子二十四小時站崗盯哨，以防茶葉上岸。究竟這批茶葉下場如何？此時尚未見分曉。波士頓市民會義無反顧蔑視王權嗎？倘若果真如此，英國皇家海軍會袖手旁觀嗎？還是會派出坐擁六十四門炮的皇家船長號和驅逐艦「行動」及「魚狗」出面介入？

{ 行程簡介 }

貴賓的落地時間是 1773 年 12 月 15 日星期三下午，地點在波士頓大街的自由之樹（Liberty Tree），附近是漢諾威廣場。自由之樹是一棵高大的榆樹，1642 年栽種，紀念英國國會與「暴君」查理一世（Charles I）決裂，標示第一次英國內戰開打。自由之樹是叛亂的中心、集會的地點，也是張掛肖像、高懸布告、號召行動的所在。

貴賓將打扮成勞動階層，從麻州農村來波士頓參加「茶會」，與會人士以勞工為主，老爺和先生頭戴海狸毛氈摺邊帽，身穿厚厚的狩獵襯衫，披一件厚重的及膝羊毛外套，腿上穿著馬褲，一雙束腿拉到膝上，足蹬破舊黑皮鞋。太太和小姐則要綑「束腹」，這種類似馬甲的錐形內衣可以托高你的胸部，讓你保持良好的儀態，接著再穿上樸實無華的上衣和襯裙，最後套上樸素的披風，這是當時女工之間非常流行的穿搭。為了禦寒，敝社會為你準備一頂包頭帽和一雙露指手套。

本穿越團將下榻在白馬客棧，店主是喬瑟夫·莫頓（Joseph Morton），店址在紐伯里街，靠近今為博伊爾斯頓街的蛙巷處，

你看看招牌是雪白戰馬的那家便是了。波士頓的客棧超過一百五十間，從上流的高級酒吧到骯髒破舊的夜總會應有盡有，白馬客棧可謂箇中翹楚，你從紐伯里街上的大門入內，一踏進去便是酒吧間，仰頭可見橫梁天花板，低頭可見橡木磨砂地板，壁爐裡添滿熊熊燃燒的柴火，酒吧裡煙霧氤氳，貴賓可閒步至吧檯租借陶製菸斗，沿途可見賭客打牌的打牌、玩九柱球的玩九柱球，輪流用叫做「乳酪」的小球將球瓶擊倒。吧檯高度及腰，附近是一排排大桶子。吧檯旁掛著醃製鱈魚，檯面上選了幾本宗教讀物供顧客翻閱。

　　貴賓進了酒吧間請往裡邊走，你會看見牆上釘了個小箱子，箱子上鑿著小孔，小孔上刻著「有錢必應」，你可以在箱子裡塞錢給僕役。從這兒開門出去，上樓便是你的臥榻，你的臥榻旁邊便是其他客人的臥榻──共享正是這兒的規矩，客棧裡的設備說好聽一點叫「原始」，想找盥洗設備的貴賓就別忙了，這裡地上挖個洞、蓋上蓋子就叫馬桶了。

波士頓

　　波士頓半島處處尖塔聳峙、船桅林立，海岬深入大西洋，若不是波士頓地峽與陸地相連，否則就叫波士頓島了。波士頓全市分為北角和南角，北角走高檔路線，南角走草根路線。波士頓得天獨厚，海岸線綿長，倉庫和船廠挨擠在海濱，附近是新英格蘭的釣魚場和捕鯨場，五花八門的鯨魚油、鯨魚骨源源不絕，讓此地買氣旺盛、商機無限，形形色色的商店超過五百家，令人目不暇給，貴賓可在街上隨走隨看，感受海鹽、馬糞、垃圾的氣味撲鼻而來。

　　貴賓會經過販售民生用品（糖、玉米）的雜貨店、琳琅滿目的布店（包括碎花布、印花布、細洋布、棉布、硬麻布、絲

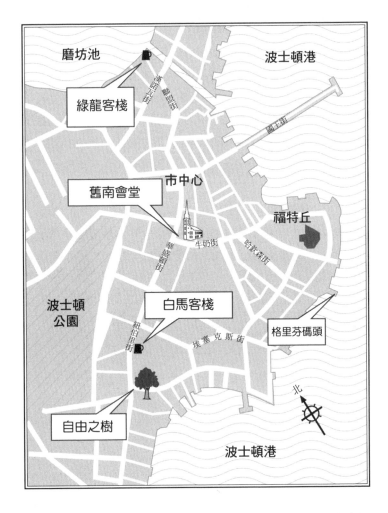

網）、男服店、裁縫店、五金店、皮革店，還有開設在倉庫裡的百貨商行，從餐具到沙漏無所不賣。若有團員想認真看看買賣是怎麼回事，可至國王街的奴隸市場一探究竟。

　　此外，你可能會訝異波士頓滿眼書肆，此地文風鼎盛，多虧了英國在殖民地推廣義務教育，所有公民至少都要會讀《聖經》，因此波士頓圖書貿易蓬勃，許多出版商兼營印刷，除了

宗教書籍之外，詹姆斯・福斯特・康迪（James Foster Condy）等一般書商也販售詩集、哲學著作、歷史書籍、政宣手冊，湯瑪斯・漢考克（Thomas Hancock）則兼售文具，包括紙張、羽毛筆、密封蠟、墨水壺。想知道波士頓最近有什麼大事？買一份《波士頓公報》（*Boston Gazetta*）或《麻州諜報》（*Massachusetts Spy*）便知曉。

　　倘若貴賓有些嘴饞，可以跟街頭攤販買些新鮮牡蠣來嚐嚐。想喝熱飲或歇歇腿的團員，波士頓有數十家咖啡館任君挑選，你可以點杯熱可可坐下來，或是品嚐荷蘭走私來的咖啡，真真是去哪家咖啡館都好，但就是別去皇家咖啡館，那裡的常客多半是英國官員，不然就是忠君愛國的波士頓市民。

飲饌：客棧文化

　　白馬客棧晚上七點開飯，不過，既然可供選擇的客棧這麼多，貴賓不必覺得非待在白馬客棧不可，到國王街的「葡萄纍纍客棧」換換口味也不錯，這兩處都提供佳餚美饌，第一道先上肉湯，接著是煎烤海鮮，或許是龍蝦、或許是鰻魚、或許是鮭魚，再來上的是主菜，烤羊、烤豬、烤牛、烤雞擇一，搭配根菜雜燴，配菜包括高麗菜絲沙拉和乳酪麵包盤，最後上甜點，可以選擇水果、葡萄乾麵包布丁或香甜烤杏仁。

　　貴賓若是想喝酒，有法國葡萄酒或西班牙葡萄酒可供選擇，但波士頓市民更愛喝蘋果酒、梨子酒、啤酒、蘭姆酒，其中啤酒已成為市民文化的一部分，有些是本地佳釀，有些是異國風味，例如雲杉啤酒、樺樹啤酒，由於啤酒文化根深柢固，當地甚至發展出一套術語來談論喝啤酒這檔事。

　　烈啤又稱「慰窮漿」（comfort for the poor），一上桌就是五百毫升，或裝在白鑞啤酒杯裡，或是以棕綠色瓶子盛裝，以防

陽光直射導致啤酒餿掉走味。貴賓儘管點儘管喝，但就是別點到「老褲子」（old trousers），這種混了酒粕的啤酒可難聞了。你若喝一喝放下酒杯，沒想到晾在一旁給人喝去，這就叫「倉鼠飲」（hamster），慢慢品酒稱為「抿」（tipple），喝醉的酒客叫「啤酒騎士」（ale knight）或「啤酒包」（toss pot），這些酒膩子嗜啤酒如命，常常一上桌就喝開了。

　　如果啤酒不對貴賓的胃口，嚐嚐黑蘭姆酒如何？酒精濃度百分之四十五，波士頓本地酒廠出品，廠址在埃塞克斯街和南街一帶，總共二十間，大多以糖蜜釀製，從法屬和西屬加勒比海的糖島走私而來，價格比英國糖蜜便宜三分之一，點一杯稱為一打蘭（dram），你可以單飲也可以喝調酒，店家多以陶壺盛裝陽春版雞尾酒，最多人點的是「黑帶」（black strap）和「卡里波格斯」（calibogus），前者是極烈的糖蜜黑蘭姆酒，後者是無糖蘭姆混啤酒，此外，蛋蜜酒（flip）的人氣也居高不下，以蘭姆酒為基底，加入溫啤酒、棕色愛爾酒、蛋和糖，以長柄調酒木匙拌勻後上桌，至於「石垣」（stone fence）是以蘭姆混蘋果酒，「搖頭晃腦」（rattle skull）則以黑啤混蘭姆再加萊姆汁和肉豆蔻。

綠龍客棧

　　波士頓的客棧既是社交和文化場所，也是激進政治的搖籃，對英國政策的反動皆在此辯論並策劃。1773年12月15日晚間，波士頓市民張口閉口都是茶稅大限逼近一事，貴賓若想接近舉事者，不妨前往綠龍客棧，店址在城北漢諾瓦街和聯盟街交叉口，1776年由聖安德魯共濟會集會所買下，波士頓大名鼎鼎的反叛份子都在樓上聚會，其中大多是哈佛畢業生，貴賓在樓下酒吧間拉張椅子坐下來，定能瞧見山繆·亞當斯

1767 年殖民地政治漫畫，內容指出引進茶稅是「苛政猛於刺刀」，讓「波士頓市民不得安寧」。

（Samuel Adams），他是通訊委員會的會長，實際上也是自由之子的首領，此外還有保羅・李維（Paul Revere），這位銀匠是法國胡格諾教徒，朗費羅（Henry Wadsworth Longfellow）的名詩〈李維夜奔〉（Paul Revere' s Ride）便是描寫他於17日深夜馳騁至費城通報傾茶事件。其餘出入綠龍客棧的名人還有富商約翰・漢考克（John Hancock），他是地方大善人、共濟會宗師，所有舉事者中就屬他最富有；小詹姆斯・奧蒂斯（James Otis Jr）是律師，可憐他被勃然大怒的海關稅務司重傷頭部，神智已經不太清楚；威廉・莫利紐茲（William Molyneux）是商人，擁有一批小販和工匠組成的「手下」；埃比尼澤・麥金塔（Ebenezer Mackintosh）是鞋匠，債臺高築，出身波士頓南角，領有一百五十位水濱暴徒。

以上名人在這天晚上全到綠龍客棧來，上樓商論翌日的抗議行動。

12月16日
星期四

早上九點，白馬客棧供應豐盛的早餐，幫助貴賓戰勝宿醉，包括鯡魚、燻肉（例如燻腿）或臘肉（例如火腿）、烤麵包、培根和雞蛋，如果貴賓想以毒攻毒，點飲料時可以選擇小杯淡啤酒，酒精濃度只有百分之一，或是來杯香甜濃烈的黑咖啡也可以。

貴賓吃飽喝足後，敝社建議你散步助消化，冒著外頭即將下一整天的冷雨，到全美最古老的公園走一走。波士頓公園建於1634年，這個占地超過五十英畝的公園放養了許多牛隻，綠地上小徑交錯，此外還包括幾處林蔭步道（例如特萊蒙步道），另有約翰・漢考克新近出資搭建的露天音樂臺。

舊南會堂

　　上午十點鐘，請各位貴賓務必到舊南會堂集合，地點在華盛頓街角，這是波士頓當時最大的教堂，塔高一百八十三呎，1729年完工。當時波士頓總人口為一萬六千人，你到達現場時大約已有五千位市民在決議如何處置茶葉。會堂裡人潮雖然擁擠，但因為沒有壁爐，會場冷得像冰窖，你稍不留心便會覬覦起鄰座的暖腳套，或是嫉妒帶了摺凳的與會者。

　　這天的首要任務是再次交互詰問倒楣的羅奇，整場盤問好戲的高潮收在羅奇同意去找總督哈欽森，若是總督允諾，羅奇便能滿載貨物離港，平安無事返抵英國。羅奇一離場，會議便宣告中止，年高德劭的激進人士退至小房間內商討戰術，直到下午三點才復會。

　　趁著這個空擋，敝社建議你回白馬客棧用午膳，等吃飽了再判斷你是否有體力、有耐力、有韌性，足以應付傾茶這項吃重的體力活。請你務必謹記：中途你若稍有懈怠或體力不支，你的傾茶夥伴可不會饒過你。無論你多麼心煩手癢，千萬別貪多嚼不爛。倘若貴賓體格佳、幹勁足，請你到酒吧間稍坐片刻，不久傾茶計畫便會走漏，你聽到風聲便可回房喬裝。

細說中國茶

　　這批付諸流水的茶葉全是中國茶，其中以江西武夷茶居多，茶葉經發酵，湯色紅濃，香氣馥郁帶泥香，物美價廉又禁得起久放，此外則是檔次更高的小種紅茶和功夫茶。

　　除了紅茶之外，船上也有綠茶，主要是熙春茶，另有一些散茶是安徽松蘿茶，後者的茶香更細緻，價錢自然更高。綠茶的茶葉在摘採後立即蒸菁以防氧化，因此茶湯清甜回甘。

　　中國茶是茶樹（Camellia sinensis）的變種，茶樹為多年生常

綠灌木，最高可長到十二呎，最久可活上一百年，葉厚革質，含咖啡因及抗菌物質，茶葉由茶婦親手摘採，腰痠背痛採畢後接著去莖、炒菁、揉捻，這趟功夫通常要在一天內完成。雖然茶葉一年可以採收三到四次，但仍以仲春到孟夏為採茶旺季。

茶葉加工後由行商收購，接著轉手賣給批發商，批發商分裝後交給茶商沿江順流南下，將茶葉一路運至廣州，抵達時節約莫是十一月底、十二月初，茶葉在廣州外銷給東印度公司裝箱，木箱內襯以鋁箔紙以防茶葉變質，接著再用柔韌的竹篾紮綑裝運，六個月後駛抵倫敦，東印度公司就地拍賣，可憐的弗朗西斯・羅奇就是拍賣場的茶商之一。

莫霍克族

貴賓將與傾茶夥伴喬裝成莫霍克族印第安人。莫霍克族隸屬易洛魁聯盟（Iroquois Confederacy），最初又稱五族同盟，由五十位部落首領組成，其中莫霍克族號稱「美東守門人」，因驍勇善戰而備受敬畏。喬裝成莫霍克族有幾個用意：第一，改裝易容辨認不易，但畢竟全波士頓也才三十七名印第安人，明眼人一看就曉得你並非莫霍克族人；第二，只要你抵死不認，找人頂罪很容易；第三，莫霍克族是活化石，象徵未被殖民的美洲大陸，他們無拘無束、來去如風，周身散發神祕氣場，借用其形象起義再適合不過。

貴賓請看看周遭夥伴：誰喬裝得越逼真、打扮得越賣力，誰的地位就越高，尤以那十八位帶頭起義者最能遮人耳目，他們頂著莫霍克頭，臉用木炭抹黑，身穿戰袍，肩披斗篷，再罩上仿莫霍克族的披肩，完全遮住本來的衣物，甚至連發號施令都用印第安語。

底下烏合之眾的打扮可就差得遠了，而且位階越低裝扮越馬虎，有的只用燈黑或膏油抹個臉、戴頂毛帽、套件罩衫便敷

衍了事。敝社為貴賓準備了毛毯，你就這麼往身上一兜，用煤
煙把臉抹黑，再將斧頭和手斧掛上腰帶，喬裝完畢便可至綠龍
客棧與其他莫霍克族人會合，一同前往牛奶街，不遠處就是舊
南會堂，會堂裡的爭辯愈演愈烈，眼看就要一發不可收拾。

羅奇回來啦

倘若貴賓自認做不來體力活，請在下午三點回到舊南會
堂，一邊聽各家你來我往，一邊等候羅奇帶消息回來。喬西亞‧
昆西（Josiah Quincy）將鼓起舌簧力勸你抵制茶葉，可憐他還
罹患結核病呢，但貴賓切記不宜躁進，否則後果不堪設想，且
聽麻薩諸塞灣省庫務司哈里森‧格雷（Harrison Gray）接下來
的答辯便可知曉。

下午五點四十五分，會議廳裡的燭光一陣明滅，羅奇面見
完總督哈欽森回來了！哈欽森人不在城裡，前陣子搬到米爾鎮
鄉居，羅奇來回奔走十四哩，為的就是回來知會大家哈欽森不
允准，話音剛落，現場一陣騷動，有人嚷嚷：「今夜就用波士
頓港來泡茶吧！」約翰‧漢考克則站在講臺前沉重宣布：「大
家自己看著辦吧。」

霎時間群情沸騰，眾人哄然散會，忽然外頭傳來莫霍克族
的戰嚎，聽得人背脊發涼，人潮一時擁向出口，你這才恍然大
悟──原來那教人寒毛直豎的呼喊是個信號，表示要動手了！
貴賓請跟著人潮走出會堂，莫霍克族的菁英部隊正在外頭等
候，只見他們身穿族服、手持火炬，板著臉不發一語，眾人也
跟著安靜下來。

莫霍克族人二話不說，領著眾人就往牛奶街走，走著走著
一個急轉，水濱就在眼前，而且越近水濱莫霍克族人越多，隊
伍最後停在福特丘旁的碼頭和倉庫，波士頓市民在此守望，莫

霍克族人則繼續走向格里芬碼頭，上了那幾艘運茶船。

開茶會啦

　　晚上七點，皓月當空，照如白晝，此時不開「茶會」更待何時，貴賓且別管停泊在四百碼外的英國軍艦，大膽跟隨八十至一百位舉事者登上達特茅斯號、爬進埃莉諾號、翻進比佛號。你的傾茶夥伴大多不滿三十歲，有的是學徒，有的已出師，有的是碼頭伕役，有的是開路苦力，有些則是學有專精的工匠，例如木匠師傅、建築工頭、箍桶師傅、皮革師傅，另有少數幾位專業人士。

　　傾茶工作宛如上了油的發條般順暢運行，由幾位自稱船長、水手長的領頭，兩側由持槍的哨兵把風，貴賓首先要做的是喝令船員打開艙口，命他們交出起重滑車，方便你等等搬運茶箱，茶箱每箱重四百磅，你看上頭有紅黑雙色中國圖騰的就是了。

　　你一上甲板便可解下腰間的斧頭劈開茶箱，將茶葉往舷外扔，劈、扔、劈、扔，茶箱噗嚕嚕裂開，甲板咿呀呀作響，茶葉嘩啦啦落水，除此之外悄無聲息。各位團員不僅禁止作聲，也不得損傷船隻或扒竊船上貨物，比佛號上有個叫查爾斯・康納（Charles Conner）的傢伙，偷塞了幾把茶葉到褲袋裡給人抓包，這下真是糗大了，不但身上衣服被扒光，全身上下給抹了爛泥，還被毒打了一頓。

　　隨著海裡的茶葉越積越多，茶船周遭的海水也越來越混濁，由於潮水很低，船隻停泊在淺水裡，海床上的茶葉越積越多，轉眼將海灣堵住，有幾個本來在一旁看好戲的，急忙在岸上找了葉扁舟，意圖打撈浮在海面上的珍貴茶葉，但還沒下水就被制止。為了防止群起效尤，貴賓你可能會被叫下海，將海

229 Boston Boys throwing tea into the harbour

莫霍克族盡興狂歡。

面上一坨一坨的茶葉攪散，或是攪到水淺處，或是踩進泥巴裡。

　　兩個鐘頭後，總計三百四十二箱茶葉被扔進波士頓港，總重四十六噸，市價九千六百五十四英鎊（折合成今日美金約一百五十萬），只有一箱逃過一劫，翌日讓一個名叫約翰‧羅賓森（John Robinson）的少年找到，這口深埋在大西洋沙岸的茶箱，就是大名鼎鼎的「羅賓森茶葉箱」。

當個品茶香的

　　兩千多位民眾白占著好位子，依舊只能瞧見茶船上的人影手腳俐落來回奔走，現場氣氛雖然緊張，但大家都沉住氣，沒

人移動腳步，一個個畢恭畢敬，連大氣都不敢喘一下。無人叫喊。無人歡呼。無人高歌。你彷彿看見一場排演熟練、指揮得當的表演，一旁觀看的民眾直覺到歷史正在眼前搬演。

　　傾茶完畢，人潮迅速散去，莫霍克族人整隊集合，橫笛一響，齊步撤退回碼頭邊、拐進哈欽森街，在此無聲無息就地解散。晚上十點鐘，街上杳無人煙，只有波士頓港裡載浮載沉的茶葉，證明你確實忙了大半夜。

返航

　　貴賓在離開碼頭之前，請先看看身上有沒有沾到茶葉，許多舉事者回家後發現鞋裡、口袋裡都是茶葉，費了番功夫才按捺住燒水煮茶的衝動。倘若貴賓發現身上有茶葉請就地扔棄，並在午夜前返抵自由之樹，準備穿越回甜蜜的家。

查理一世上斷頭臺
The Execution Charles I

時間：1649年1月29日～30日
地點：倫敦

查理一世走上斷頭臺，脖子一伸，歷史從此改寫。幾百年來，君主憑著「君權神授說」大權獨攬，有了全能之神掛保證，君主威信大震，儼然一神之下、萬民之上。查理一世遭處決等於昭告天下：什麼「天子受命於天」根本是屁話，不過是憑著遺傳基因作威作福的藉口。

當然啦，歷史上慘遭橫禍的君主多的是，查理絕非首例，有的死於同室操戈，有的死於改朝換代，有的難敵外侮，有的戰死沙場，死於政變者更是不計其數。然而，若要追究自古羅馬時代以來哪位君主首開先例，因人民捍衛政治原則、鞏固議會主權而慘遭不測？答案是查理一世——從此君權粉碎，王權至上成為明日黃花，下啟美國獨立建國運動（1776）及法國大革命（1789）。

敝社推出的二十四小時快閃行程帶貴賓親臨刑場，目睹衝擊全歐洲的關鍵時刻，感受全城處於未知邊境的緊張氣氛，有

人恐懼未來，有人夢想舊世界瓦解、美好新世界到來。

歷史充電站：英國內戰

1648年12月6日清晨，普賴德上校（Colonel Pride）率領步兵包圍下議院，手中高舉禁入國會的議員名單，上頭大約列了一百八十位，其中一百位已逃出城外，當場逮補者計四十五位。

一年半前，英國第一次內戰（First Civil War，1642-1646）落幕，新模範軍（New Model Army）擊敗保皇黨，查理一世雖成階下囚，但仍企圖重掌大權，擁戴者也盼他東山再起，故而接二連三策動各地保皇黨暴動，史稱第二次英國內戰，1648年5月爆發，三個月後，保皇黨的最終基地科爾切斯特鎮不敵圍攻、終於淪陷，第二次內戰結束，國會大半支持雙方和解，查理一世因此尚未死心。

然而，新模範軍可不這麼想。這支兵力超過四萬的勁旅在英國所向披靡，不僅視己為革命先驅，更視查理為千古罪人，兩次英國內戰共誅殺了二十萬至三十萬條人命。克倫威爾將軍（Oliver Cromwell）因此上書《大諫章》（Grand Remonstrance），內容包含多條權利法案，卻遭國會拒絕討論，七千部隊於是走上街頭，12月2日占領倫敦。

國會不願受威脅，議員漏夜開會，12月4日決議與國王談判。翌日，克倫威爾將軍的女婿亨利·艾雷頓（Henry Ireton）召來將領面議，裁定查理一世「背叛人民信任，引發內戰耗損國力、魚肉百姓。」新模範軍為落實決心，決議驅逐保守派議員，後世稱「普賴德肅清」，剩餘八十位下議院議員對新模範軍言聽計從，組成「殘餘議會」（the Rump Parliament）決定查理一世生死。

國會肅清後風起雲湧。12月13日議會中止與查理一世談判。1月2日，上議院駁回對查理一世的指控，新模範軍反鎖上院的院門逕自起訴，由殘餘議會表決審判查理一世。

審判庭1月20日開庭。查理一世的答辯不脫君權神授說：「吾貴為君主，豈可教人臣誣陷……《舊約》、《新約》白紙黑字，明令人臣服從君權。」開庭三日，

1649年1月，查理一世來到西敏宮，坐在被告席接受最高法院審理。

查理一世口口聲聲咬定審判庭違法，被審判團勒令退庭。接下來兩天證人出庭作證，三十位人士證實內戰血流成河，指稱查理一世難辭其咎。

經過進一步審議，1月27日公布判決結果——查理一世「在兩次內戰期間陷國家於不義，謀殺百姓，強取豪奪，焚城毀地，以致國破家亡、山河狼藉，故判其有罪」，「冠以暴君、叛國賊、兇手、人民公敵之罪名」處以死刑。

{ 行程簡介 }

貴賓的落地時間是1649年1月29日星期一下午兩點整，地點在你聖馬丁路的住宿處，大約走一哩半就會到達國會大廈，你落地後還要幾個鐘頭才會天黑，不妨四處看看走走。

1月29日
星期一

貴賓這趟來除了觀看行刑，若還想找其他樂子恐怕有些困難。早在七年前（1642年）全倫敦的劇院便遭清教徒關閉，縱使年初有四家重新開幕，但旋即遭新模範軍勒令停業，若有演員反抗則立即逮捕。摔角、射箭、射擊、鬥熊、鬥狗等休閒娛樂也一律禁止。

貴賓走在倫敦街頭，可見內戰導致民生凋敝、百廢待舉，物價飛漲、薪資低落，由於查理一世遷宮，保皇黨人及王室貴族大半隨之出城，商肆因此空空蕩蕩，不見金銀珠寶、綾羅綢緞、華美鐘錶等奢侈品，向來熙來攘往的市集寂寥冷清，糧食供應長期斷絕，鄉間田地多已荒蕪，牛肉、魚肉、乳製品皆無從取得。

砍掉他的頭！《英王查理一世，左側像、正面像、右側像》(*King Charles I, in triplicate*)，畫者是英國宮廷首席畫家安東尼・范戴克 (Anthony van Dyck)。

　　這一派蕭索景象，更是讓倫敦物議沸騰。此時查理一世生死未卜，沒有國王的英國何去何從？政客與神學家尚且辯論不休，無論你走進哪一間客棧，都可見眾人口沫橫飛、高談闊論。不過你先別急，敝社建議你瞭解最新情勢、聽聽各家說法，再到客棧走走。最簡單的做法便是買報紙，包括六家取得特許字號的老牌週報，以及三家支持軍方的新興小報──《本週綜覽》(*A Perfect Summary*)、《新軍公報》(*The Army's Modest Intelligencer*)、《大英忠僕報》(*The Kingdom's Faithful Servant*)，後者在過去三週匆忙付梓，以滿足大眾對新知貪得無厭的追求。這類小報

又以《輿情日日報》(*A Perfect Diurnall*)流通最廣,今天剛出刊,立場保守、傾向國會,發行量大約三千份。

貴賓若嫌《輿情日日報》平淡,想看點激進的,不妨找找最新一期的《中庸報》(*The Moderate*),主編吉爾伯·馬伯特(Gilbert Mabbot)1647年由新模範軍任命為報刊審查長。《中庸報》支持平等派(The Levellers),這群人士雖未結黨但理念相近,鼓吹社會平等、消弭階級差異、普及投票權,在軍人、工匠、師傅、學徒、倫敦勞苦大眾間廣受歡迎。貴賓若想知道審問查理一世的細節,買《中庸報》準沒錯。此外還有三份非法的保皇黨報——《傷感時事報》(*Mercurius Melancolicus*)、《信差快報》(*Mercurius Elemticus*)、《信使捷報》(*Mercurius Pragmaticus*),路人可能會偷塞一份給你,三份報紙的編輯都逃亡在外,報刊以小型活字印刷機偷偷打印,並私下找攤販發送,倘若被逮到,這些攤販可得挨鞭子。

貴賓若想聽各派人馬直陳己見,請挪動腳步前往聖保羅大教堂,聽聽倫敦長老會牧師俄巴底亞·撒域(Obadiah Sedgwick)慷慨激昂為查理一世說情;貴賓也可以往白廳街走,看看平等派的新模範軍牧師休伊·彼得(Hugh Peter)鼓吹共和理念。你十之八九還可以在街角拿到小手冊,正方和反方的都有,最經典的莫過於約翰·古德溫(John Goodwin)聲援新模範軍的《當筆桿遇上槍桿》(*Right and Might Well Met*)以及保皇黨的《槍桿壓過筆桿》(*Might Overcoming Right*)。

無論貴賓你往哪裡走,免不了會看到滿街乞丐:有來城裡尋求溫飽的鄉下貧工,有缺手斷腳的退役軍人,也有丈夫戰死、孩子挨餓的寡婦。此外,新模範軍也是無所不在,走到哪兒都看得到,科芬園廣場簡直成了露天馬廄,周圍那排1630年代建的官邸原本住著名流顯貴,騎兵隊的戰馬都拴在眼前「這些貴族、騎士、紳士的門上」。

服裝・住宿・飲饌

你的穿著打扮就是你的政治表態，想走騎士風——華麗的褻襟、雍容的緞袍、昂貴的配件、蓬鬆的鬈髮……絕對不行！除非你想被認成荒唐的保皇黨！你若想要接地氣，穿著請盡量樸素簡單，想想看「清教徒運動」就對了！話說大家一想到清教徒就想到黑色，這其實是錯的！因為黑色染料不僅貴得嚇人，而且容易褪色。敝社建議本團的太太和小姐頂著俏麗短髮，頭戴亞麻便帽，身穿桑椹色高領毛料罩衫，領口翻出純白寬衣領，上頭點綴若有似無的蕾絲刺繡，腳上再蹬一雙荷蘭木鞋便得了。至於老爺和先生請戴黑色禮帽遮住短髮，身上披一件深綠色及踝毛料大衣，再穿上合腳的棕色皮靴即可。

【客房】

敝社替你在聖馬丁路上的賽西爾短巷找了間旅社，此外還替你簽了張「飯約」，規定店保至少要替你張羅一餐。此外，鑑於此行天氣嚴寒，泰晤士河面結冰，敝社怕貴賓受凍著涼，特地給你弄來了幾塊稀罕的煤塊，以保室內溫暖。由於英國內戰，煤塊炙手可熱，尋常人家泰半靠木柴生火取暖。然而，縱使皇家御苑已經光禿一片，木柴依舊供不應求，民眾情急之下見到木材就燒，貴賓若瞧見哪兒缺門、缺凳、少木樁、少欄杆，大可見怪不怪。

【晚餐】

晚餐六點開飯。由於糧食短缺，想吃好料就別奢望了，有濃羹吃就該偷笑了。時局艱困，人民多靠羹湯這種粗食維生，係將穀物泡水後熬煮而成，貴賓你吃的濃羹還帶有幾丁千金難買的牛肉，配上韶華已逝的根莖蔬菜少許，此外還有一條麵包讓你沾著享用。當時麵包還算好買，但因為連年歉收加上去年夏季雨水特多，過不久只怕也要打饑荒。

囿於法國紅酒中斷進口，敝社只能替你弄來甜滋滋的西班牙紅酒，貴賓若要喝啤酒也行，英國老百姓都喝這個，只是稅課得重了些、產量少了點，以免穀物價格飛漲。此外，時人雖然大多吃水果當甜點，但戰事方休，哪來的水果？廚子拼拼湊湊給你端上的是酪糕，這種煎餅是用奶酪

做的，跟兩顆全蛋、兩顆蛋黃、糖、肉豆蔻拌勻再撒上麵粉，用奶油煎至金黃便可上桌。

貴賓若想到街上找吃的，敝社建議你去一家名字應景的客棧叫「國王頭」，位在法院巷和艦隊街轉角，這裡的伙食也很簡陋，當時各家客棧莫不慘澹經營，「國王頭」也不例外，眼下店主一個星期進的酒還不如以往一天的銷量，廚房每天出的菜更是掉了七成五。不過，今晚「國王頭」高朋滿座，倫敦平民都擠到這裡來議論翌日大事，你不妨拉張凳子坐下來偷聽，或者大著膽子一起七嘴八舌討論「國事」。

1月30日
星期二

這天貴賓天亮即起，早餐是啤酒配昨晚吃剩的麵包，窗外天色陰暗、寒風刺骨，你走出客棧前，店保會幫你把午餐打包好，廚子不知從哪兒弄來了一大塊切達乳酪讓你配剩下的麵包，並佐上啤酒幫助下肚。

敝社建議你這時先去方便，你房裡就有夜壺，畢竟刑場附近沒有公廁，你若想找地方解手，原本占到的位置就會被搶走，你離開的時間越長，就會被推得離好戲越遠。出了客棧後，大約步行二十分鐘就會抵達聖詹姆斯公園，1532年由亨利八世建地，後由詹姆斯一世造景。

這天公園湖水結凍，觸目皆是禿枝枯椏，花草鳥獸不知去向，圍觀人群零零星星，等著看查理一世步出聖詹姆斯宮。這幢紅磚都鐸宮殿大方氣派，兩旁塔樓矗立，原址是瘋癲病院。十點鐘左右，查理一世出宮，年方四十八，看上去卻老態龍鍾，白髮銀鬚，面如槁木，眼圈發黑，隨侍在側的是倫敦主教威廉‧賈克森（William Juxon）、侍從官湯馬士‧海伯特（Thomas Herbert）、上校馬修‧湯姆林森（Matthew Tomlinson）。湯姆林森上校領著兩連步兵，一個個頭戴軍盔，身穿猩紅上衣，高舉

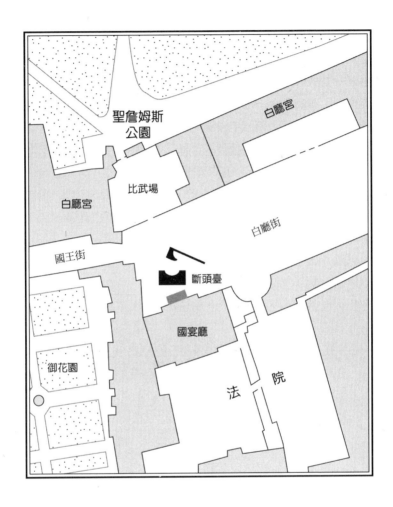

手中長槍，跟隨鼓手的節拍踏步行進。

　　圍觀民眾有的對著查理一世破口大罵，另有個老僕哭得老淚縱橫，眼看查理一世一行人神情肅穆從公園緩緩走過，步上進入白廳宮的木造樓梯，查理一世雖然回到故居，但原本的富麗堂皇已不復見，他將在此稍候，等赴刑場。

就定位啦

　　從聖詹姆斯公園到國王街要散步一小段路，這條通衢大道連通西敏宮和查令十字路，並且直接穿過白廳宮。白廳宮占地廣大，從宮內花園到河濱殿宇大約兩百碼，敝社建議你在國宴廳前就定位，這裡跟霍爾拜因門呈直角，這座磚造城門建於亨利八世在位時期，城門上的紅磚與黑磚呈棋格排列，由此延伸出遊廊連通白廳宮的寢宮與國王街另一側的比武場、鬥雞場劇院和聖詹姆斯公園的外屋，這些地方目前都被新模範軍占領，附近高臺處還給搭了炮臺。

　　儘管國王街人山人海，三教九流無一不有，但卻不見平時行刑前的熱鬧喧騰，沒有攤販，沒有雜耍，沒有街頭表演，沒有說學逗唱，沒有藉酒裝瘋，現場一片莊嚴肅穆，街道南北兩端各站著一支騎兵隊，一手持槍、一手舉劍，清一色圓顱黨（Roundhead）軍服，上身是奶黃色及膝束腰外衣配銀灰色護胸甲，頭戴可護住脖頸的軍盔，臉上戴著面罩，一身軍服讓現場的氣氛更形凝重。

　　斷頭臺罩著黑布矗立在國宴廳前。國宴廳是古典石造建築，有拱門，有圓柱，有羅馬圖騰。斷頭臺上打了三到四個「插銷」，形似木樁，上頭連接滑輪，用來制止查理一世掙脫抵抗。貴賓請看那斷頭臺的臺面有多低！比平時足足低了兩呎！死囚一般只要跪著就可以把脖子伸上斷頭臺，下巴舒舒服服枕在臺面的凹槽上。然而，這天臺面只離地十吋，查理一世勢必得佝僂著背，才能把脖子伸上斷頭臺。

　　到了午餐時刻，行刑場前寸步難行，有人把身子掛在窗外，陽臺上人滿為患，就連屋頂都站滿了人。你津津有味嚼著乳酪、啜飲著啤酒，也別忘了抽空可憐可憐查理一世，他正在吃此生最後一餐：一塊白麵包，一杯紅葡萄酒。

行刑

　　下午一點半左右，刑場上有人了。賈克森主教、湯姆林森上校、法蘭西斯・海克上校（Colonel Francis Hacker）紛紛現身，此外還有幾名守衛和平等派記者約翰・哈里斯（John Harris），幾名速記員手持筆記本及墨水壺，準備一五一十記下眼前所見。眾人的目光聚焦在劊子手及其副手身上，兩人都穿著黑色緊身外套，臉戴面罩，頭戴假髮，下巴還黏了副假鬍子。

　　果不其然，眾人紛紛議論行刑者是誰，最多人猜是首席劊子手理察・布蘭登（Richard Brandon），人稱「小葛雷葛利」，他子承父業，父親葛雷葛利・布蘭登（Gregory Brandon）也是劊子手。布蘭登眼力好，膽子大，手又穩，經驗也夠，雖然出道不久，但已經處決過坎特伯雷大主教、一位伯爵和幾名貴族。這天過後五個月，布蘭登會感染熱病不治，在纏綿病榻時承認收了三十英鎊對查理一世開鍘，其副手大概是死忠的新模範軍，自願協助布蘭登行刑。

　　下午兩點鐘，查理一世露面，從國宴廳那八扇大窗的其中一扇跨入刑場，身穿兩件厚重上衣，以防在寒風中瑟瑟發抖，給人留下畏畏縮縮的印象。儘管查理一世的遺言流傳千秋萬代，斷頭臺旁的書記員全都抄了下來，但你當下一個字也聽不見，這時會讀唇語的貴賓可就賺到了，不過，你只要留意查理一世的一顰一笑，觀看其舉手投足，便能看出英王在跟誰說話，以及說了多久。

　　首先，查理一世會攤開一張小紙條，依著上頭草草寫的寥寥數語一字一句念出來，只是聲音太小，還來不及傳到你耳裡就散了。這席演說很簡短，查理一世自稱「為人民殉難」，指控判刑者「專斷擅權」、全憑「武力治國」。這番陳詞並未引來群情譁然，臺下死寂一片，查理一世頓時洩了氣，結結巴巴要

海克上校「當心點，別讓我痛著」。倘若布蘭登第一刀沒砍好，斧頭就得多下幾次才能把頭砍斷，簡直是凌遲處死，場面也不太好看。

　　查理一世接著跟賈克森主教說話，賈克森主教附和他道：「根據英國國教的教義，」查理一世「死為基督徒」，主教還寬慰他，說他會上天堂，「得到榮耀的冠冕」。查理一世欣慰點頭道：「吾從人間的冠冕到不朽的冠冕，從此再無紛擾、不染塵囂。」賈克森主教一如其同行，總愛搶當壓軸，他應和查理一世所言，說：「一物換一物，換得好。」接下來的過場可就有點表演的味道。布蘭登幫查理一世把頭髮塞進帽子裡，塞得是乾淨俐落，查理一世解下披風，上頭別著嘉德勳章的鍊墜，鍊墜上可見聖喬治像，他將披風遞給主教，自個兒脫下緊身外衣，再把披風披上。表演結束，查理一世倒抽一口冷氣，垂眼看了看逼近地面的斷頭臺，甚是不悅，轉頭向劊子手說：「這沒弄緊啊。」布蘭登不為所動，說：「弄緊了。」查理一世一臉快快，再接再厲道：「本來沒那麼低吧。」布蘭登堅決果斷道：「閣下，這已經是最高了。」查理一世一臉悻悻然，但曉得再爭下去也沒意思，只咕噥了幾句便挺直腰桿，雙手舉高，兩眼望天，接著彎下腰，把脖子伸上斷頭臺。布蘭登再次確定這塊俎上肉的頭髮塞妥，查理一世伸直雙臂，做出此生最後的要求：「等我暗號」。布蘭登或許豁然大悟，曉得自己將犯下滔天大禍，因此恭恭敬敬說了聲好，還低聲稱查理一世為「陛下」。

　　國王街鴉雀無聲，查理一世打直雙臂，布蘭登高舉斧頭——這斧頭是從倫敦塔拿來的，長三十六吋，重超過七十磅，斧口十六吋，斧刃鋒利晶亮，長十吋——直直朝查理一世的脖子落下，砍中頸椎骨第三節和第四節，人頭漂亮落地，人群間發出一聲詭異的哀嚎，聽得人心驚肉跳。某位圍觀者回憶道：「我從沒聽過有人這樣叫，但願這輩子別再聽到。」想來

十七世紀版畫，查理一世在眾目睽睽下上了斷頭臺，背景是美輪美奐的國宴廳。

貴賓也深有同感。

　　布蘭登朝群眾揮了揮查理一世的頭，接著迅速把「屍」和「首」裝進棺材，罩上黑色絨布抬了進去。照理說叛國賊應該要梟首示眾，但這幫弒君者沒那麼狠，只怕查理一世首分離的模樣惹人同情、引發反彈，因此找人縫了屍首，抹油薰屍，擇鉛棺入殮，說有多尊重就有多尊重，但就是不肯讓查理一世下葬在西敏寺，棺槨於 2 月 7 日晚間運至溫莎古堡，兩天後安葬在聖喬治禮拜堂裡亨利八世的墓穴中。

返航

人頭落地過後幾秒，少數觀眾拿手帕去蘸濺在斷頭臺四周鵝卵石上的王血，或是作為紀念，或是用以祈運。不過，新模範軍立刻大顯威風，驅離現場呆若木雞的群眾，有的給凍得呆頭呆腦，有的被嚇得目瞪口呆，人群如潮水般擁入窄小的胡同和蜿蜒的巷弄，半個鐘頭後，街上冷清空蕩。

那些原本還想逗留的，一見騎兵隊大顯身手，也就打消了念頭。約翰・休森（John Hewson）上校帶著新模範軍在鬧市電掣風馳，從查令十字路掃蕩到皇家交易所，以保倫敦市民速速打道回府，別像平常大典結束那樣還要在街頭徘徊數個鐘頭。冬日天色暗得快，街市不一會兒便顯得冷清寂寥，貴賓也該動身了，請你兼程趕回下榻處，準備穿越回甜蜜的家。

CHAPTER

3

凡爾賽宮
婦女大遊行
The Women's March on Versailles

時間：1789 年 10 月 4 日～5 日
地點：巴黎、凡爾賽

法國大革命堪稱史上最大劇變，鬧得地覆天翻，其結局卻絕非必然。在許多節骨眼上，巴黎民眾挺身斡旋，每次干預都是火上添油，燎原星火之一便是凡爾賽宮婦女大遊行，從而為各地起義樹立典範，其展現的力道替法國人民壯膽，讓民眾有信心掌握命運、逼迫大局隨民意發展。

此次遊行長達四十八個鐘頭，這群巴黎女工是時人口中的「亞馬遜女戰士」，凡爾賽宮遭她們擄掠洗劫，國王路易十六（King Louis XVI）和王后瑪麗・安東妮（Queen Marie Antoinette）被迫遷居巴黎，從此形同軟禁，富麗堂皇的凡爾賽宮人去樓空，奢靡華美的廳室寂寥冷清，氣派絢麗的鏡廳空空蕩蕩，一扇扇門扉深鎖，一道道大門緊閉，壯麗的園林從此駐兵巡邏。1793 年，路易十六和瑪麗・安東妮雙雙上了斷頭臺，歷

史之所以走到這一步，都是這場遊行起的頭。

　　本團將在巴黎停留一晚，讓貴賓在皇家宮殿的林園與巴黎市民同遊，隔天（1789年10月5日）再與巴黎女工一齊為了麵包走上街頭，一路直搗凡爾賽宮，當晚凱旋而歸，在巴黎縱情歡快，通宵達旦。

歷史充電站：法國大革命與「奧地利蕩婦」

　　1789年7月14日，巴黎群眾攻陷巴士底監獄，放眼全法國，再也找不到哪一間監獄這麼惡名昭彰、天怒人怨，儼然集舊制度種種腐敗於一身，國民議會諸位平民代表心一橫——拆了！當下普天同慶。可惜好景不常，整個8月，國民議會忙著破除封建、訂定《人權宣言》（Declaration of the Rights of Man），巴黎市民卻提心吊膽，只怕局勢要扭轉，一來擔憂外權干預，二來畏懼貴族詭計，加上麵包供不應求，更讓形勢雪上加霜。在此之前，法國連年歉收，好不容易盼到豐收的盛夏，偏偏又遇上乾旱，磨坊缺水無法磨麥。一年之間，一條麵包的價錢漲了六成。1789年9月，麵包師傅因漫天叫價頻頻遇襲，糧車遭劫也時有所聞。

　　同年10月，巴黎陷入水深火熱。10月2日，民怨沸騰，導火線是一場豪奢盛筵，瑪麗・安東妮也是座上賓，路易十六為了加緊戒備，將「皇家火槍隊」法蘭德斯軍團（Flanders Regiment）召至凡爾賽宮，設宴替士兵接風洗塵。席間賓主縱情聲色，士兵頭戴軍帽，引吭歌頌君主，其帽徽非黑即白，白色象徵國王，黑色代表王后，全場看不見表示效忠革命的紅白藍三色，這也就罷了，據說這些士兵還一邊咒罵一邊踐踏三色帽章，種種劣跡惡行傳至巴黎，頓時引發市民義憤填膺，巷尾街頭蜚短流長，說瑪麗・安東妮跟士兵亂來，在流言推波助瀾下，巴黎女工走上街頭，浩浩蕩蕩遊行至凡爾賽宮。

　　貴賓在遊行途中八成會大感震驚：這群巴黎女工竟然對瑪麗・安東妮恨之入骨、罵她罵得如此難聽，而且罵來罵去似乎不脫「淫」字。瑪麗・安東妮十五

瑪麗‧安東妮巧扮農婦。

歲嫁到法國王室，十九歲封后，由於穿著不知檢點，流連巴黎劇院或出入聲色場合皆不見夫婿陪同，因此弄得聲名狼藉。1777年，《娘娘腔》（Anandria）出版，這木以瑪麗‧安東妮為主角的色情小說首開先河，內容包括女女愛、欲求不滿、手淫等情節，有人拿來編曲，有人用以入詩，有人改編成冊，其中流傳最廣的則要屬《歷史隨筆：瑪麗‧安東妮祕史》（Essai Historique sur la Vie de Marie Antoinette），1781年首次出版，1783年再版，後續每年增修，直到瑪麗‧安東妮過世。

在這些謠傳中，比較有事實根據的說法是：瑪麗‧安東妮在床上多放得開，使錢就多使得開。百姓忍飢挨餓，她卻揮金如土，而且偏愛鑽石，拜金加上放浪，真是要命。這些傳聞有些有憑有據，有些是空穴來風，你接下來幾天的見聞大抵不出這些。不過，如果你以為她會說「何不吃蛋糕？」——很遺憾，你被誤導了。她從沒說過這種話。你自個兒瞧瞧就曉得：說這種話無疑是自尋死路。

｛行程簡介｝

　　貴賓的落地時間是1789年10月4日星期日下午三點半，地點在蘇比斯府邸庭院，地址是自由民街六十號，位於巴黎市中心。蘇比斯府邸是私人別墅，堪稱奢華民宿，外觀美輪美奐，是坐落在巴黎的富豪宅第之一，大半時間都空著，屋主一年只進城數日。貴賓下榻的蘇比斯府邸為蘇比斯親王（Prince de Soubise）所有，屋主不在，依其作風自是流連別處去了，府邸內有廳室數十，皆以洛可可風裝飾，另有一干僕役供貴賓差遣，室內裝潢鋪張講究，牆上掛畫，配備大理石浴缸、坐浴盆、特大床，無論男女都有專屬豪華便椅，狀如沙發，椅面挖孔，底下是便壺，老爺、先生的便壺中用不中看，太太、小姐的便壺中看又中用，名為「布達蘆」（bourdaloue），形似船型醬料盅，僕人會服侍你上座並將便壺清空。

　　敝社替貴賓備妥巴黎中產階級專業人士的衣著，以便你在巴黎夜遊。老爺、先生頭戴假髮，上身穿墨綠色開襟燕尾服，下身著白色緊身褲，腳蹬及膝皮靴，最後再戴上大禮帽便大功告成。太太、小姐梳著包頭，肩罩披肩，身穿素面低胸蓬裙，裙長及地，裙襬鑲緄蕾絲褶邊。男士手持銀頭手杖，女士則攜陽傘。

夜嬉皇家宮殿

　　夜幕低垂，正是前往皇家宮殿的大好時節。這裡王公平民都能來，是奧爾良公爵（Duc d'Orléans）的家業，1776年繼承後決意改建成歡樂宮，宮殿迴廊遂成三層拱廊街，另設亭臺樓榭六十處，樓閣四周環樹，參天大樹形成林蔭步道。拱廊街的

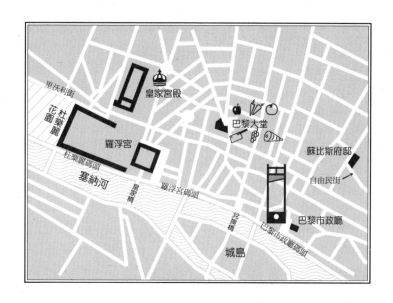

店家雖都已打烊（畢竟是星期天），但你依舊能欣賞櫥窗裡的時裝、名牌假髮、精緻蕾絲衣裳。

　　林蔭大道上攤販處處，販售的商品琳琅滿目，由於法國大革命廢除審查制度，攤位上出版品氾濫，貴賓可揀擇閱覽。《巴黎革命報》（*Révolutions de Paris*）等報刊行文辛辣，充斥著目擊報導和圖文並茂的插畫；雅各賓黨領導人尚保羅‧馬哈（Jean-Paul Marat）創辦的《人民之友》（*L'Ami du Peuple*）火藥味十足，慫恿讀者「打擊貪腐份子，剿滅吃空餉的王室，肅清狡猾奸詐的貴族」。此外，攤位上還有諷諭書刊、政宣手冊、民謠歌譜，鞭炮更是唾手可得，只要十二個銅板就能買到甩炮、沖天炮、蛇炮，皇宮裡鞭炮聲此起彼伏，五光十色照亮夜空，熱鬧得宛如嘉年華會。

　　貴賓盡管到處逛，你會瞧見許多攤販在叫賣檸檬水，敝社建議你買一杯嚐嚐，檸檬水是法國人的心頭好，也是法國人引以為傲的飲料，滑潤可口、獨步全歐，這也難怪，法式檸檬水

卡米爾‧德穆蘭在弗依咖啡館外對皇宮的群眾演講。

的作工可繁複了，先取三至四顆黃檸檬削下果皮，再舀一壺清泉水，將檸檬皮撒進去，密封，靜置數小時，接著滴入檸檬汁，靜置三十分鐘，後續用粗麻布過濾八回，放糖，再過濾兩回，便是清涼解渴的檸檬水。貴賓兩杯下肚後若想解手，可至皇宮的公廁方便——密閉空間，內有排排木椅，椅面挖孔，還有馬桶座墊哩。

貴賓若想瞧瞧時下流行娛樂，皇宮的薄酒萊劇院（Théâtre Beaujolais）推出童星與三呎高的木偶同臺對戲，百趣劇院（Théâtre des Variétés-Amusantes）上演音樂劇和笑鬧劇，底下座無虛席。此外，皇宮的木廊有魔燈秀、光影秀等新潮表演，一旁還可見畸人秀，其中最多人圍觀的是保羅‧巴特博（Paul Butterboldt），他是個大胖子，重達四百磅；另有位解職神父也頗有看頭，他撩撥著吉他的弦，吟唱著色情的歌。

貴賓都穿越回十八世紀末的巴黎，怎能不看蠟像展？請移

步至七號沙龍，策展人菲利普・科特斯（Philippe Curtius）是蠟像工藝界的祖師爺，他開設全巴黎第一間蠟像館「大器」（Le Grand Couvert），並在皇宮七號沙龍布展，花十二個銅板便可坐前排，花兩個銅板可坐在後排，目睹栩栩如生的蠟像在你面前排成一幕幕活人畫，上場的有皇親國戚，有伏爾泰（Voltaire）等文人雅士，也有戰功彪炳的沙場英雄。

　　貴賓若覺得以上活動太靜態，建議你挪步上樓，樓上有彈子房和賭錢窟，十點過後有流鶯在外頭的柱廊碰頭，時人以「韃靼營」（Camp des Tartares）稱之。

飲饌

　　各位團員可在皇宮內享用晚膳，這裡有巴黎最精緻的珍饈佳餚，其中夏特咖啡館（Café de Chartres）更是一等一的名店，價位也最高，供應通稱「資產階級菜」（plats bourgeois）的高檔料理，包括酥炸羔羊足、黃瓜佐兔排、酥皮香嫩犢、葡萄葉餡餅。希望價格實惠一些的團員，不妨試試普羅旺斯三兄弟餐廳（Les Trois Frères Provençaux），味道絲毫不遜色，由來自馬賽的兄弟檔掌勺，供應道地的馬賽料理，包括馬賽魚湯和鹹鱈魚蓉。平時上這種館子，理應能吃到各式頂級軟法，例如精緻的花式麵包；然而，彼一時、此一時，眼下麵粉短缺，照例不得烘焙特級麵包，店家也都尊重此規，以免惹禍上身。

　　貴賓打完牙祭若想喝咖啡、吃甜點，嚐點雪酪或冰淇淋，最後再來杯香甜酒，皇宮裡多的是咖啡館任君挑選，新近又以弗依咖啡館（Café de Foy）最為熱門，喬治・丹頓（Georges Danton）、卡米爾・德穆蘭（Camille Desmoulins）等革命先驅都是常客，店內豆子來自加勒比海的聖多明哥市，貴賓可以點一杯香醇的黑咖啡，或是嚐嚐帶有奶香的咖啡歐蕾，甚至想喝摩

卡也可以，請你在戶外的栗樹下找張雅座，瞧瞧四周形形色色的巴黎人，聽他們口沫橫飛議論政事，有的則在下西洋棋，一邊喝咖啡一邊對弈在巴黎是尋常街景，而且棋手來頭都不小，每走一步都在較勁。貴賓若酷嗜下棋，大可下場小試身手，與法國大革命時期的巴黎棋士過招。想斯斯文文喝杯咖啡的團員，攝政王咖啡館（Café de La Régence）是你絕佳的選擇——四周是鏡牆，仰看是水晶吊燈，低頭是大理石桌，最是風雅不過。

法國麵包二三事

貴賓接下來目睹的波瀾壯闊，都與麵包脫不了關係，充分體現麵包在十八世紀法國社會的地位，而且樣式眾多，方圓長短胖瘦都有，但你可別管那瘦瘦長長的叫長棍麵包，「長棍麵包」（baguette）是1920年代才起的名號。法式麵包的口味和嚼勁取決於用料：奶油自然不可少，牛奶和糖則酌量，鹽呢要看是鹽沼的灰鹽還是諾曼第海濱的白鹽，水則分成河水、泉水、井水、雨水，有些師傅還會刷上蛋液，讓烤出來的麵包潤澤光亮。麵粉則以石磨白麵粉為主，以棉布過篩和水可揉成三種麵包：農夫麵包最硬，軟法最軟，短法居中，後者晚近漸漸追上農夫麵包，成為家常餐桌風景。

吃麵包可是會露餡的——什麼階級就吃什麼麵包。權貴顯要大多吃鬆軟白麵包，外酥內軟帶點鹹香；資產階級吃短法，例如取名得當的「小資麵包」（pain du bourgeois）就是短法的一種；平民百姓則吃「普羅麵包」（pain du commun）之類的去邊硬麵包。本穿越團會讓各位貴賓小試各種麵包，淺嚐凡爾賽宮婦女大遊行的滋味。

下層階級

各位貴賓明日將隨巴黎男女工人前往凡爾賽宮，你若想親近勞工生活，建議你安步當車來到巴黎大堂（Les Halles），這

裡是巴黎的中央市場，請你在附近找間門庭若市的客棧走進
去，點一杯價格公道的波爾多或勃艮第，叫一碗用料豐盛的濃
湯，店東如果有供應麵包，要不是「湯麵包」（pain à soupe）就
是「普羅麵包」，湯麵包是用麵包皮和短法麵團烤成的扁麵包，
普羅麵包則是硬麵包，是巴黎勞工的主食。貴賓若想再更接地
氣一點，請至街角隨處可見的立吞酒場，點一杯紅酒外帶或站
在店裡喝，與日薪勞工摩肩接踵，市場伕役也有，煙囪工人也
有，馬車夫也有，罪犯、娼妓也統統都有。

　　不論你光顧的是客棧還是立吞酒場，都可以聽見顧客滿口
「黑話」，尤其那賣菜的和賣魚的最是愛講。「黑話」（poissard）
的「黑」（pois）源自「瀝青」（poix），這種土話雖然粗俗，說在
嘴裡倒也爽利，ㄚ、ㄛ、ㄜ、ㄝ這類元音發得特別重，句不成
句、文法不成文法，押韻卻常有，適合打諢插科、編成下里巴
人，法國大革命期間風行一時，大爺闊少、名媛貴婦都能說上
幾句，為應酬話平添趣味。

1789年10月5日
星期一

　　各位團員昨兒鬧了一晚（在巴黎少說也要凌晨四點才闔
眼），隔天換上普羅大眾裝扮，七點鐘準時吃早飯。太太、小
姐頭戴白色無簷軟帽，上身穿白色寬鬆短衫，下身搭白色百褶
蓬裙，最後圍上白色圍裙便算喬裝完成。老爺、先生請戴紅色
便帽，上身穿白色襯衫，外罩棕色皮革背心，下身搭藍色及膝
寬褲。無論男女皆須配戴紅白藍飾帶，或是繫在腰際，或是斜
掛上身。

　　接著請你到糕餅鋪買個「咖啡麵包」（pain à café）來嚐嚐，
這種早餐捲滋味豐厚，顧名思義配咖啡很對味，不過敝社建議

你點杯熱可可，有些店家是用可可膏加糖和香草下去熬煮，有些店家則是加牛奶讓口感更加滑順。熱可可十七世紀傳入法國後便蔚為流行，法國大革命期間更是風靡雲蒸，瑪麗‧安東妮還僱了巧克力師傅開發新喝法，肉桂、肉豆蔻、丁香……都是常見的香料。有團員吃麵包吃膩了？嚐嚐烤泡芙吧！這是糕點師傅阿菲斯（Avice）新創的甜點，將水、蛋、奶油、麵粉拌勻成麵糊下去烤，便能烤出蓬鬆酥脆的泡芙。

貴賓享用早膳的當兒，聖瑪格麗特教堂（Church of Sainte-Marguérite）敲響警鐘，遠近數十座教堂的鐘聲接連響起，召集巴黎市民上街響應，一名少婦擂鼓吶喊：「要到何時我們才有麵包吃？」人潮越聚越多，一轉眼便將近七千人，大多是來自聖安托萬近郊的婦女，有賣魚婦、有女店東、有賣菜婦、有女攤販，附近的販夫走卒紛紛加入，這群烏合之眾滿腔怒火，聚攏到巴黎市政廳抗議。

巴黎市政廳

各位團員請在八點前抵達巴黎市政廳前的格列夫廣場，你會看見男男女女正在撬鎖，打算破門而入，有些膽大包天的也跟著瞎鬧，人家進去是要找武器，這幫瞎鬧的撕文件的撕文件、毀帳目的毀帳目，但這可不是趁哄打劫的時候。儘管有疊千鎊大鈔不翼而飛，但過了幾週這一百張鈔票又原封不動奉送回來，當場另有三百五十萬現鈔連碰都沒人碰，但這可不代表你會空手而返。七百支步槍和兩尊大炮都給扛了出去，外頭躁動的民眾正在破口大罵巴黎市長尚─西爾萬‧貝伊（Jean-Sylvain Bailly），他是一位天文學家，專門鑽研木星的衛星。此外，路易十六和法蘭德斯軍團也是眾矢之的。

上午十一點鐘，廣場前氣氛鬧得更僵，巴黎女工高喊：

巴黎婦女急行軍。十二哩不算近，還得拖著大炮，天空又下著大雨。

「不給去凡爾賽宮，就給你吊上路燈柱」（À Versailles, ou à la lanterne）。這可不是在撂狠話而已。依當時風氣，人民公敵會被吊到路燈柱上砍頭，在場更有馬修・尤夫・喬丹（Mathieu Jouve Jourdan）這號幫手，他有個響亮的名號叫「斬首丹」（Jourdan Coupe-Tête），只見他一身黑，手裡又是短斧又是屠刀，他本來是個屠戶，因殘殺財政大臣約瑟夫—弗朗索瓦・富隆・德・杜耶（Joseph-François Foulon de Doué）而聲名大噪，正當這大臣的裸屍被人拖過街市，「斬首丹」一刀下去，屍首立即分離，接著「斬首丹」盯上大臣的女婿貝爾帝（Bertier），這貝爾帝也真倒楣，前一秒才見到「斬首丹」提著岳父的頭顱，下一秒就身首二處。

　　市政廳的神父列斐伏爾（Lefèbvre）遭凡爾賽婦女五花大綁，「斬首丹」在一旁磨刀霍霍，此時，攻占巴士底監獄的英雄史坦尼斯拉斯—馬利・麥亞爾（Stanislas-Marie Maillard）出手干預，好說歹說勸眾人放過列斐伏爾。多虧麥亞爾向來與百姓同心，終於說動眾人上路朝凡爾賽前進。

急行軍

　　各位貴賓在麥亞爾與鼓手的帶領下，與巴黎女工踏上十二哩長征，沿途大雨傾盆而下，而且要下一整天。貴賓會從城島跨越塞納河，沿著金銀匠河堤來到新橋，過橋後來到羅浮宮，途經杜樂麗花園，後於路易十五廣場（今協和廣場）小憩，再順著香榭麗舍大道和塞納河右岸抵達夏樂宮，接著半路經過塞夫爾抵達維洛弗雷，凡爾賽宮就在眼前。貴賓沿途高唱下里巴人，放話要路易「爺爺」好看，路人瞠目結舌加入行伍，商家則連忙釘木板，將店肆給封起來。

凡爾賽到啦！

　　經過六個鐘頭的長途跋涉，各位團員終於抵達凡爾賽鎮，請你沿著巴黎大道直走，地方官員會來跟你噓寒問暖，問你要不要來杯紅酒。此外，雖然只是驚鴻一瞥，但你瞧瞧：戴洛瓦涅·德·梅麗古爾（Theroigne de Mericourt）真是美貌無雙！只見她騎乘漆黑寶馬，帽上簪著羽毛，身穿猩紅騎士服，亮出手槍和軍刀。這朵交際花不久便成為畫中美人，象徵婦女解放精神。

　　此時同行者大多開始兜圈子等著喝紅酒，幾名巴黎女工自個兒脫隊，找了幾個小伙子幫忙扛大炮，順著巴黎大道來到凡爾賽宮前的閱兵場，卻發現皇家中庭鐵柵門緊閉，還駐守著禁軍、瑞士精兵和討人厭的法蘭德斯軍團。幾名巴黎女工不屈不撓，不僅揚言要開火，還破口大罵國王不肯簽署《人權宣言》。路易十六原本在默東狩獵，聞風快馬加鞭趕回宮，允諾接見幾位代表，沒想到見了國王的面，十七歲女工皮耶蕾特·夏布里（Pierrette Chabry）卻當場嚇暈過去，路易十六打發人拿嗅鹽來

法國浪漫主義畫家德拉克洛瓦（Eugène Delacroix）的畫
作《領導民眾的自由女神》（*Liberty Leading the People*），畫中
的自由女神正是戴洛瓦涅‧德‧梅麗古爾。

讓這位如花少女嗅聞，並承諾立刻將麥子送往巴黎。

　　這番好意傳到外頭，那幫巴黎女工不懷疑才奇怪。時間分
分秒秒過去，眾人一次次想強行破門入宮，卻一次次被法蘭德
斯軍團擋下來，搞得大家火氣越冒越旺。路易十六自然擔心惹
火這幫鐵娘子，趕緊下令宮內烘焙坊將麵包送給諸位享用。貴
賓拿到這特級麵包請大嚼特嚼，因為接下來可有得挨餓了。晚
上六點鐘，路易十六宣布準備簽署《人權宣言》、批准《八月
法令》（*August Decrees*）以廢除封建，這番讓步暫時平息眾怒，
雙方相安無事數個鐘頭，期間只聽見零星炮響隆隆。

王室消閒別館

　　貴賓雖然在凡爾賽宮門外晃悠晃悠便已心滿意足，但不妨移步王室消閒別館（Salles des Menus-Plaisirs），裡頭可看的多著呢！館內廳室寬敞，用以舉行大大小小的典儀及公宴，館址在巴黎大道二十二號，離凡爾賽宮不遠。各位貴賓前往的會議廳新近才剛擴建，好趕上1789年5月5日召開的三級會議（Estates General），不久三級會議便改名國民議會（National Assembly），但依舊在此召開，廳內長一百五十呎、寬七十五呎、高三十呎，不僅有穹頂彩繪，還有希臘圓柱，圓形階梯座位環繞著寬闊的辯論場，壯觀到令你為之屏息。

　　起初只有貴賓和幾名遊行者陪同麥亞爾進入會議廳，國民議會代表神情困惑，聆聽麥亞爾提出訴求。接著，上百位遊行者渾身泥臭、大汗涔涔，倏忽現身聽眾席，有些腰間掛著獵刀，有些褲頭紮著利劍，一個個嚇眉唬眼的，場面立刻失控。國民議會代表慘遭肘擊，起身讓位給遊行者；有個巴黎女工霸占主席之位，代為發號施令；其餘工人對空鳴槍，槍聲在寬綽的會議廳裡繚繞不絕。一位年輕的神父為了制止賣魚婦公然侮辱樞機主教，彎下身子親吻賣魚婦的手，賣魚婦毫不領情，非但不回敬神父的吻手禮，還說：「誰要親你的狗爪咧。」

　　也不是所有國民議會代表都被如此瞧不起。你瞧瞧米哈柏（Mirabeau）吧，人家就跟巴黎女工相談甚歡，這胖麻子是法國大革命的雄辯之士，口若懸河、才思敏捷，名聲如雷貫耳；再看看羅伯斯比（Robespierre），這瘦子是個外省律師，腰桿挺得老直，後來成為恐怖統治（Reign of Terror）的始作俑者，弄得身敗名裂，眼前正同女工們打趣，還跟著瞎起鬨。

午夜宮外

　　時近午夜，整齊劃一的皮靴聲傳來，接著上千把火炬從暗夜中湧現——國民衛隊來了，近兩千的軍力，六名士兵排成一排，浩浩蕩蕩從巴黎大道上走來，上身穿著深藍色外套，白色

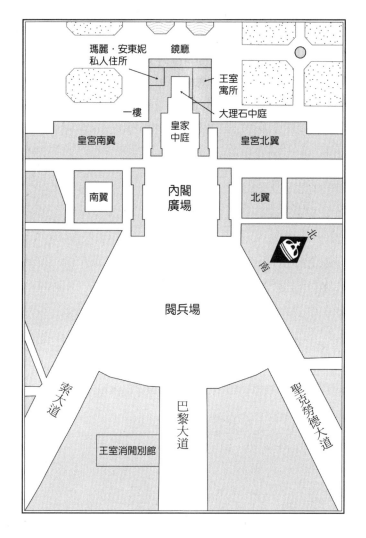

翻領，紅色緄邊，下身穿著白色緊身褲，搭配紅白藍三色帽章。這支半正規民兵為了革命而成軍，領軍的是拉法葉（Lafayette），這位法國侯爵曾帶兵參與美國獨立戰爭，地位相當於三軍統帥，眼前他騎著白馬，領著後方上千名義勇軍，整支騎兵隊下午四點才從巴黎出發，原本拉法葉極力勸止麾下兵士行軍動眾，卻被幾名兵士問是不是想吊在路燈柱上俯瞰巴黎夜景？拉法葉眼看說不過，便率兵抵達凡爾賽。

　　拉法葉一抵達便進宮覲見路易十六，貴賓在宮外等得心焦如焚，終於盼到他帶著捷報出宮——法蘭德斯軍團即將解散！大夥兒這時都有些乏了，聽到這消息無不稱心如意。時近凌晨三點，拉法葉看風頭已過，便就近至祖父家閉目養神。誰知道，拉法葉前腳才剛走，十七歲木工學徒哲羅姆·艾希提耶（Jérôme Héritier）便中彈身亡，正是皇家黑步兵從窗口開的槍。

回王室消閒別館小憩

　　夜色更濃，凡爾賽宮不時有消息傳來，路易十六一次次讓步，大夥兒一陣陣鼓掌，拉法葉也來探望過一回作為犒賞。興奮褪去後，疲憊排山倒海襲來，許多女工坐著入夢，有些則站著囫圇睡去。

　　貴賓似乎也差不多該找個地方蜷睡了，不論你怎麼睡，切記別睡過頭，務必在凌晨四點趕回凡爾賽宮——要出大事啦！

凡爾賽宮的動靜

　　大半夜裡不知何故，皇家部隊給撥了一支到凡爾賽宮苑深處，皇宮內院因而守備鬆懈，內閣廣場兵力銳減，巴黎女工見機不可失，破門長驅而入，直搗大理石中庭，這裡是內院最深

處，直通王室寓所，就位在萬間廣廈一樓，單單廂房就有半哩寬，裡頭還住著侍臣和官員，彼此的屋子互相連通。

娘子軍闖到這裡，約莫是清晨四點四十分，其中幾位離了隊，到處找瑪麗・安東妮算帳，有的打算把她的腸子挖出來用圍裙兜回去，有的揚言要砍下她的頭、掏出她的心、剁碎她的肝。有些跑到金玉滿堂的貴冑屋裡亂晃，摸走幾件珍貴玩意兒，例如掛毯、燭臺、金飾、瓷偶什麼的。各位團員瞧見奧爾良公爵了沒有？昨晚那幢皇家宮殿就是他的，他斜倚在主樓梯上，身穿灰色長外套，頭上戴的帽子歪歪垮垮，手上拿著馬鞭，指點你王室寢室往哪兒走。你和女工擁向公爵身邊，嚇得宮廷侍臣驚慌失色，有的鑽到椅子底下，有的伏到沙發後面。

貴賓走近王后住所，只見兩名侍衛擋道，一位是塔爾狄瓦（Tardivet），一位是米奧芒德・德・聖馬利（Miomandre de Sainte-Marie），塔爾狄瓦犯了大忌，開槍打傷遊行者，當場被人抓起來砍頭，場面血腥歸血腥，但各位團員可別看走神，注意看米奧芒德——他後退到王后接待廳的門口，迅速把門拉開一條縫，往內對王后的女僕說：「快救王后，有人來殺她了！」語畢，門推上，暴民如潮水般洶湧而過，米奧芒德被淹沒在人群裡，頭顱被槍托打出一個凹洞。

此時一干女工衝進王后住所，發現廳室裡空空如也——「奧地利蕩婦」顧不得只穿襯裙，已經拔腿開溜，安全躲進牛眼廳，此廳以狀似牛眼的天窗採光而得名，可通到王后、國王、子嗣的寓所，平時皆上鎖，一干女工只好拿王后的臥床洩憤，一個個舉刀猛刺。

此時你和多數女工則在襲擊壯麗的鏡廳，此廳一側是十七扇落地窗，對側是十七扇拱門，每道拱門貼著二十一片鏡子，你在這兒找獵物下手，卻給國民衛隊堵住了去路，領軍的是拉札爾・霍什（Lazare Hoche），他率了一支防禦軍，把桌子放倒

形成路障，火槍手全就戰鬥位置，你一行人瞧見這赫赫軍威，無不嚇得停下腳步。

凡爾賽宮苑

　　貴賓若嫌凡爾賽宮內腥風血雨，只怕要作嘔，敝社建議你逛逛人煙稀少的凡爾賽宮苑，順著布局對稱的花壇信步而行，循著阿波羅花徑來到阿波羅噴泉，再過去便是宮苑正中央的大運河——雖名為運河，實為十字架形狀的大水池，長軸長一哩，短軸寬兩百呎，短軸右半名為「百獸園之翼」（Bras de la Ménagerie），遙指路易十六豢養珍禽異獸的宮苑，短軸左半名為「提亞儂宮之翼」（Bras de Trianon），通往大提亞儂宮和小提亞儂宮，這兩幢新古典主義宮殿盤踞著宮苑左半，瑪麗・安東妮走在時代尖端的沖水馬桶就藏在小提亞儂宮。

　　宮苑裡林木蓊鬱，無論各位團員怎麼逛，都會逛到不同凡響的園林裝飾，例如「忒提斯洞室」（Grotte de Thétys）便是以扇貝裝飾而成的石窟，狀似海底洞穴，供奉著海洋女神忒提斯；又如樹林深處的「萬綠叢中幾許泉」（Bosquet des Sources）則是環形建築，共有三十二道拱門和二十八座噴泉；幽靜的「水舞廳」（Salle de Bal）是一座圓形露天劇場，劇場一側有一座小瀑布；「古玩夾道」（Galerie des Antiques）兩側一字排開展示從羅馬運來的古老雕塑。貴賓儘管逛，但可別逛到回不來，九點半之前你得到凡爾賽宮前就定位，準備欣賞精采大結局。

露臺和解

　　儘管凡爾賽宮內陷入僵局，宮外群眾卻大肆喧騰，他們逮住了幾名皇家黑步兵，準備開腸剖肚，就等「斬首丹」發號施

拉法葉親吻瑪麗‧安東妮的手，化解弒君殺機。

令；某藝術家的御用模特兒身穿仿羅馬長袍，手持長矛招搖而行，矛頂高掛著塔爾狄瓦和米奧芒德的頭顱，正當眾人嬉笑打鬧之際，拉法葉騎白駒衝散人群，解救皇家黑步兵，稍稍恢復秩序。

　　拉法葉指揮若定，號令國民衛隊占領閱兵場、皇家中庭、巴黎大道入口，接著自個兒進了宮，獲准進入牛眼廳，費盡唇舌說服國王和王后返回巴黎。這兩位起初自然不肯，但大勢所趨，不能不低頭。儘管如此，拉法葉還是好說歹說了將近兩個鐘頭，那兩位才肯就範。你和那幫烏合之眾在大理石中庭等得

倒楣的塔爾狄瓦和米奧芒德「高高在上」回巴黎。

心焦，只怕一大早就要大開殺戒，上演軍民對抗、血流成河。

　　所幸事不至此。上午十點鐘，拉法葉現身露臺，你抬頭瞧瞧，路易十六也來了，開口便承諾會進城扛責，全場一片掌聲雷動。接著拉法葉大費周章，幫皇家黑步兵別上三色帽章，盼能為其開脫，群眾再次歡呼鼓掌。最後出場的是瑪麗・安東妮，她扮演整場戲最吃力不討好的角色，為了贏得民心，她牽著孩子現身，底下頓時一陣譁噪，怒吼「不准帶小孩」（Pas enfants）！

　　同年 6 月 27 日，瑪麗・安東妮同樣站在這個露臺，同樣帶著孩子出場，底下民眾同樣這麼多，在此慶祝國民議會成立，當時眾人見了王子、公主無不由衷愛戴，誰知今非昔比，大理石中庭氣氛凝重，鴉雀無聲，拉法葉曉得若再有差池，便會引發難以收拾的動亂。於是，拉法葉深深一鞠躬，親吻瑪麗・安東妮的手，化險為夷，贏得你和眾人的掌聲。

重返巴黎，穿越回府

　　下午一點鐘，貴賓同六萬民眾出了凡爾賽宮，隊伍浩浩蕩蕩、歪歪扭扭，由國民衛隊領頭兼壓尾，隊伍中央是金碧輝煌的駙馬高車，國王、王后、王子、公主全在車上，另有王后的鑽石一箱，拉法葉騎馬隨侍在側，皇家馬車後方是一排四輪馬車，滿載著朝臣、部長、國民議會代表。你和那幫烏合之卒在名流顯貴的車陣間穿梭，如潮水般消漲來去，保護那一車一車從凡爾賽倉廩流出的珍貴麵粉。

　　沿途眾人歡欣鼓舞，巴黎女工隻手擎劍，痛快宣布：「我們帶麵包師傅回來了，帶麵包師傅的太太回來了，帶麵包師傅的兒子回來了。」國民衛隊感染了歡愉，將麵包插上長矛尖頂。同樣插在長矛尖頂的是倒楣的侍衛塔爾狄瓦和米奧芒德，兩人

一路「高高在上」返回巴黎，經過塞夫爾時，一名假髮匠送給兩個倒楣鬼一人一頂白色假髮，好讓他們戴回巴黎，在皇家宮殿懸首示眾。隊伍行經巴黎近郊村落，幾戶村民門扉深鎖，躲在家裡不敢出來，幾戶村民門戶大開，站在路上看熱鬧，成群農民怒氣攻心，撮起土便往皇家馬車扔。

　　下午六點鐘，貴賓一行人回到巴黎市政廳前的格列夫廣場，現場稠人廣眾，挨肩擦背，路易十六和瑪麗·安東妮在眾目睽睽下進入巴黎市政廳，會見巴黎市長貝伊及六十位區代表，接著再次登上露臺，眾人又是拍手叫好，高喊「國王萬歲！」不久國王和狼狽的王后便告退前往杜樂麗宮。

　　這下全城大開派對，眾人歡蹦亂跳，大肆慶祝，通宵達旦，請貴賓在天亮時分前往蘇比斯府邸，準備穿越回甜蜜的家。

斐迪南大公
暗殺事件

The Assassination
of Archduke Ferdinand

時間：1914年6月28日
地點：塞拉耶佛

哈布斯堡王儲法蘭茲・斐迪南大公（The Archduke Franz Ferdinand）與其妻霍恩貝格女公爵蘇菲（Sophie, Duchess of Hohenberg）遭人暗殺，歷史就此轉折。那幾聲槍響奪走了兩人性命，從此接二連三風波不斷，第一次世界大戰因此爆發——數百萬人喪生，三大帝國瓦解，東歐和中東疆域重劃，餘波流衍不絕，整個二十世紀為之蕩漾。姑且不論歐洲衝突是否在所難免，其爆發點之所以會是1914年，其方式之所以如此玉石俱焚，全都拜這場哈布斯堡王儲暗殺事件所賜。

這起事件本身操之在命運手裡，成敗全憑命數和巧合，大公之死來自一時興起，暗殺經過失之毫釐謬以千里，換言之，只要稍有差池便會擾亂時空連續體，因此穿越團員必須嚴正以

對，恪守敝社所訂的規則。

歷史充電站：塞爾維亞與哈布斯堡王朝

鄂圖曼土耳其帝國於十九世紀被迫撤出巴爾幹半島，野心勃勃的諸國眼看開疆有望，理直氣壯盤算著要進犯，其中又以塞爾維亞王國最為窮兵黷武，其民族主義者夢想建立大塞爾維亞，意圖團結散居奧匈帝國各地的斯拉夫人，尤其看中新近才被併吞的波士尼亞省。依據1878年的柏林條約，甫脫離土耳其帝國的波士尼亞省由奧匈帝國代管，讓塞爾維亞人大感不滿。

1908年，波士尼亞省正式併入哈布斯堡王朝國土，滿腔熱血的塞爾維亞有志之士激憤不已，當中不少與祕密結社有所往來，這些社員密謀削弱奧匈帝國在當地的勢力，包括打響這起暗殺事件的波士尼亞青年加夫里洛．普林西普（Gavrilo Princip），他1894年7月生於歐羯村，這窮鄉僻壤是塊內飛地，位在克羅埃西

奧匈帝國王儲法蘭茲．斐迪南大公。

亞邊境上。普林西普是個毛頭小子，不念軍校也不念商校，長到二十歲念了滿腦子的無政府主義、革命社會主義、塞爾維亞民族主義，念到頭腦發暈，為了理想大可把命給豁出去。他背後有黑手會撐腰，這個地下黨派跟塞爾維亞軍情局有點瓜葛，此外又找來同黨密謀，決定趁斐迪南大公到塞拉耶佛進行國事訪問時動手。

6月28日是個星期日，這天意義重大，一來是哈布斯堡王儲夫婦的結婚紀念日，二來是聖維塔節（St Vitus Day），三來……說來不祥，1389年的這一天，塞爾維亞軍隊在科索沃會戰浴血奮戰，力抗鄂圖曼土耳其大軍入侵，塞軍派刺客做掉鄂圖曼蘇丹穆拉德一世，但最後依然敗北，輸得顏面無光，從此淪為鄂圖曼帝國附庸，接受異族統治將近五百年。久而久之，塞爾維亞人以科索沃會戰作為民族號召，每逢6月28日便大肆慶祝，斐迪南大公選擇這一天在塞拉耶佛招搖過市，無異於拿紅布挑逗公牛。

{ 行程簡介 }

敝社的塞拉耶佛刺殺之旅竭盡所能讓貴賓身歷其境，同時顧慮到團員的人身安全和微妙的歷史平衡。貴賓不妨假想自己在出祕密任務，你被派來盯梢刺客，走他們走過的路，感受他們的感受，全程以低調行事為最高指導原則，務必跟著敝社訂定的時程走，一來確保刺殺行動成功，二來保障貴賓全身而退。

雖然進出塞拉耶佛須向當地警方報備，但想也知道本團團員絕對過不了這一關。因此，敝社安排各位貴賓於28日破曉穿越回去，落地點在某個祕密基地，老爺、先生請穿白色襯衫，打條領帶，外罩素面外套，再戴上土耳其氈帽或紳士帽。太太、小姐請穿及地洋裝，套上手套，再戴一頂合適的女帽。

貴賓若遭警察攔檢，請亮出敝社為你偽造的假證件，背誦

敝社為你備妥的說詞。此外，各位貴賓會拿到一份刺殺行動地圖，尺寸迷你，繪製在米紙上，若遭人逮捕請立即吞食。

早餐密會

貴賓請於早晨七點半離開藏匿處，步行至庫姆瑞亞街的傅拉尼奇糕餅鋪（Vlajnic's Pastry Shop），一踏到街上，人文薈萃的塞拉耶佛立刻映入眼簾，清真寺和猶太會堂櫛比鱗次，塞爾維亞東正教堂與克羅埃西亞天主教堂並排林立，難怪塞拉耶佛享有「歐洲耶路撒冷」的美譽，市區處處旗幟飄揚，有的是黃底黑鷹的哈布斯堡王旗，有的是紅黃雙色的波士尼亞省旗，全都高高掛在建築物上，慶祝王儲此趟來訪。

請貴賓於七點四十四分前後踏入傅拉尼奇糕餅鋪，點杯咖啡，買點小食，糕點類尤其推薦，你可以嚐嚐「波雷克」（burek）——外層是酥脆的千層酥皮，內餡是香濃的瑞可塔起司，嗜甜如命的貴賓不妨試試蘋果夾心餡餅「亞布科瓦嘉」（jabukovaca），點好餐後請找張桌子落座，記住不要太靠近門口，刺客即將現身：特里夫科·葛拉貝茲（Trifko Grabež）率先上門，他頭大身小，嘴上蓄著一字鬍，身穿白色無領上衣，外罩黑色外套，身旁跟著達尼洛·伊利奇（Danilo Ilić），這起暗殺行動他也有份，穿著打扮與葛拉貝茲幾無二致，唯一的差別是領口多了條紋領帶，就連五官也跟葛拉貝茲像得嚇人，差只差在髮型，伊利奇頭髮較短，而且側分。兩名青年走向櫃檯，一邊跟店主杜羅·傅拉尼奇（Djuro Vlajnic）搭訕，一邊與店保娥娜·艾緹亞（Erna Atias）談笑風生。

接著上門的是內德利科·查布里諾維奇（Nedeljko Čabrinović），人稱內德鳩（Nedjo），長相稍稍突出一點，裝束略略名貴一些。他和同伴打了聲招呼，點了三塊蛋糕和一杯咖啡，一

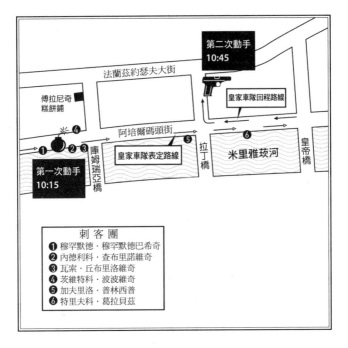

行三人接著從你身邊經過，走到最裡邊那一桌入座。

　　早上八點整，加夫里洛·普林西普現身，你一眼便能認出他來——白色襯衫配上過大的黑色外套，頭髮理得很短，鼻梁很寬，留著兩撇小鬍子。他那雙漆黑的眼底彷彿有火在燒，臉上全是心事，包準一見難忘。他走到裡邊找黨羽坐了幾分鐘，塞給他們一人一顆氰化物藥丸，交給內德鳩一顆炸彈。

　　各位貴賓切勿直視那幾名刺客，他們各個神經兮兮、風鶴魂驚，任何風吹草動都有可能讓他們打消計畫，等到他們步出店外，請你再坐個十分鐘才離開。

各就各位

　　接下來是貴賓勘查地點的時間。你出了糕餅店請往南走，

一百碼後會抵達阿培爾碼頭街和庫姆瑞亞橋交叉口，皇家車隊
會沿著河邊駛過，第一次暗殺行動將在橋邊展開。貴賓看到一
旁的燈柱了嗎？那裡正是刺客丟炸彈的地方。請你朝東順著米
里雅茨河望去，只見橋橋相連水潤灩，庫姆瑞亞橋再下一座就
是拉丁橋，這是塞拉耶佛最古老的橋，普林西普便在此靜候。

　　你若不喜歡碼頭邊，站在對街也可以，貴賓若想看清楚皇
家座車和爆炸餘波，站在這裡準沒錯。這一側綠樹成蔭，沿街
都是高大氣派的維也納式宅邸，比起河岸邊人潮更多，只是恐
有遭彈片波及之虞。

　　貴賓看妥位子後請火速離開，此地不宜久留，以免惹人側
目。請你往拉丁橋走，到達橋邊左轉直行，不久便抵達法蘭茲
約瑟夫大街，此街與阿培爾碼頭街平行，並以奧匈帝國首任皇
帝為名，街角有一家熟食店，什麼雜貨都有賣，店名是莫里茨·
席勒猶太熟肉鋪（Moritz Schiller' s Jewish Deli），相當好認，門
楣上掛著大大的店招，櫥窗裡滿溢著農產品，還有個德國氣泡
酒瓶廣告看板高達天花板，第二次暗殺行動就發生在這家熟食
店前面，當時街上排著人龍，不論你站在哪裡都可以輕鬆混入
人群。

　　場勘完畢後，各位團員約莫還有一個鐘頭可以打發，接著
請在九點四十五分前就第一次開槍位置，屆時路上一堆看熱鬧
的，你得占個視野清楚的好位置。

　　有鑑於行程緊湊，敝社建議你掉頭回拉丁橋，過了河便是
一座心曠神怡的公園，你可以在樹下乘涼，眺望塞拉耶佛四周
五千呎高的翁鬱山丘，上頭還有果園和別墅點綴。

　　或者，你可以沿著法蘭茲約瑟夫大街往東行，走著走著會
來到一處土耳其市集，人稱「巴什察爾希亞」（Bascarsija），在
土耳其語是「大市集」的意思，鼎鼎大名的格茲·胡色雷·貝
格清真寺就在這裡，宏偉壯觀，睥睨全城，一側還豎著擎天宣

1914年5月，三名刺客在塞爾維亞首都貝爾格勒——特里夫科·葛拉貝茲、內德利科·查布里諾維奇（綽號內德鳩）、加夫里洛·普林西普。

禮塔，高達一百四十呎。格茲·胡色雷·貝格清真寺建於十六世紀中葉，由時任鄂圖曼帝國駐波士尼亞總督格茲·胡色雷·貝格監工完成，四周是人聲鼎沸的大市集，五花八門的攤販拉起頂篷，有的賣地毯，有的賣蔬果，有的賣馬具，還可見工匠和銅匠擺攤，男士頭戴土耳其氈帽、身穿坎肩和飛鼠褲，女士頭罩面紗、身穿豔麗的土耳其服飾，遊人往來如織，景象絢麗如畫。

第一次動手

　　上午九點五十分，請貴賓在庫姆瑞亞橋附近就定位。天氣晴朗溫暖，群眾興高采烈。明明是容易生事的場合，警力卻少到令你訝異。十點鐘，六名刺客已在阿培爾碼頭街兩側就定位，起頭的是穆罕默德·穆罕默德巴希奇（Mehmed Mehmed-

bašić），接著是內德鳩，他在你和庫姆瑞亞橋附近，瓦索・丘
布里洛維奇（Vaso Čubrilović）和茨維特科・波波維奇（Cvjetko
Popović）也在不遠處，波波維奇在庫姆瑞亞街角，拉丁橋則由
普林西普埋伏，壓尾的是特里夫科・葛拉貝茲，他在皇帝橋邊
等候。六名刺客都帶著炸彈，普林西普等四名刺客還配戴了比
利時製造的白朗寧 FN Model 1910 左輪手槍，使用 9×17 毫米白
朗寧短彈。

　　你第一眼看到皇家車隊的時間是上午十點零八分，總共七
輛車，九點四十五分浩浩蕩蕩從塞拉耶佛車站出發，中間在軍
營短暫停留，接著才駛向阿培爾碼頭街。第一輛車上坐著塞拉
耶佛的警力——原本帶頭的應該是斐迪南大公的私人保鑣，偏
偏他們陰錯陽差被滯留在塞拉耶佛車站。市長大人和警察局長
則坐在第二輛。

　　第三輛是黑色的格拉夫＆施蒂夫特敞篷車，堪稱奧地利的

王儲夫婦步出塞拉耶佛市政廳準備上車，五分鐘後便慘遭暗殺。

勞斯萊斯，車上坐著王儲夫婦，斐迪南大公戴著漂亮的帽子，帽頂簪著草綠色孔雀羽毛，身穿騎兵制服，外罩藍色嗶嘰外套，胸口別著一排勛章，手帶白色手套，一旁的公爵夫人身穿純白禮服，腰繫紅色飾帶，頭戴寬邊禮帽，帽頂簪著黑色鴕鳥羽毛，帽緣飾以白色帽紗，肩上披著貂裘，因為怕熱還攜了黑色摺扇和白色陽傘。公爵夫人手捧鮮花，與斐迪南大公並坐在後座，對面坐著波士尼亞總督歐斯卡・波蒂奧雷克（Oskar Potiorek），他坐在翻下來的隱藏椅上，前座則是司機利奧博德・羅伊卡（Leopold Lojka），他在這場暗殺事件中「舉足輕重」（或說是「誤入歧途」），坐在副駕的法蘭茲・馮・哈拉赫伯爵（Count Franz von Harrach）於1910年買下這輛敞篷車，後頭則跟著四臺車，車上坐著形形色色的高官和幕僚。

　　十點十二分，車隊駛過第一名刺客──穆罕默德巴希奇沒有動靜。車隊繼續駛向庫姆瑞亞橋，內德鳩準備出手。離開糕餅鋪後，內德鳩繞去尤瑟夫・薛里（Josef Shrei）的照相館，拍了六張照片留予後代子孫，這才出發前往阿培爾碼頭街。十點十五分，貴賓如果靠得夠近，便會看見內德鳩從外套裡掏出炸彈往燈柱上劃，「嘶」一聲，炸彈點燃，雖然還要十二秒才會燒到引信，但內德鳩沒算到這一點，執起炸彈就往大公的座車扔。

　　炸彈旋轉劃過天際。司機利奧博德・羅伊卡聽到炸彈擦過燈柱的聲響，以為有人鳴槍，趕緊把車往前開了幾吋，炸彈因此沒有落在車裡，而是打到收起來的敞篷車頂、彈進第四輛車的前座，把路面炸出窟窿。

　　爆炸當下有兩個看點：一是場面混亂的事故現場，二是內德鳩近乎搞笑的自殺行動。眼尖的貴賓會看到他先吞下氰化物藥丸，但藥性不夠強，沒死，接著他靈機一動──投河自殺！他從牆上奮力一躍，往米里雅茨河跳下去！說來還真倒楣，這

條河不僅奇臭無比，而且河水混濁，更慘的是夏季水位極低，約莫只有一吋左右，內德鳩從十五呎高的橋上跳下來，安穩降落在河岸上，一落地便遭四名男子追捕，一個是揮舞軍刀的憲兵，一個是持槍的穆斯林警探，兩人不費吹灰之力便將內德鳩緝捕到案。

待事故現場煙霧散去，貴賓便可見眾人驚惶失色。總督助理頭部中傷，某奧匈帝國官員身負輕傷，七名觀眾遭彈片擊中，一個在自家陽臺觀禮的婦人耳膜破裂，公爵夫人則是肩膀擦傷。

車隊耽擱了一會兒後，按照原訂計畫朝市政廳駛去，一路上經過四名刺客，沒有一名有動靜。人潮在現場徘徊逗留，拍照的拍照，嚼舌根的嚼舌根，好奇接下來該做什麼。

第二次動手

各位貴賓千萬別蘑菇，請神色自若前往莫里茨・席勒猶太熟肉鋪，爆炸的消息已先你一步抵達，幾位顧客和席勒太太聚在門口七嘴八舌，語氣十分熱烈。你可沒心情跟他們窮攪和，請你一溜風進到店裡，喝點烈酒鎮定鎮定，一杯「拉基亞」（rakia）下肚應該就能見效，這種蜜李白蘭地可是本地佳釀。你冷靜下來後請於十點四十三分踏出店外，距離門口六呎處站著普林西普，他在內德鳩事跡敗露後處變不驚，想起皇家車隊回程會駛過法蘭茲約瑟夫大街，故而決定來此碰碰運氣。

等待好戲上場的同時，貴賓不妨花點心思想想王儲夫婦，他們正在市政廳出公差，縱使心有餘悸也只能強壓下來，斐迪南大公僅忍不住發了一頓脾氣，那時倒楣的市長大人正在致詞歡迎大公來訪，因為事出突然，講稿來不及改，照舊是陳腔濫調滿篇，大公氣急敗壞打斷他，說：「講這些有什麼用？我出訪塞拉耶佛以示友好，結果呢？給人扔炸彈！」

普林西普上前瞄準！義大利《周日信使報》(*La Domenica del Corriere*) 頭版刊登的畫家速寫。

　　十點三十八分，王儲夫婦準備離開市政廳，雖然原定行程皆已取消，顧問團也求大公儘速離開塞拉耶佛，但是大公堅持要去醫院探望傷患。

　　一行人擔心遇襲，決定沿原路駛回阿培爾碼頭街，完全避開法蘭茲約瑟夫大街。然而，千不幸萬不幸，沒人知會司機路線改變，帶頭的車駛到拉丁橋後，便轉向法蘭茲約瑟夫大街，大公的座車也依序跟進，駛過莫里茨‧席勒猶太熟肉鋪時正好是十點四十五分。

　　總督波蒂奧雷克與王儲夫婦同車，猛然驚覺座車拐錯彎，趕緊命令司機迴轉，羅伊卡聽命倒車，在普林西普面前暫停了一會兒，普林西普簡直不敢相信自己的眼睛，槍一舉，頭一轉，「砰砰」就是兩槍。一顆子彈直直飛向公爵夫人，穿過右側鼠蹊後射進腹腔；另一顆子彈射中大公脖子，切穿靜脈後直入頸椎。由於彈孔很小，所以看不見鮮血飛濺，也別指望有什麼明顯外傷。

　　中彈後，王儲夫婦一動也不動，接著頭垂了下來，上身慢慢往前癱倒，座車朝米里雅茨河駛去。普林西普吞下死不了人的自殺藥丸，舉槍準備自盡，立刻遭目擊者攔截，當場被憤怒的警察、士兵、民眾制伏，被打趴在地上。

　　貴賓有幸親臨史上最重大的犯罪現場，想靠近槍擊地點也是人之常情，但要小心——槍案才發生，人潮中便有攝影師頻頻按下快門，為了避免被拍到，普林西普一開槍就請你遠離現場。此外，為了避免被認成共犯，請在案發十分鐘內撤離。

返航

　　此行的返航時間是上午十一點四十五分，團報的貴賓請和其他團員分散開來，兵分多路回到祕密基地。十一點三十分，教堂鐘聲齊響，宣告王儲夫婦亡故。民眾義憤填胸走上街頭，高呼口號反對塞爾維亞。屆時貴賓已返抵家門，順利完成祕密任務。

　　不過，貴賓若想多待一會兒，感受全城警戒的高漲氣氛，另一個返航時間是晚上九點半。你若選擇晚一點才走，此時應該會想吃些點心，慰勞一早出任務的辛勞。敝社建議你步行至大市集，或是找間咖啡店點幾道開胃菜「冞喆」（meze），或是嚐嚐美味可口的路邊攤，例如「切巴契契」（ćevapčići），有點類

似沙威瑪，用口袋餅夾著配洋蔥吃；貴賓若是茹素，不妨試試「菠菜口袋餅」（pita de spinaku），內餡除了菠菜還有茅屋起司和菲達起司。到了下午，你難免會遇上席捲全市的示威人潮，甚至可能跟眾人一樣憤懣得理直氣壯，畢竟你早上也目睹了滅口血案。

到了傍晚，想必你飢腸轆轆、腳痛腿痠，想找個地方坐下來好好吃頓飯。塞拉耶佛多的是道地的風味餐館，必點的波士尼亞湯品既撫慰人心又具飽足感：「碧瑤湯」（Beya）是清蔬雞湯，加入胡蘿蔔、秋葵、豆類、馬鈴薯、芹菜、洋芫荽一起熬煮，「塞拉耶佛湯」（Sarajevo soup）的用料也差不多，只是多了牛犢肉和酸奶油。兩道湯品都可以單吃。波士尼亞啤酒也是一絕，既順口又濃烈；波士尼亞葡萄酒同樣勁道十足，將糖、水、酵母、葡萄酒、蘭姆酒混合裝瓶，密封起來釀造兩週，其中茨瓦卡（žilavka）白酒和布拉第那（Blatina）紅酒較為醇和，喝起來沒那麼嗆，後勁也沒那麼強。

挑嘴的貴賓不妨到奧地利大飯店享用一流美饌，但凡高官顯爵來訪都在此下榻，不過，有鑑於一早的暗殺事件，這裡十之八九會被封鎖起來，倘若果真如此，上歐洲大酒店用餐還更有意思，這間酒店由塞爾維亞人經營，隔天立刻暴民橫行，貴重物品遭憤怒民眾洗劫一空，塞拉耶佛全市陷入暴動。

貴賓上哪兒都好，就是別去酒吧，祕密警察、間諜、眼線巡酒吧巡得很勤，看誰不對勁立刻逮捕。團員萬一遭遇此劫，便會落入哈布斯堡王朝的刑事司法黑洞，裡頭貪贓枉法、行賄舞弊，走後門、耍伎倆樣樣來，搞到你永生不得重見天日。

柏林圍牆倒塌事件
The Fall of the Berlin Wall

時間：1989年11月9日～11日
地點：柏林

「柏林上週發生的事件，堪比『巴士底監獄遭攻陷』外加『除舊布新迎新年』。」這是《時代雜誌》對柏林圍牆倒塌所下的注解。從1989年11月9日至11月11日，這三天非比尋常的日子改寫了東歐戰後史，確確實實為冷戰畫下了句點。東德人民盼著這一天盼了將近三十年，一百多萬東德人從東柏林擁入西柏林，柏林圍牆為人潮所淹沒，眾人在柏林街頭歡慶德國統一，現場歡樂洋溢，人人禮讚奇蹟。你不穿越回去看看怎麼行？

歷史充電站：冷戰

第二次世界大戰結束，德國被列強瓜分成四塊，美、俄、英、法各占一塊。柏林位於俄國轄區，也由美、俄、英、法均分。隨著冷戰升溫、美蘇對峙，美英法轄區合併為「德意志聯邦共和

柏林圍牆的「死亡地帶」，1986年攝於西柏林，牆上塗鴉由法國藝術家特里・諾瓦（Thierry Noir）所繪。

國」，俗稱西德，俄轄區改稱「德意志民主共和國」，簡稱東德。原德國首都柏林也分為東柏林和西柏林，然因柏林全境位於東德境內，所以西柏林實為內飛地。

接下來幾年，東德人民陸陸續續前往西柏林，尤其是身懷絕技、雄心萬丈的青年，移民西德後便長住下來，造成東德政經動盪，壓力大到當局吃不消，遂於1961年8月13日決議興建柏林圍牆，共產東德稱之為「反法西斯保護壁壘」，總長將近兩百公里，沿著西柏林邊境修築，跟

東西德國界上的圍牆接在一塊，於東德境內形成邊防，圍牆四周布滿地雷，並加派兵力和警犬巡邏，翻牆者格殺勿論，但仍擋不住東德人民投奔西德，在牆邊喪命者超過一百人。

　　二十八年後，柏林圍牆矗立依舊，堅守城牆的東德卻搖搖欲墜，人民的愛國心在暴政下蕩然無存，電視成天放送西德耀眼的經濟表現，兩德相比，東德相形見絀。改革派主席戈巴契夫（Gorbachov）上任後，革新浪潮席捲東歐。1989年初，波蘭的反對黨「團結工聯」（Solidarity）組成政府，匈牙利的共產黨全面推動改革，對奧地利大開門戶，從此不再管制東德和羅馬尼亞移民進出，取道脫共的東德人民超過五十萬，東德政府祭出匈牙利旅遊禁令因應，沒想到適得其反，布拉格、華沙、東柏林的西德大使館湧現東德移民來此申請庇護；同年10月初，祕密列車一班接著一班，將成千上萬的東德人民載往西德。東德政府狗急跳牆，宣布全面鎖國，東德人民只有兩條路可以選：一是展現

赤膽忠心，二是發出不平之鳴。數十年來的監視和打壓縱使曾令無數英雄氣短，但一個月後，東歐人民選擇了讓世界聽見他們的聲音。

德勒斯登首先發難，市民在火車站附近示威遊行，最後擴大成全面暴動。11 月 4 日，萊比錫上演「週一示威遊行」，由小反對黨和路德教會籌劃，萊比錫布商大廈管弦樂團指揮庫特‧馬舒爾（Kurt Masur）登高一呼，十萬多人走上街頭，各個態度嚴正、心意堅決，沿著環城大道繞行，展現反抗到底的決心。

兩天後，驚惶失措的共產黨在東柏林開會商討對策，超過五十萬市民擁入市中心阻撓會議進行。由於誤判情勢、心慌意亂、一籌莫展，在陰錯陽差下，倒楣的共產黨政委君特‧沙博夫斯基（Günter Schabowski）被推派出來開記者會宣布政令，兩德皆以電視實況轉播。11 月 9 日晚間六點五十三分，沙博夫斯基被問及政令細節時答不上來，便隨口胡謅新法令立即生效（原訂為漸進實施），從今以後東西德可自由遷徙（政令並無此條）。

眾人不管政令究竟如何，聽聞兩德邊防大開，便一窩蜂行動起來。

────{ 行程簡介 }────

貴賓的落地時間是 1989 年 11 月 9 日晚上六點，地點在東柏林芬蘭街十五號宅邸門廳，這整條街上都是空屋，住戶在柏林圍牆興築後遭當局驅離。你推門出去右轉沿著芬蘭街直行，兩百碼外就是波荷木街檢查哨（Bornholmerstrasse Checkpoint），只見瞭望臺上霓虹燈閃爍、邊防上鐵絲網聳立。貴賓請於 11 月 11 日午夜前回到芬蘭街十五號宅邸門廳，此行陽光燦爛、秋高氣爽，入夜後溫度會降到零度左右，請你包緊一點，並盡量穿著耐走的鞋履。

住宿・飲饌・反文化運動

敝社替你在東柏林腓特列大街大都會旅館訂了房間，南邊就是全柏林最出名的菩提樹下大道。大都會旅館隸屬東德觀光局底下的茵特五星飯店集團，1977年開幕，風格現代，是該集團當年一等一的旅館，專門接待西方旅客，而且只收強勢外幣。旅館內部裝潢走1970年代風：橘色塑料飾帶、棕色圖騰壁紙，貴賓穿越到1980年代末一看，自然覺得有些陳舊，但仍不失為寧靜宜人的所在，可伴你度過這個亂騰騰的週末。請記住：旅館內所有房間都加裝監聽器，貴賓請謹言慎行，千千萬萬別提到敝社，「穿越時空」四個字更不能衝出口，還沒發生的事情絕不能說溜嘴。膽子大的團員若是有屋頂就能睡，不妨到普倫茨勞貝格區加入霸屋者行列，這裡是東德的反文化運動基地，推薦你到利興街六十一號或貝赫芬尼街七號看一看。

貴賓待在東柏林期間，見到當地有什麼吃的、喝的，敝社建議你都嚐一嚐，否則兩德統一後就吃不到了，尤其是熱狗——那顏色怎麼看怎麼怪，口感也是走黑暗料理路線。再說那碳酸飲料，一入口就是滿嘴的化學味。就連烈酒都走味得厲害。

雖然本團團員整顆心都懸在柏林圍牆的動靜上，但若有貴賓想領教西柏林反文化運動的滋味，敝社建議你到長槍俱樂部（Pike Club）走一走，地址在十字山區海因里希海涅街某戶人家後庭，俱樂部北邊就是查理檢查哨（Checkpoint Charlie）。11月9日晚間，東德龐克樂團「異類」（Die Anderen）在此演出。說也奇怪，這陣子不少東德樂團（甚至龐克樂團）都取得了表演許可。貴賓抵達長槍俱樂部時，觀眾已經喝啤酒喝到醉茫茫，人人隨著節拍跳、跳、跳、跳，全場瘋到最高點。此外，森林小酒館（Dschungel）也值得一遊，全店走1920年代現代主義風，來這裡喝雞尾酒的柏林客人都帥得邪氣，包括大衛・鮑伊（David Bowie）和伊吉・帕普（Iggy Pop）。

11月9日，星期四
東西隔離

　　貴賓抵達波荷木街檢查哨後，請抽點時間到米特區晃一晃，這裡的建築有種頹廢美，自從柏林圍牆砌築後，原先住在這裡的工人紛紛遷出，不爽東德政府的憤青全都聚到這裡來。檢查哨附近有許多小酒吧、小酒館，貴賓不妨挑一家進去看一看，聽聽當地居民熱烈討論沙博夫斯基在記者會上的發言、好

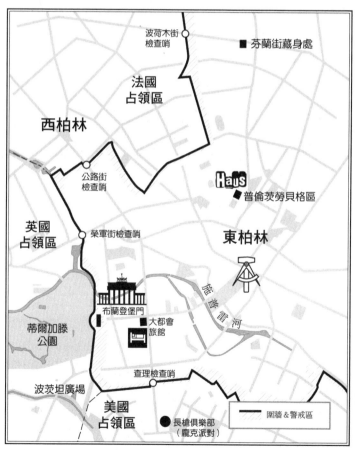

奇兩德邊防今晚是否真的會大開。

　　貴賓可別在米特區逗留太久。晚間七點二十分，波荷木街檢查哨東德閘口開始湧現人潮，當中有兩位憤青，一位是阿蘭·拉多姆斯基（Aram Radomski），一位是史吉·薛夫克（Siggi Schefke），他們大聲叫囂，咄咄逼問一臉茫然的邊防軍放不放行？接著，高階軍官來了，雙方繼續討價還價，但軍方還是不放行。貴賓此刻若有閒情，不妨抬頭看一看，檢查哨辦公室燈火通明，不時可見留守中校哈拉爾德·葉格（Harald Jäger）的身影，他生著一張國字臉、梳著旁分頭，你在底下閘口等，他在上頭打電話，氣急敗壞詢求上級指示，說是底下群眾越聚越多、企盼越來越殷切，這下該如何是好？

　　晚上八點鐘，閘口前聚集了上百人，車潮也逐漸湧現，大家都要入境西德。八點半，一輛警車穿過人潮駛到閘口前，車上警員拿出擴音器，號令群眾到附近警局申請離境簽證。貴賓請無須理會，你周圍也沒幾個人理他。九點鐘，邊防軍再次現身，把幾個盧到不行的大嗓門帶進檢查哨辦公室，依（頭腦發昏的）國安局指示，在他們的護照蓋章、永久除籍、送往西德。九點半左右，那些愛吵愛盧的都放行了，但你不必有樣學樣，隨大流就好，這時聚集民眾已達數千，波荷木街人滿為患，就連周邊街道都塞住了。請貴賓豎起耳朵，且聽「開門！開門！」的口號聲一陣一陣傳過來。

　　十一點半左右，哈拉爾德·葉格自作主張，下達開門指令，其部屬赫姆特·史托斯（Helmut Stoss）和盧茨·瓦思尼克（Lutz Wasnick）趕到閘口，徒手將閘門拉開一條小縫，群眾立刻如海潮般湧入，閘門自動大開，人潮如海浪，一波未平一波又起，數千名東柏林人喜極而泣，又是哭、又是笑、又是叫，穿過閘門踏入西德，輪到你時，不妨看看那滿面的倦容和一臉的不解，全都寫在邊防軍的臉上。

再擠一個！拍攝時間：11月9日。拍攝地點：布蘭登堡門。告示牌上原本寫著「注意！你將離開西柏林」，但被改成「怎麼離開？」（wie denn?）

深入西境

　　貴賓通過波荷木街檢查哨、跨越博澤橋，便抵達西柏林，貴賓可在此駐足，徹夜觀看東德人民如岩漿般滾滾湧入，有些西柏林人也在此歡迎同胞，但敝社建議你別逗留太久，倒不如沿著柏林圍牆四處溜達，看看其他檢查哨的情況。

　　請貴賓先往西南邊走，大約走十五分鐘後便會抵達榮軍街檢查哨（Checkpoint on Invalidenstrasse），比起波荷木街檢查哨，國安局和東德邊防軍對這裡的態度強硬許多，說什麼也不肯放行，你可以聽見圍牆另一頭群情激動，大批民眾吵嚷不休，西柏林人圍聚在圍牆這一側。凌晨一點鐘，出身社會民主黨的市長瓦爾特·莫波爾（Walter Momper）現身，他是個大光頭，脖子上圍著猩紅色的圍巾，手上拿著大聲公，包準你一眼就能認出來。莫波爾要求群眾和兩德邊防軍稍安勿躁，並呼籲東德的邊防軍放行。凌晨一點三十分，眼看今晚是沒戲唱了，東德那邊死不放人，請你沿著榮軍街走，走到第一個路口左轉，一路走到蒂爾加滕公園，這是西柏林最大的公園，看到公園後左轉菩提樹下大道，這條東西向大道橫貫整座公園，請你跟著人潮往東走，四百碼後就又會看到柏林圍牆，牆後矗立著一排新古典主義風格的宏偉柱子，正是布蘭登堡門。

　　布蘭登堡門位於柏林圍牆的無人區，前後兩側都被圍牆擋住，東柏林人到不了，西柏林人也到不了，是柏林分裂的象徵。圍牆此段雖然沒有設檢查哨，但今晚來此的柏林人絡繹不絕，美國電視公司也在布蘭登堡門前進行實況轉播，在泛照燈的照射下，現場氣氛十足。西柏林這一側的圍牆特別矮，有一段牆頂還是平的。貴賓要是來得早，可以看見人群在牆邊徘徊。九點鐘左右，開始有路人接二連三爬上去，敝社建議你先別跟風，東德邊防軍正使出水柱噴擊，硬是不讓人站上去。但你倒

是可以留心一名青年，他撐著群眾遞過去的傘，英勇挺住水柱攻擊。等到夜闌人靜、水柱關上，西柏林這一側的圍牆便是絕佳據點，可以俯瞰東柏林人川流不息，在探照燈的掃射下穿過布蘭登堡廣場。

今晚行程的最後一站是鼎鼎大名的查理檢查哨，位於布蘭登堡門東南邊、西柏林美國占領區內。請貴賓沿著圍牆走到腓特烈大街，看見一間鐵皮屋沒有？那就是查理檢查哨辦公室，一旁是著名的老鷹咖啡館（Café Adler），冷戰期間軍官和間諜固定會來此聚會，你要是來得早，便能目睹店主阿爾布雷希特・勞（Albrecht Rau）端著酒杯、氣泡酒、熱咖啡，親自送去東德給邊防軍享用，雖然碰了軟釘子，但他照樣慶祝不誤。東德邊防軍婉拒了酒水，趕緊加設幾道路障來封鎖邊界，但群眾依然在凌晨十二點十五分衝破封鎖。

11 月 10 日，星期五
柏林中心巡禮

敝社今日為貴賓安排到柏林中心閒步，超過五十萬東柏林人今天會從圍牆另一邊湧入，雖然大多是安步當車，但還是有兩萬六千臺車輛過境，大多是東德國民車，不是「拖笨」（Trabant）就是「華特堡」（Wartburg）。拖笨的二行程引擎馬力很弱，開起來很吵，而且不能吃一般汽油，必須在裡頭加其他油品才能運轉，排出來的煙又黑又臭又毒，相信你很快就會習慣。有些車還飄揚著東德國旗，如果把國旗中央的圓規、鐵鎚、麥穗裁掉，看起來和西德國旗沒兩樣。

此外，東柏林人和西柏林人的穿著判若雲泥，你想不注意到都不行。東柏林人身上灰撲撲的，外套也很單薄，說來也不是什麼意料之外的事，更何況東西德的經濟還要失衡三十

年，當年雙方的差距就在波茨坦廣場上展露無遺，怎麼說呢？約莫是早上十點鐘吧，西德總統里夏德・魏茨澤克（Richard Weizsäcker）現身，跟眾人寒暄握手一陣，便搭乘亮晶晶的黑色賓士離場，後頭跟著髒兮兮的卡其色華特堡和灰溜溜的綠色拖笨。對了，好好聽聽那悅耳的鏗鏘聲，百來支鎚子和鑿子在柏林圍牆上敲敲打打，賣力把牆磚撬下來當紀念品賣，其中又以有塗鴉的幾面圍牆最為搶手。你不得不佩服在商業刺激下眾人手腳速度之快，這一頭才剛把瓦礫和碎磚鑿下來，另一頭就變成了紀念品在兜售，圍牆附近開始有人在叫賣白T恤，上頭印著「Ich war dabei: November 9」（到此一遊，11月9號）。

不過，大同才是今天的重點，今天大家都是柏林人，大家都是德國人，從西歐各地城市蜂擁而至的大批人潮也算是柏林人、也算是德國人。有名仁兄開著卡車，將一萬朵玫瑰從阿姆斯特丹的辛格花市載到波茨坦廣場，誰前來就發給誰，盛況空前，絕不容錯過。除了玫瑰之外，這兩天大眾運輸也免費，公車司機拒收車費，地鐵擠得水洩不通，《柏林晨報》（*Berliner Morgenpost*）特別版在街頭免費發放，柏林的民眾、餐廳、咖啡廳端出飲料、點心、咖啡、茶招待路人，一卡車一卡車的水果、口香糖、洋菸在各個檢查哨附近免費發放，一袋接著一袋，一個傳過一個。至於挑嘴的貴賓，查理檢查哨周圍的十字山區有人在發大麻，你就跟著鼻子走，擺出興致盎然的樣子就是了。

初履西德的東德民眾只要到銀行或郵局出示身分證件，就能領到西德政府發放的一百馬克。貴賓不妨移步至名品大道選帝侯大街上的柏林銀行一探究竟，只是你得先有心理準備——人潮足足繞了五圈，人龍長達四分之一哩，儘管選帝侯大街百貨公司林立，這一棟巍峨氣派，那一棟富麗堂皇，看得東柏林人目瞪口呆，但他們可不會把剛到手的錢花在這裡，反而都拿去買水果，放眼望去，香蕉、柳橙、奇異果差不多人手一袋，

這些在東德想買都買不到。

　　今天還有兩件大事，值得貴賓繞路去瞧一瞧。如果你是政治控，西德政壇巨星將於下午兩點半在舍恩貝格市政廳發表演說。舍恩貝格市政廳原本只是舍恩貝格區的區公所，1950 年代成為柏林市政府所在地，柏林市長在此辦公，舊市政廳（紅色市政廳）位於米特區，在柏林圍牆另一頭，二戰時遭盟軍炸成斷垣殘壁。今日舍恩貝格市政廳演說卡司陣容堅強，包括西德總理赫爾穆特・柯爾（Helmut Kohl），他近日才中斷波蘭出訪歸來；外交部長漢斯－迪特里希・根舍（Hans-Dietrich Genscher）；1969 至 1974 年的西德總理維利・勃蘭特（Willy Brandt），他是土生土長的柏林人；還有現任柏林市長瓦爾特・莫波爾。各家媒體無不爭相報導，照相師、攝影師、收音員爭先恐後擠到前頭，採訪過程相當老派。西德總理柯爾高喊：「自由德國萬歲！自由歐洲萬歲！」接著又說：「東德的同胞們！我們與你們同在！我們是一國的！東西德不分離！」此時全場歡呼，柯爾出盡鋒頭。維利・勃蘭特顯然大受感動，不忘叮嚀道：「我們走過漫長的旅途，終於迎來美好的今天！但這只是中繼站！這還不是終點！」

　　貴賓若欲前往舍恩貝格市政廳，請搭乘地鐵二號線，從市中心往西搭，到諾倫多夫廣場站轉乘四號線，搭乘開往茵斯布魯克廣場的列車。

　　倘若貴賓雅好音樂，請移步至查理檢查哨西側的柏林圍牆，俄羅斯大提琴家米斯特斯拉夫・羅斯托波維奇（Mstislav Rostropovich）在此演奏。這位傳奇大提琴家於 1971 年脫蘇入法，眼前剛從巴黎飛抵柏林，以即席演奏向柏林圍牆下的亡魂致敬，一開場便以動人的琴音，帶來巴哈無伴奏大提琴組曲第二首薩拉邦德舞曲。

11月11日，星期六
足球比賽開踢

　　今日延續昨日的氣氛，檢查哨閘口定時開放，更多東德人穿過柏林圍牆，等在圍牆另一頭的西柏林人狂喜不減，而且今天會再多開放兩個閘口，一是在格林尼克橋，一是在伊博斯華德街，後者可見東德派出軍用推土機劖除部分柏林圍牆，以舒緩其他檢查哨的人潮壓力。

　　上午十點鐘左右，波茨坦廣場出現DIY拆牆行動，一群西柏林人開著一輛老舊吉普車，把車停在柏林圍牆旁邊，接著拿出一條粗壯的鏈條，一端繫在水泥磚牆上，一端繫在吉普車上，周遭民眾不是吶喊：「牆必倒！牆必倒！」就是呼著琅琅上口的口號：「德國統一！人民同心！」附近排簫合奏的樂音悠悠傳來，更加深現場奔放不羈的情調。然而，拆牆行動頻頻受阻，先是東德邊防軍朝吉普車噴灑高壓水柱，接著西德警方引來強力奧援，一排廂型車停在柏林圍牆邊，以防拆牆事件再次發生。東德邊防軍站在圍牆上，西德這邊的民眾朝他們呼喊：「快下來！在那邊是想餓死嗎？」

　　不想看拆牆的貴賓，不妨前去觀看足球比賽，由柏林赫塔隊（Hertha Berlin）出戰華登舒特隊（Wattenscheid），下午三點準時開球，地點在柏林奧林匹克體育場，這是1936年柏林奧運的主會場，位在柏林西邊。在兩德邊防大開之前，這場賽事原本號稱德乙聯賽關鍵之戰，但從11月10日起，這場關鍵之戰變成全城歡慶柏林統一的難得機會。

　　1971年前，柏林赫塔隊的主場在格森布魯能體育館，位於西柏林威丁區。1961年，距離體育館東邊幾碼處築起了柏林圍牆，東柏林的球迷再也無法到場觀戰，數十年來都只能聚在牆邊，聽圍牆另一頭的群眾為赫塔隊加油，今天，這些球迷終於

羅斯托波維奇在柏林圍牆前演奏巴哈，注意牆上的塗鴉寫著「查理退休了」
（charlie's retired）。沒錯，誰會傻傻拿著噴漆站在旁邊等呢？

有機會親臨現場，到赫塔隊的新主場（柏林奧林匹克體育場）
觀賽，只要出示東德身分證，就能索取免費球票，限量一萬張。
貴賓別擔心，拿不出身分證不要緊，到現場買票也可以，反正

多的是機會。

　　開球之前，球賽播報員會點名柏林各區，包括東柏林和西柏林，點到的觀眾無不熱情回應。開賽十六分鐘，華登舒特隊率先進球取得領先，但在第六十四分鐘，十九歲小將史文‧克雷奇默（Sven Kretschmer）硬是踢進一球，為赫塔隊追平比分。赫塔隊本季表現亮眼，在賽季末晉級德甲。

　　貴賓若想觀看足球比賽，請從布蘭登堡門往南走到一號線的地鐵站──默肯橋站或三角鐵路站都可以，進站後請搭乘開往烏勒本站的西行列車，奧林匹克體育場是倒數第二站。

第三部

PART THREE

文化盛典
&運動盛事

CULTURAL
& SPORTING
SPECTACULARS

第二百三十五屆
古代奧運會
The 235th Olympiad

時間：公元161年8月
地點：古希臘奧林匹亞

公元前五世紀，古希臘詩人品達（Pindar）稱奧林匹克運動會為「競技之極致」。古奧運每四年在聖地奧林匹亞舉行一次，貴賓穿越回去看的那一場是「千載」難逢的運動盛事，見證品達並非妄言。本行程為期一週，你將穿越回伯羅奔尼撒半島西部伊利亞，該城邦四周綠野起伏、綠草如茵，神廟、神殿、競技場、澡堂星羅棋布，其中競技場甫由羅馬帝國全新翻修，這屆盛會不僅讓貴賓躬逢其盛，見證古希臘奧運種種儀禮及奇觀，更讓團員體驗到古代無與倫比的觀賽及住宿品質。本團保證貴賓自由進出奧林匹亞，遊行和獻牲看到飽不說，更有整整一週的五項全能、自由搏擊、馭馬比賽、角力大賽任君挑選，古代奇觀盡在眼前，機會難得，錯過不再！

■ **注意 ▶** 古奧運賽事僅容男賓觀禮，報名本團的團員須著男裝前往。

歷史充電站：古代奧運會

奧林匹亞神廟群位於伯羅奔尼撒半島東部科羅諾斯山山麓，數千年來朝聖者及膜拜者絡繹於途，直到公元161年仍綿延不絕。早於公元前八世紀，這片山麓便冒出一座座神廟，用以供奉古希臘母神。至於祭祀融合競技始於何時？史家咸認以公元前776年為最早，當時僅限於奧林匹亞一地，直到公元前六世紀才普及至全希臘，奧林匹亞宙斯神廟（Temple of zeus）亦於此時落成，廟中的宙斯神像壯偉無比，名列古代七大奇觀，此時興建的天體訓練館反映希臘文化崇尚肉體，為數眾多的營帳則反映日益增加的希臘城邦，奧運的名氣越來越響，名聲也越傳越廣。到了公元前五世紀初，奧運賽事大致底定，一開賽就是五天，此規傳承了幾百年，直到公元前二世紀羅馬人征服希臘才打破，將賽事再延長一天。

羅馬人對希臘文化大抵全盤接

大家來找碴！這幅古奧林匹亞圖是畫家憑印象繪製，前景可見宙斯神廟，你穿越回去會發現怎麼也找不著圖面左側的露天劇院——那只是畫家的空中樓閣。

收，僅就基礎建設著手改善，羅馬人舉辦的古奧運會也是如此，帶給賓客前所未見的奢華享受。從前奧林匹亞沒有公廁、沒有自來水，賓客得在神廟四周搭帳篷住上一週，忍受希臘八月的酷暑和黃沙。

愛比克泰德（Epictetus）不愧為斯多噶學派哲學家，果真吃苦耐勞，連這也認為值得忍：「壅閉不通？盥沐不便？日晒雨淋？嘈雜不堪？依愚之見，處境愈艱，奇觀愈奇，忍人所不能，見人所未見。」羅馬學者伊良（Aelian）的見解則恰好相反，認為這簡直是活受罪，比遭人奴役更有得受：「昔希俄斯有一主，怒叱家僕曰：『吾不使爾汝踏車磨麥，吾將攜爾汝赴奧林匹亞！』依其之見，烈日當空，揮汗觀戰，方為酷刑。踏車磨麥，豈可堪比？」不論活受罪也好，吃苦當吃補也好，民辦的奧運村日日人聲鼎沸、夜夜語笑喧闐，當地特別加派「警力」維護秩序，違者即處鞭刑。

｛行程簡介｝

貴賓若是對古希臘文化情有獨鍾，敝社未來將推出古希臘奧運苦修之旅，至於報名本梯次的團員親歷的是第二百三十五屆古代奧運會，體驗的是羅馬人的奢侈享受。這屆奧運除了豪華的住宿和舒適的衛浴，羅馬人還首次引進自來飲用水，場地看上去很新穎，過去十年來，雅典首富赫羅狄斯・阿提庫斯（Herodes Atticus）斥資打造仙女池（Nymphaeum），以此壯麗的噴泉紀念其亡妻，並建造給水系統確保仙女池水源源不絕。仙女池於本屆奧運正式啟用，不僅讓貴賓此行更加賞心悅目，更大大提升整體衛生。貴賓將於開賽前一天搭船至克拉狄奧斯河北岸，下船後會有人帶你至附近的羅馬旅館（Roman Hotels），此處亦是貴賓五天後的返航點。

古奧運會場地

奧林匹亞中央是「聖林」（Altis），外有圍牆環繞，內中神殿和神廟林立。羅馬征服希臘後重建並修復圍牆，增設巨大的廊柱和宏偉的拱門，並闢出林中花園和林間小徑。聖林平時相當清幽，但奧運期間卻比古羅馬廣場喧嘩，一時間四方輻輳、遊人如織，羅馬帝國各地運動員、教練、祭司、貴冑、文人、法官、裁判匯聚於此，貴族的隨行總管、家僕、廚役隨主子擁入，占卜的、敲詐的、叫賣的都跟著人潮來了，在聖林外、草坡上的營帳間穿梭不絕。

貴賓請從山門（Propylon）進入聖林，這道宏偉的拱門開在聖林西北角的圍牆上，進去後右手邊是迎賓館（Prytaneion），這裡是奧林匹亞中樞，也是統籌奧運的中心，一旁是紀念腓力二世的圓形神廟（Philippeion）。迎賓館建於公元前六世紀，裡頭燃燒著永恆的聖火，並設置奧林匹亞祭司長的居所。奧運期間，所有官員在此起居，並於宴客廳款待奧運冠軍。腓力二世神廟以愛奧尼亞式柱廊支撐雕花大理石頂，公元前338年由馬其頓腓力二世（Philip II of Macedon）委託建造，一來紀念馬其頓大軍於喀羅尼亞戰役（Battle of Chaeronea）大敗希臘同盟，二來緬懷其為公元前356年奧林匹亞馭馬比賽冠軍。貴賓入內後可見以象牙及黃金雕塑的全家福，包括腓力二世、其父阿明塔斯三世（Amyntas III）、其子亞歷山大大帝（Alexander the Great）、其第四任王后奧林匹亞絲（Olympias），這位王后亦為亞歷山大大帝的生母。

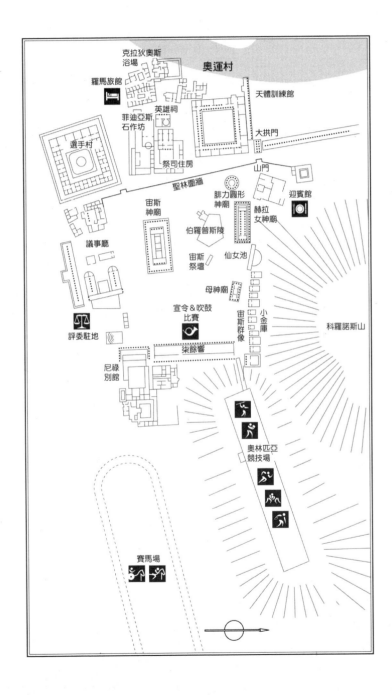

赫拉女神廟

貴賓出了腓力二世神廟，左手邊是赫拉女神廟（Temple of Hera），右手邊是伯羅普斯陵（Pelopion）。赫拉女神廟後方可見小幢的母神廟（Metroon），母神廟再過去是一排小金庫（Treasury Houses）。伯羅普斯陵是遠古的墓地，墓地底下是古老的墓丘，四周圍牆呈不規則的五角形，入口處是多利克式柱廊，入內後是受用不盡的靜謐，白楊和橄欖綠葉成蔭，成堆的墓塚和獻祭的餘燼落了一地。奧運期間，公家和私家祭典皆在此舉行，有興趣的貴賓不妨前來觀禮，尤其是烤肉祭，但若想分食請注意了，根據《希臘志》（Description of Greece）作者保薩尼亞斯（Pausanias）記載：「推事宰黑羊，獻於伯羅普斯，祭後分食與眾，食者不得入宙斯殿。」因此，敝社建議嗜羊肉的貴賓先參觀宙斯神廟，回頭再吃黑羊肉也不遲。

再來看看赫拉女神廟，這幢多利克式建築建於公元前六世紀初，外觀有些古怪，一看就知道改建過，石材和雕塑都是羅馬式的，原先的希臘工藝已不復見，就連木柱都換成了石柱。貴賓入內後可見一張木頭長桌，上頭擺著一排橄欖花冠，準備頒給奧運得主。看完了花冠，貴賓請面朝北邊，右手邊可見一山灰燼，宙斯祭壇（Altar of Zeus）就在那裡，幾百年來的祭祀餘燼堆成這座小丘，高達二十餘呎。

貴賓一出赫拉女神廟，十之八九會瞧見群眾圍繞著新啟用的仙女池嘖嘖稱奇。仙女池於公元160年前後由赫羅狄斯·阿提庫斯斥資興建，紀念已故妻子嫘吉雅（Regilla）。嫘吉雅是羅馬貴族之女，也是奧林匹亞農耕女神迪米特（Demeter）的女祭司。仙女池實為人造水景，前方是橢圓形大水池，後方是大理石拱形壁龕，分上下兩層，除了依規定擺放宙斯雕像，此外還陳設阿提庫斯列祖列宗像，而整座水景最吸睛之處，要屬水

池中央的大理石公牛，但若要論最具巧思之處，貴賓是看不見
的，因為仙女池只是門面，背後的土木工程才是真功夫，這是
羅馬人首次利用石造水道橋，將東邊的泉水導引至數哩外的奧
林匹亞，此外，蓄水和供水系統也同樣巧奪天工，讓奧林匹亞
各處皆可飲水沐浴。

　　仙女池旁邊的母神廟是小幢的多利克式建築，建於公元前
四世紀初，用來敬拜諸神之母瑞雅（Rhea），其母是大地母神
蓋亞（Gaia），母神廟裡雖保留了瑞雅的小祭壇，但公元一世
紀以來母神廟已逐漸成為羅馬皇帝的祠堂，貴賓穿過柱廊入
內，可見奧古斯都（Augustus）、克勞狄一世（Claudius）、提圖
斯（Titus）、維斯帕先（Vespasian）等羅馬皇帝像，此外還有暴
君尼祿（Nero）之母阿格里皮娜（Agrippina）、圖密善王（Domi-
tian）之妻多米西婭（Dominitia）。

　　從母神廟出去有條小徑，通到聖林東北角的拱頂
門（Cripta），穿過拱頂門就是奧林匹亞競技場（Olympic
stadium）。小徑兩邊是各式各樣的宙斯銅像，稱為宙斯群像
（Zanes），舉凡運動員作弊、違反奧林匹亞競賽規則，就必須
罰款立像，銅像上刻著訓誡，用以警告走向競技場的運動員。
第一尊銅像立於第九十八屆奧運，時值公元前388年，來自色
薩利的拳擊手尤普魯斯（Eupolos）賄賂三名對手放水，因此遭
處罰鍰。半個世紀後，小徑上一口氣多了六尊銅像，這次是來
自雅典的卡利波斯（Athenian Kallipos），他買通對手，確保自
己拿下自由搏擊冠軍。宙斯群像後方是一片平臺，平臺上坐落
著一排小金庫，五百年前由地中海各城邦的希臘人打造，用以
捐獻給同鄉的運動員和奧運冠軍，如今看來蔚為奇景。

尼祿別館

　　聖林東側有一排列柱，公元前四世紀由馬其頓腓力二世建造，慶賀其為奧林匹亞馭馬比賽冠軍，由於此處音效特殊，故有「柒餘響」（Heptaechos）的美稱，吹鼓手和宣令官在此同臺較勁，奧運少了他們怎麼行？宣布比賽開始要由吹鼓手齊鳴號角；比賽結束要由宣令官宣布冠軍來自何處、祖上何人。奧運期間除了這些職責，吹鼓手和宣令官也會私下一較高下。

　　過了柒餘響，便可見聖林東南角坐落著尼祿別館（Villa of Nero），這位喜怒無常的暴君曾出巡希臘，中途順道至奧林匹亞遊歷，為了配合尼祿的行程，當屆奧運遲了兩年才舉行，這可是數百年來首例。貴賓此行必定會聽聞種種關於尼祿的逸文軼事，包括他參加公元67年奧運的馴馬拉車競賽，但卻用十匹馬拉車，結果摔出車外，此外尼祿還大爆冷門，在音樂及文學競賽拔得頭籌。再者，尼祿拆了祭祀希臘灶神赫斯提亞（Hestia）的女神廟，在原址修築鋪張奢靡的行宮，後人擴建為貴賓眼前這幢尼祿別館，裡頭附設澡堂，專供羅馬貴族中的貴族來此下榻。

宙斯神廟

　　整片聖林望去，最宏偉的建築要屬宙斯神廟，這裡是古奧運的精神支柱，公元前五世紀初開始興築，咸認是多利克式神廟的典範。公元前430年，神廟迎來了宙斯坐像，由菲迪亞斯（Pheidas）雕刻，名列古代七大奇觀，神廟與之相比，頓時黯然失色。貴賓入內瞻仰之前，不妨抬頭瞧瞧神廟東西兩側的三角楣，東側的三角楣畫著伯羅普斯（Pelops）和俄諾瑪俄斯（Oinomaos）比賽拉車，由宙斯裁奪勝負；西側的三角楣畫著

宙斯神像目露稱許，觀看角力選手嘻笑打鬧。（此為想像復原圖，宙斯姿勢可能稍有不同。）

拉皮斯人（Lapiths）大戰人馬（Centaurs），居中者是太陽神阿波羅（Apollo）。另外值得注意的是大理石屋頂上的獅頭噴嘴、神廟四角的金色大鼎、繪有海克力斯（Hercules）十二道難關的排檔間飾，每一片間飾一道難關，總共十二片。

　　貴賓進入神廟後，會先穿過六角形大理石鋪成的矩形地帶，奧運冠軍便是在此獲頒橄欖花冠，宙斯神像則理所當然坐鎮在神廟中心，高逾四十呎，以黃金和象牙雕成，想錯過還不容易，但為了保險起見，敝社還是多嘴幾句──貴賓請看，坐在寶座上的那位就是宙斯，頭戴橄欖編成的花冠，左手持權杖，杖頂有鷹，右手邊是拍著翅膀的勝利女神妮姬（Nike），光是妮姬雕像就高達六呎，貴賓請趁此機會大飽眼福，到了五

世紀宙斯神像便移至君士坦丁堡焚毀。

　　貴賓出了宙斯神廟請往南走，你會先遇見一片橄欖樹叢，奧運冠軍頭上的橄欖花冠就是從這兒來的；再往南是議事廳，議事廳中央是露天議事場，左右兩側是堆棧和府衙。議事廳在奧運期間相當熱鬧，這裡是奧運評委的駐地，此外奧運籌委會伊利斯元老院也在這裡，運動員得來此報到，甚至當場抽籤決定對手或出賽順序，倘若發生買通、收賄、作弊等違規情事，亦是在露天議事場舉行聽審，場上有一座惡狠狠的宙斯神像，手裡握著惡狠狠的閃電，雕像底座刻著碑文，字字句句都在詛咒作弊、造假。

奧運村

　　聖林西側有一片建築群坐落在河濱草坡上，那兒就是奧運村。奧運村的北邊是競技場和訓練場，包括天體訓練館（Gymnasion）、列柱廊（Xystos）、角力場（Palaestra）。再過去是歷史悠久的建築和神殿，裡頭住著奧林匹亞的祭司和勞工。奧運村南邊是嶄新的羅馬旅館，河畔是豪華的克拉狄奧斯浴場（Bath of Kladeos），手頭寬裕的貴賓可來此盥洗，旅館和浴場之間有連通道，舊的選手村就在奧運村南邊。

　　貴賓請從寬綽的柱廊進入天體訓練館，館內空間寬敞，場地呈矩形，長兩百碼，中間以列柱廊分隔，一邊用來擲鐵餅、投標槍，另一邊則用來練跑步。貴賓請找找列柱廊南邊盡頭那扇綠色小門，門推出去就是天井，天井中央是一幢方形建築，那裡就是角力場，場地很大，地上鋪沙，拳擊手、角力手、教練、醫員全擠在裡面。天井南端的列柱廊通往褪衣室（Apodyterion），天井北端則是俱樂部（Ephebion），運動員訓練完便在此休息、交際。貴賓只消在天井繞一圈，就會發現塗油房

（Elaiothesion）、上粉室（Konisterion）、球戲間（Sphairisteria）。此外，俱樂部前方有條走道，上頭鋪著磁磚，有些磁磚有稜紋，有些磁磚很平滑，兩者交錯鋪成保齡球場。

　　奧運村中央最顯眼的建築是祭司住房（Theokoleon），裡頭住著奧林匹亞的祭司，平時為人作祭，奧運期間負責主持各項祭典。此外，祭司住房還有口譯員和占卜師進駐，奧林匹亞神廟的樂師、獻牲專家、柴薪師也住在裡頭。柴薪師負責添柴，確保神廟各處香火不斷。然而，縱使這群祭儀專家集思廣益，也想不透該拿一旁那間英雄祠（Heroon）怎麼辦。這間英雄祠原先是座小浴場，後來改建成希臘神廟，如今則是膜拜牧神潘恩（Pam）的羅馬神殿。除此之外，祭司住房旁還有個菲迪亞斯石作坊（Pheidas's Workshop），長久以來都是奧林匹亞的石工和石雕中心。菲迪亞斯是公元前五世紀的希臘雕塑家，不少重要的古希臘雕像皆出自其手筆，包括雅典衛城的女神雅典娜青銅像，以及貴賓方才在宙斯神廟瞻仰的宙斯坐像。

　　希臘人曾經在公元前三、四世紀在奧運村蓋了幾間宿舍和旅社，甚至打造了簡陋的浴場，但羅馬人一來便盡數拆除，大刀闊斧重新打造聖林、整頓奧運村，還在希臘旅社的原址上蓋了一排氣派的羅馬旅館，地板鋪著精美的馬賽克磚不說，還在克拉狄奧斯河畔建造豪華的浴場。貴賓穿越回去時，克拉狄奧斯浴場還很新，不滿八十年，狀況極佳，有壯麗的穹頂、五彩繽紛的大理石磚、蒸氣室、浴缸、公廁，此外當然少不了奧運規模的冷熱水池。

　　相較之下，舊的選手村雖經羅馬人翻修，卻依然顯得相當老舊，你穿越回去時，選手村已有將近五百年的歷史，公元前332 年由奈克索斯島的列奧尼達一世（Leonidas）下令建造，並由其親繪草圖，選手村東北角可見列奧尼達一世的雕像，整座選手村格局四方，中央為天井，原為選手下榻處，後為羅馬高

官寓所，天井則改建成富麗堂皇的大泳池，炫富意味十足。

競技場

貴賓穿過聖林東北角的拱頂門，沿著小徑直走，便會看見奧林匹亞競技場，最初於公元前六世紀修築，你眼前這座是羅馬人蓋的，位在原址南方五十碼處，依偎在科羅諾斯山麓旁，是一片長兩百碼、寬四十碼的橢圓沙地，四周是隆起的青青草地，可容納四萬五千名觀眾，眾人大半站著觀賽，但身為改造狂的羅馬人在競技場長邊加設木凳，並在跑道周圍修葺石造排水道。

競技場南邊草坡正中央有個石臺，是奧運評委的座位，北邊草坡則可見農耕女神迪米特的大理石祭壇，迪米特的女祭司是唯一獲准觀賽的女性觀眾。競技場西邊可見褪衣室，選手在此脫衣準備出賽，閒雜人等不得進入。

競技場南邊是賽馬場（Hippodrome），場地比競技場大三倍，其碎石賽道長逾八百碼、寬逾八十碼，四周是低矮的人造邊坡，賽道本身以石垣分隔，頭尾兩端設圓柱，作為每一圈的過彎和起點。賽馬場上可見皮薩（Pissa）公主希波達米婭（Hippodamia）的雕像，其父俄諾瑪俄斯為戰神阿瑞斯（Ares）之子，所用車馬武器皆為戰神所賜，故每每與求親者賽車必獲勝，然因希波達米婭對伯羅普斯一見傾心，故請馬車夫動手腳，讓伯羅普斯拔得頭籌。此外，賽馬場上可見「驚馬靈」（Taraxippos）的圓形祭壇，傳說驚馬靈會在賽馬場出沒，根據《希臘志》記載，在祭壇觀賽很有意思：「驚馬靈立於途，顯靈於圓形祭壇，眾馬見，驚恐莫名，滋擾生事，車毀人傷，是以車夫獻牲，祈求驚馬靈開恩。」

古奧運會賽程

　　古奧運會賽程於公元前486年底定，一開賽就是五天，羅馬征服希臘後延長為六天。且容敝社提醒貴賓：古奧運選手皆裸體競技，此規濫觴於公元前720年，由墨伽拉人（Megara）奧西普斯（Orsippus）首開先例，因其賽跑時兜襠布散落，故而追風逐電、領先群雄。下一屆短跑選手斯巴達人阿肯瑟斯（Acanthus）如法炮製，果然奪冠。此後裸體競賽遂從創舉成為定規，選手多以皮繩綑縛包皮和胯下，以免晃動或勃起。

　　每場賽事只要冠軍出爐，立刻舉行凱旋禮，首先由吹鼓手鳴號角，再由宣令官唱名，宣布冠軍為「希臘之最」，優勝者獲頒披帶，並當場大設私宴、手持棕櫚葉慶功。倘若在競技場，優勝者會繞場一周。正式的頒獎典禮則待所有賽事結束後一併舉行，頒發橄欖花冠給每位冠軍。

第一天
宣誓典禮

　　開幕式這天的盛事，就是「希臘人的裁判」（Hellanodikai）齊聚一堂，這群奧運評委清一色穿著紫色罩袍，相當醒目。評委除了全程主持奧運，還要負責到宙斯神廟監督宣示典禮。根據《希臘志》記載：「選手及其親人和教練誓言不作弊，裁判誓言公正不收賄。」貴賓請注意選手和裁判起誓時，腳下踩的是野豬的性器。

　　午後歡迎貴賓到柒餘響逛一逛，宣令賽（Keryx）和吹鼓賽（Salpinktes）戰況激烈，另外也歡迎貴賓到角力場和天體訓練館看選手集訓，或是到聖林南邊草坡上的民間奧運村碰碰運氣，看能不能混進奢華別墅參加豪門盛宴。

第二天
馭馬比賽

第二天先是遊行，宙斯祭司和奧運評委齊聚在迎賓館，用永恆的聖火引燃火炬，一行人接著行進至聖林各處祭壇禮神，由於多為血祭，故而蒼蠅成群。祭禮完畢，貴賓便可移步至賽馬場。

馭馬比賽是富人的競技，畢竟要從羅馬帝國各處馭馬驅車至伯羅奔尼撒半島這窮山僻壤，不僅要腰纏萬貫，還得有僕從效力。馭馬比賽分成三種，駟馬拉車、雙馬拉車、單人獨馬，其中駟馬拉車歷史最為悠久、名聲最為響亮，雙馬拉車原先規定以賤驢拉車，後來才改為馬匹。

拉車比賽分為成駒賽和幼駒賽，成駒跑十二圈、幼駒跑八圈，每次四十組比賽，賽道上挨挨擠擠，更顯得過彎處驚險刺激。單人獨馬比賽不得使用馬鐙和馬鞍，騎師隨時有翻落馬背之虞。無論最後獎落誰家，這份殊榮和榮耀都不歸車夫或騎師所有，而是由車夫和騎師的主人獨享。

貴賓請注意場上有尊「放馬儀」（Hippaphesis），此一精巧的儀器專為起跑而設計，讓外側賽道的馬匹先起跑，內側賽道的馬匹再出發，這是因為內側賽道較短，故而讓外側選手先馳得點。「放馬儀」擺放在賽道正中央，一頭是青銅老鷹，另一頭是青銅海豚，兩尊銅像捆著繩索，將馬匹拴在起跑閘門前，用以控制馬匹起跑順序。

第三天
五項全能

　　今天的重頭戲是五項全能，先比跑步，接著擲鐵餅、擲標槍、比跳躍，最後以角力作結。跑步比的是短跑，從競技場頭跑到競技場尾就是了。

　　古奧運選手擲的鐵餅最初以石造，後來改為銅鑄，最後演變成鐵製，而且賽則奇特，每位選手都要帶鐵餅，誰的鐵餅最重，就用誰的鐵餅比賽。貴賓若以為會看到選手華麗旋轉再將鐵餅奮力拋出，必定會大失所望，那是現代奧運才有的出手技術，古代是定點擲鐵餅，選手須站在平臺上或「結界」（balbis）內，投擲距離由裁判以木釘標記。貴賓要記住，古奧運會場上沒有鐵網，朝你直飛而去的鐵餅平均重達五磅。

　　擲標槍跟擲鐵餅一樣，都是比誰擲的遠。古標槍為木製槍身、金屬槍頭，大多附纏繞皮繩以便選手出力，擲出標槍即放繩，藉此讓標槍旋轉，賽程大多會奏樂，由兩名風笛手伴奏。跳躍比賽的規則較為費解，僅知選手在木板上立定跳，並甩動重物和啞鈴幫助起跳。

　　古奧運的角力分為兩種，第一種是沙地角力（Kato Pale），選手在沙坑中擒抱扭打，第二種立式角力（Orthos Pale）較為正式，選手雙足著地、擒抱對手，伺機將對方絆倒或拋摔出去。比起希臘人，羅馬人暴力許多，他們引進指節套環，讓選手出拳虎虎生風。裁判雖然以木棒維持場上秩序，但選手出招幾乎百無禁忌，僅明定不得斷人手指、挖人眼珠。

■ **注意** ▶ 五項全能可由贏得前四項者奪冠，無須再以角力一較高下。

犯規！這支花瓶彩繪著五項全能，畫面上可見選手正要挖對手的眼珠，一旁的裁判正要判該選手出局。

第四天
伯羅普斯節

　　這天是伯羅普斯節，伯羅普斯身世複雜、耐人尋味，是奧林匹亞一帶的偶像，幼時曾遭父親坦塔羅斯（Tantalus）大卸八塊、烹煮宴神，以考驗眾神是否通曉一切，眾神看穿其伎倆，令伯羅普斯死而復生，伯羅普斯長大後與皮薩國王俄諾瑪俄斯賽車，國王的車馬雖然皆由戰神所賜，但是伯羅普斯賄賂了國王的馬車夫，克敵制勝並娶回公主，但也因此遭遇不測、禍延子孫，死後葬在奧林匹亞，並於公元前六世紀末成為神祇。

是日，奧運評委和來自羅馬各省城的大使都會到宙斯聖壇獻牲，奉上烤全牛一百頭，貴賓若想大快朵頤就趁現在，待你飽餐一頓後再散步回競技場，少年奧運浩蕩展開，所有奧運項目皆由少年出戰。

第五天
賽跑與摔角

本日以賽跑展開，分成三種賽程，一是長跑（Dolichos），選手繞著競技場跑二十四圈，總長近三哩；二是短跑（Stade），沿著競技場衝刺兩百一十碼；三是雙跑（Diaulos），選手在短跑場地上折返，途中要過彎。每次比賽最多二十二位選手下場，倘若當屆選手較多，則另行舉辦預賽和決賽。跑者抵達終點時，貴賓請留意他們腳下踏著石槽，這石槽特別鑿在賽道上，以助於選手起跑。

比完賽跑之後改比摔角，首先比角力，規則與五項全能的角力類似，接著比拳擊，貴賓只消看一眼，便知古代拳擊較現代拳擊猛烈許多，難怪有選手用皮繩綑著拳頭，有的更飾以鉚釘。接著上場的是自由搏擊，除了不得咬人、不得戳眼，此外毫無忌諱，上演全武行是家常便飯，非要打到一方討饒、昏厥才罷手。

本日最後一項賽事是武裝賽跑（Hoplitodromos），原本赤條精光的選手戴上頭盔、手持圓盾，古希臘時代還得穿脛甲，但此規為羅馬人摒除，令若干人不勝唏噓。

第六天
慶典和頒獎

　　這天是奧運閉幕日，奧運冠軍列隊前往宙斯神殿獲頒橄欖花冠，民眾載道相迎，撒花的撒花，撒枝椏的撒枝椏，撒水果的撒水果，貴賓若擠不進人山人海的宙斯神殿，不妨在神殿外駐足，聆聽眾人為冠軍獻唱〈奧林匹克聖歌〉（Olympic Hymn）。

　　禮畢，奧運評委在聖林迎賓館設宴款待冠軍。想弄張邀請函去蹭飯？別白費心機了。你瞧瞧四周，人潮已漸漸散去，到河邊搭船的搭船去了，乘馬車的也上車了。諷刺作家琉善（Lucian）參加了下一屆奧運，時值公元165年，據其回憶，退場時摩肩擦踵：「奧運旋即落幕，吾曾親歷四場奧運，尤以此場為善，一時間萬頭攢動，馬車難覓，只得延遲一日返家，實非吾所願。」

　　貴賓切勿流連，趕緊邁開步伐，前往位於河濱的羅馬旅館，準備穿越回府。

莎士比亞
環球劇場開幕夜
Opening Night
at Shakespeare's Globe

時間：1599年6月11日～12日
地點：倫敦

環球劇場在泰晤士河南岸重建開幕，當代觀眾得以一窺堂奧，遙想莎翁戲劇首演的風采。但與其懷想，親歷其境豈不更好？本團帶各位貴賓穿越回環球劇場開幕夜，一同觀賞《凱撒大帝》（*Julius Caesar*）首演，在伊麗莎白時代（1558～1603）興盛蓬勃的劇場氛圍中，感受開幕當晚的亢奮與激昂、壯麗與精采，聆聽後世頻頻引用的臺詞初次從演員口中娓娓道來。

戲劇在現代雖然是了不起的藝術，但在莎翁的年代卻飽受抨擊，因其雅俗共賞，無分貴賤，消弭了伊麗莎白時代的階級壁壘，貴族平民都能上劇院，看戲不僅是消遣，更能議論朝政，宗教領袖因此對戲劇大肆批評，倫敦主管機關老是託詞關閉劇

院、不時下令禁演,但民眾對戲劇熱愛依舊,再加上威廉‧莎士比亞天才橫溢,同代劇作家克里斯多福‧馬洛(Christopher Marlowe)、班‧強生(Ben Jonson)才氣縱橫,戲劇地位大大提升,劇作家始得留名,戲劇方能與詩文平起平坐。縱使如此,瞧不起戲劇者大有人在,多虧了環球劇場等戲院,莎翁等劇作家的文字才能流芳百世、啟迪後人。

　　本團全程三十六個鐘頭,貴賓將在倫敦停留一天,在這冠居全歐的大都會細心吟味,這座城市孕育了莎士比亞,這一介少年懷著萬丈雄心來到國際之都倫敦,以其蓬勃朝氣為糧、以其風起雲湧為食,快速的社會變遷讓倫敦改頭換面,全英國幾番滄海桑田,中世紀淡出舞臺,新世界即將登場。

歷史充電站:環球劇場誕生

1598年12月28日拂曉時分,十來位壯漢身負「傢伙」,跋涉過雪地,來到肖迪奇區的戲場劇院(The Theatre)。

戲場劇院建於1576年,堪稱倫敦最古老劇院,名氣響叮噹,1594年宮務大臣劇團成立後便在此駐演,由亨斯頓勳爵(Lord Hunsdon)出資,劇團成員包括莎士比亞、悲劇主角李查‧白貝芝(Richard Burbage)、丑角威爾‧坎普(Will Kempe)、演員約翰‧何明斯(John Heminges)、奧古斯丁‧菲利普斯(Au-gustine Phillips)、湯瑪斯‧波普(Thomas Pope)。

宮務大臣劇團在戲場劇院搬演了上百齣戲,眼前卻碰上了麻煩,一來跟地主賈爾斯‧亞倫(Giles Allen)談續租談不攏,二來在黑衣修士區開劇院的計畫又遭到當地富豪反對,只得另外在泰晤士河南岸找了塊地,地點在倫敦城外,樞密院鞭長莫及,隔壁則是勁敵海軍准將劇團的玫瑰劇院(Rose Theatre),宮務大臣劇團在此簽下三十一年租約,1598年耶誕節生效,這下地皮

終於有了，但沒有劇院怎麼演？從頭蓋起又籌不出錢，因此，劇團成員想了個膽大包天的辦法：戲場劇院的土地雖歸地主所有，但建物卻是劇團的財產，何不把劇院拆了，將建材搬到新址重建？

趁著地主在埃塞克斯過節，劇團除夕又要進宮表演，拆建一事刻不容緩，地主友人雖出面制止，但哪裡敵得過這十來位壯漢？他們在工頭彼得・史崔特（Peter Street）監工下動手，至黃昏時分已將劇院骨架拆除完畢，屋梁、椽柱皆運至河邊倉庫貯存，四天後全面拆除，等環球劇場地基打好，便能以舟車將建材運過去。後來地主對劇團提告，打了兩年官司，最後敗訴。

1599 年孟春，地基接近完工，誰知春寒料峭，五月底豪雨成災，工程進度延宕，所幸一轉晴，地基即刻竣工，緊接著木工、鋸工進場，骨架搭好、外牆吊上，以交叉構架及弧形支架固定，然後開始「布局」，剛劈好的木料每天運來，或用以架桁，或用以作椽，或用以隔間，有的造成木椅，有的蓋成木梯，鐵工、畫匠、玻璃工、水管工、蓋屋匠、抹灰匠陸續加入，抹灰匠將木條抹灰貼在骨架上，營造出石造建築的錯覺，另有能手將舞臺上的木柱彩繪成大理石柱。

時序入夏，環球劇場落成在即，擇定 6 月 12 日星期六啟用，在都鐸王朝的儒略曆上，這天正好是夏至兼滿月，金星和木星高掛夜空，在在是劇院高朋滿座的吉兆，鑑於伊麗莎白時代占星盛行，環球劇場選在這黃道吉日開幕絕非偶然。

如今萬事俱備，只差新戲一齣。莎士比亞近來遷居南華克，住在克林克監獄一帶，離劇場也近，年初剛寫完《亨利五世》（Henry V），新近受希臘羅馬文化薰陶，一齣《凱撒大帝》援筆立就，總長兩千五百行，差不多句句押韻，一經樂苑長准演，戲班立刻排練，一個演員一軸卷帙，上頭只有該演員的臺詞，整個班底卯起來對戲，準備在首演日粉墨登臺。

{ 行程簡介 }

　　貴賓落地時間是1599年6月11日星期五晚上九點半，地點在今倫敦南華克郊外，落地後請往東走，大約四分之一哩後會看到一條大道，沿著大道直走會抵達倫敦橋，過了橋就是倫敦城，無論是來自歐陸的遊人，還是英國東南部莊園或村莊的客人，皆循此橋進城。

服裝・住宿・飲饌

　　伊麗莎白時代以服裝彰顯個人身分及職業，各位貴賓請打扮成中產階級。此階級地位雖不如貴族仕紳尊貴，但安享富裕功名，最初雖然白手起家，但終究出人頭地，一如莎士比亞。這樣的富人新近雅好歐風，花花綠綠、不拘一格，尤以西班牙窄袖、法國長袍、荷蘭斗篷最為流行。

　　此行天氣暖和宜人，貴賓不妨穿得薄一些，太太、小姐則有幾件內搭非穿不可，露腿、露手臂太落伍，黃花閨女倒是可以大秀乳溝。為了防止走光，太太、小姐請先裹一層亞麻布，接著套上襯裙，再穿上袖管華麗的亞麻褻服，然後套上裙撐架，接續便能穿上禮服──你瞧瞧：襞襟和荷葉邊襯得太太、小姐多麼雍容華貴！再來非圍不可的是頸巾（partlet），披肩則看貴賓喜好，最後請你套上絲襪、穿上帶釦皮革便鞋，以利步行，此外亦可斟酌配戴假髮或珠寶。由於倫敦城內臭氣沖天，貴賓請噴灑濃烈香水，例如抹香鯨的龍涎香或麝貓的麝香，並請隨身攜帶薰衣草香囊。

　　相較之下，老爺、先生輕裝簡便即可過關。最裡頭穿件亞麻襯衣，外罩緊身衣和背心，披上斗篷後更顯浮誇，下半身則以貼腿褲搭馬褲，接著穿上長筒皮靴，然後戴上氈帽，記住要挑帽圈鮮豔的款式，並簪上彩色鳥羽便完成變裝。講究的貴賓不妨考慮梳個從歐陸流行到英倫的髮型，並且把鬍子修得漂亮一點，穿越回

去便是一枚型男。

【住宿】

倫敦的客棧相當好住，貴賓的下榻處舒適寬敞，四牆以印花布面裝飾，睡的是四柱床，四面掛帳，躺的是羽絨墊、枕的是羽絨枕，枕頭包枕套，床面鋪亞麻床單及床罩，另附棉被和毯子。老爺、先生請著寢衣、戴寢帽，太太、小姐請著寬鬆眠袍，房內附燭臺及蠟燭，床邊有夜壺，運氣好的話還有解手凳——說穿了就是個方形木箱，朝上那一面挖孔，周圍鋪墊，好讓貴賓方便。敝社建議各位團員盡量在房內如廁，倫敦的公廁惡臭難聞，倘若真的內急，倫敦塔街上有公廁三間，尤以倫敦橋上那一間最大，直接瀉入泰晤士河。

【飲饌】

想大啖都鐸烤肉的貴賓可要失望了，為鼓勵人民吃魚，女王下令星期五、六禁肉，只供應香辣水煮魚，以水果及果糖入菜，佐以蔬菜沙拉，並附起司和甜點。

倫敦市集處處，供應食膳讓貴賓下肚，市集一週營業六天，早上六點開市，下午五點休市，十一點到一點午休，時價由市長大人及市政委員決定，並對攔獲的

把酒抽菸——伊麗莎白時代客棧即景畫。

攤販開罰。貴賓盤中的水煮魚或來自南北貨市集、或來自比靈斯門魚市、或來自魚兒街魚販，蔬果則或來自綠堂街市場、女王埠濱江市場或倫敦三百七十七家雜貨商，起司則來自上述市場或麵包街起司店。貴賓雖不知肉味，但觸目皆肉，想看肉走路請至史密斯菲爾德區肉市，想看肉橫屍請至齊普賽街，有的掛在鉤子上、有的串在扦子上。

　　伊麗莎白時代的倫敦沒人喝水，要喝就喝啤酒、麥芽酒、葡萄酒，釀啤酒的原料是水、大麥麥芽、啤酒花；麥芽酒不加啤酒花，賞味期只有三天；葡萄酒則有三十種牌子任貴賓挑選。

6月11日，星期五
倫敦城

　　倫敦橋上肩摩轂擊、人畜挨擠，兩側建築美輪美奐，倫敦城奇景盡收眼底。貴賓一上橋，兩座玉米磨坊首先映入眼簾，接著可見一座廢棄吊橋，橋上有塔，塔上骷髏高掛，總共十六顆，全是叛國賊，橋中央則是一座荒廢的教堂。

　　這些地標之間點綴著富商的華廈，樓高四層，有些一樓是店鋪，其中又以無雙宮最為宏偉──十足文藝復興風格，堂皇而富麗，構件先在荷蘭預製，再運至倫敦組合，兩側塔樓高豎，圓柱鍍金，雕花迴廊半懸在泰晤士河上，再往北走可見拱門迎面而來，門中有大水車，過了大水車，前方就是倫敦城門阿爾德門。

　　入城後只見通衢縱橫，窄街交錯，巷弄曲折，各式住宅混雜，有一貧如洗的陋巷，也有銅臭逼人的豪宅，陋室與豪門比鄰，一旁還有官署、商行、店家、教堂，大半都已人去樓空。此外，倫敦城裡花園處處，每走幾步便是綠地，多半都讓洗衣婦晾衣服去。

　　城裡的街道有些是柏油路、有些是石板路、有些是碎石路，貴賓上街晃晃，必定會發現街上都是年輕面孔，倫敦城民大半不滿二十歲，男的喚「某頭家」（Goodman），女的喚「某氏」（Goodwife），倘若有人喊你「美鼻」（Snout fair），表示對方覺得你相貌不錯；反之，倘若人家說你「不過是泰晤士河裡的一泡尿」，請你當成羞辱，對方顯然出言不遜。此外，貴賓請當心「禮大夫」（Courtesy men），他們專挑旅客下手，先結識後洗劫；老爺和先生則要提防「仙人跳」，慘遭美女色誘索錢，鬧得人財兩失；地陪也會來跟貴賓搭訕，好心說要帶你在城裡溜達，實則帶你蹚渾水以詐財，你可別當冤大頭，當真接受這

些地陪的「幫助」。

　　沿途攤販兜售不絕，叫賣著一籃一籃的餡餅和時令水果，另外還有賣唱的、賣藝的、說書的，說不定還會有人向你遞戲單，宣傳環球劇場開幕夜。至於碰到乞丐則難免，這些叫化子經教會允許，可於某時至某地乞討。你可能會遇見搭車遊街示眾者，這些人罪刑較輕，因品行不端而遭當眾差辱，有些則被綁在馬匹上，面朝後拖街懲戒，至於無耳者或單耳者則吃過牢飯、受過刵刑，曾經披枷帶鎖坐囚車示眾。

主教門午膳

　　午膳是這天的正餐，敝社推薦你到主教門的「蠻牛小館」或「綠龍酒吧」用膳，先淨手再點餐，店小二會奉上毛巾讓你擦手，這兒的菜色雖不似伊麗莎白時代最講究的膳食那般奢靡精緻，但也有幾道大菜，例如用紅酒焙鰻魚的「燒酒鱸鰻」（Elus Bakyn）、以葡萄酒醬烤魚的「葡萄酒肉魚仔」（Pykes in Brasey），或是醋調啤酒煮香鮭。起司則有三種——生起司、切達起司、香料軟起司。甜點也是三種——草莓塔、櫻桃塔、乳脂鬆糕，草莓塔淋薑汁肉桂紅酒醬，櫻桃塔佐肉桂薑汁黃芥末，乳脂鬆糕則以海綿蛋糕打底，最上層抹上厚厚的鮮奶油（用量約一品脫），以玫瑰露、薑汁、砂糖提味。

　　貴賓若要喝啤酒，則以三月啤酒（March Beer）為首選；你若嫌棄甜葡萄酒，可千萬別點人氣歷久不衰的雪利酒，這款琥珀酒的產地在西班牙，入口澀辣，釀造時加了糖，此外，克里特島的馬爾美希（Malmsey）、法國的蜜思嘉（Muscatel）、巴爾幹半島的羅馬尼（Rumney）甜度也很高。

　　若有團員嗜喝醇厚葡萄酒，不妨試試勃艮第產的忘八酒（Bastard），偏好淡口的貴賓可嚐嚐法國加斯科尼省產的淡紅

酒，至於白酒則以法國拉侯謝爾與德國萊茵河這兩個產地最優，餐後則不妨再點一小杯來自法蘭德斯區的白蘭地——「紅毛燒酒」（Brandewijn）。

午後娛樂與倫敦塔獵奇

貴賓酒足飯飽後可以繼續在城裡湊熱鬧，也可以找個地方活動活動筋骨。你若想試試擊劍，敝社可為你在霍爾本區的伊利大街預約擊劍課，初學者稱「弟子」，學的是細劍、長杖、闊刃劍，教練是防身術大師公會的成員。

你若偏愛打靶勝過擊劍，請從主教門往東前往打靶場，靶場四周是磚牆，牆上張靶。如果射箭更吸引你，請往北出城至芬斯伯里郊原，現場有兩百個箭靶供各路好手及新手練習。

有沒有貴賓雅好獵奇挖黑的？請參加倫敦塔導覽團！不過，請你謹記在心：倫敦塔底下的地窖和刑房可不是擺好看的，時人用得可兇了。

一進到地窖，迎面而來的二十呎大坑便是「牢坑」（The pit），犯人在伸手不見五指的坑底腐爛衰朽；惡名滿貫的「肢刑架」（Rack）將犯人的四肢往反方向拉扯，直到骨斷肢離；「立錐圜土」（The Little Ease）則是關人犯的洞窟，窄小到不容直立；導遊還會向你介紹「食腐人心血」（Scavenger's Daughter），這玩意兒殘忍至極，從多方面對犯人行刑，包括以鐵箍讓犯人頭腳相碰呈球狀、以拶子夾碎犯人手指、以枷鎖將犯人的手腳拴在一起。

夜間消遣

　　敝社安排貴賓今夜下榻在聖保羅大教堂附近的「貝爾客棧」，建物是1087年的諾曼風格，晚間六點會供應簡單的晚餐，現場有音樂伴奏，小提琴手、風笛手、民謠歌手同臺演出，氣氛迷濛，煙霧瀰漫，你若想一同吞雲吐霧，不妨買個小菸斗來抽抽。愛與人較量的貴賓，可以下一盤西洋棋或打一場保齡球，你周遭的賓客吆五喝六，有的在打牌，有的在擲骰，牌戲包括四十四張（gleek）、普里美洛牌（primero）、三十一點（one and thirty）、新裁牌（New Cut）、比王牌（trumps），骰子則幾乎都動過手腳，貴賓可別跟著下場賭錢，除非你擅長使劍，畢竟賭客愛錢又好面子，一相爭便拔劍決鬥、至死方休。

　　不論你今晚在何處消閒，記住宵禁是九點鐘，教堂鐘聲一響，街道便須淨空，巡夜人會在城內巡邏，見人便捉，確保酒家打烊、商店收市、市民奉公守法待在家中。

6月12日，星期六
南華克

　　破曉開城門，隨即便可用早飯。晨餐是麵包塗奶油配啤酒，不論黑麵包或白麵包皆可見印記，一看便知是哪位烘焙師傅的手藝，重量和售價則由倫敦市長公定。貴賓用過早膳尚有餘暇，兩個鐘頭後再到黑衣修士橋搭擺渡船到南華克即可，在此之前你不妨參觀參觀聖保羅，這座大教堂雖以華美著稱，但眼前景況卻相當淒慘，內裝因宗教改革而受到破壞，聖像、繡帷、雕塑、金飾皆遭拆毀，但建築本身依舊壯觀，哥德式大教堂的宏偉一展無遺。貴賓若行有餘力，何不登高攬勝？爬上三百層階梯，站上教堂頂端，讓倫敦美景盡收眼底。

聖保羅大教堂周遭書肆聚集，貴賓或許也想去兜轉幾圈，書攤上的書冊若不是古希臘文或拉丁文，便是義大利文、法文或英文，其中以《殉教者之書》（*Foxes Book of Martyrs, 1563*）最為暢銷，曆書、義大利香豔詩、英國戲劇（包括莎劇）賣得也很好，可惜各位團員只能看不能買。此外，聖保羅十字講壇附近也值得走過去瞧一瞧，看看福音派牧師慷慨激昂、口沫橫飛，這些激進清教徒身負傳教重任，對你耳提面命，說你的罪孽多麼深重、死後的罪罰多麼可怕。

貴賓抵達黑衣修士橋後，不用愁找不到擺渡船，河面上沒有幾千艘也有幾百艘，每艘船尾有軟座椅兩張，附頂篷遮風擋雨，船首有船夫執槳，每個都受過兩年訓練，由「八監」（The Eight Rulers）授與合格證照，搭一趟一便士。

泰晤士河上船舶密密，聲勢驚人。除了擺渡船之外，更有大型客船，每船十名船夫，另有大帆船無數，船身長，每艘附甲板船一艘。此外，數十艘大船在倫敦橋海關會所前排隊卸貨，魚群在混濁的河水裡泅泳，天鵝在泛灰的河面上悠游。

環球劇場周邊

南華克位於泰晤士河南岸，占地一哩，建築鱗次櫛比，破爛流丟的廉價公寓挨擠在萬頭攢動的街邊，裡頭住著船夫、工匠、異鄉客，這些人成天泡黑社會，與罪犯和流鶯廝混。此外，南華克有三百家客棧，大半兼營妓院，其中以「紅衣主教帽」最為出名。此地惡臭瀰漫不說，更有釀酒、製革的難聞氣味混雜其間。

今日午餐首選是馬蹄巷的「大象酒館」，一旁是環球劇場，離你下船的碼頭也近，但若想品嚐美饌就別奢望了，這裡可是南華克，你來這裡是來看戲的，下午三點準時開演，為確保你

有座位，請至少提早一個鐘頭到場。環球劇場直徑一百呎，屋頂上旌旗飄揚，入口上方刻著古訓——「寰宇皆戲」（Totus mundus agit histrionem），劇院內設座位三千三百席，劇院外門庭若市，你可一邊等候入場，一邊目睹四周客如雲集，幾位權貴或騎馬而至、或安步當車，另有穿著講究的仕紳和語笑喧譁的法律學子，後者從聖殿關和律師學院前來，與小販、學徒、勞工摩肩擦踵。

現場有人變戲法、有人拋接雜耍，看得你目眩神馳。另可見攤販兜售零嘴，包括柳丁、蘋果、堅果、薑餅、瓶裝啤酒等，癮君子只消花三便士，便能買到菸管和菸袋來消癮頭。人群中亦有扒手和娼妓出沒，貴賓請提高警覺。劇院外的排隊秩序可謂亂中無序，一路七歪八扭到門口，向收費員繳費買票。

進入劇院後，你會為裡頭之金碧輝煌所震懾，眼前無論繪畫、雕塑、掛毯、帷幄，皆可見希臘羅馬文學掌故。入內後請往左行或向右轉進入樓廊，樓廊共三層，座位為長條木椅，半面環繞寬五十呎的舞臺，貴賓若想搶到好位子，得和一千多名看戲客恐後爭先，倘若想克難觀戲，則可花一便士站在劇院中央的「池子」，此處上頭無遮蔽，腳下地勢朝舞臺斜傾，滿地菸灰、殘渣、榛果殼，你得與兩千個庶民（又稱「立池客」）擠成一團，爭睹舞臺動靜。

六月的豔陽晒得你睜不開眼，五呎高的舞臺上卻是一片陰涼，貴賓只要瞥一眼，便曉得這表演場毫無藻飾、只具功能，演員從左右兩側的門上下場，舞臺中央垂下簾幕供「揭祕場景」專用，角色在此或臥床熟睡或垂死掙扎，上頭有頂篷，兩旁以木柱支撐。

此外，除了藏在舞臺底下（戲稱「地府」）的桌椅道具，舞臺上空空如也。雖然可見活板門，但下午搬演的《凱撒大帝》用不到。舞臺上方有露臺供樂隊演奏，包括小號手、鼓手、喇

叭手、直笛手、魯特琴手。火炬和燭光就是舞臺燈光，另有後
臺團隊製造馬蹄、鳥鳴、鐘響等音效，成員包括一名簿記、一
名場控、一名木工和兩名道具人員。

　　觀眾從頭到尾充分入戲，不時以「凹嗚」表示不滿。演到
緊要關頭，樓廊客會倏然起身；演員講出扣人心弦的臺詞，立
池客便叫囂吹哨、鼓掌叫好。喧鬧歸喧鬧，這些看戲客大抵目
不轉睛而且戲品不俗，有的還帶了大筆記本，聽見深刻的臺詞
便隨手抄下。

好戲上場

　　《凱撒大帝》劇長超過兩個鐘頭，總共五幕十七景，換幕
不休息，十七景一氣呵成，出場角色共十六位，其中六位女角
由男童扮裝，男主角由李查‧白貝芝擔綱，其演技精湛，同代
無人能出其右，以演技自然見長，並以此獨領風騷。

　　此時期的演技以浮誇為主流，一來由於觀眾必須伸長脖子
才能看得見演員的表情，二來臺詞念得太小聲會被觀眾的嘈雜
聲淹沒。因此，演員各個聲若洪鐘、鏗鏘有力，念起臺詞抑揚
頓挫，演起戲來指手畫腳，共有五十九種手勢，用以表達各種
情緒和心境。整個戲班雖然都擅長脫稿演出，但今天大家都
照著腳本走，演員的服裝稱為「形」（shape），走位稱為「居」
（habitation），整場戲下來演員既要穿羅馬長袍、也要穿希臘短
袍，還要換穿披風或罩袍，碰到戰爭場景則披盔甲上陣，全由
服裝師一手打理。

　　《凱撒大帝》一開演，便有許多看點不容錯過。黎民百姓
首先上場，口出惡語譏刺凱撒妄想獨攬大權；第二景由露臺樂
隊吹奏敲打揭開序幕，迎接主要角色和羅馬公民出場；第三景
夜色降臨，情節益發錯綜複雜，刺客萬事俱備，準備動手犯下

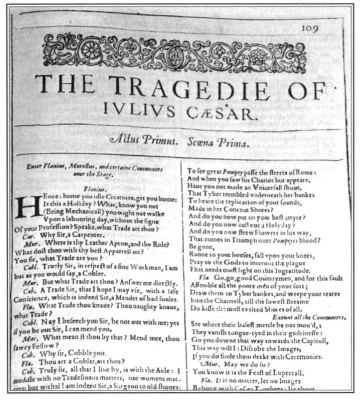

尚未付梓的《凱撒大帝》對開本。

滔天大罪，外頭狂風呼嘯、風暴雨疾——全是音效組的功勞，他們用金屬來打雷，用爆竹當閃電，將帆布繫在輪子上搖出大風，將乾掉的餡餅在錫板上搖得涮涮響，宛若雨聲。

　　這夜的風雨一直下到第四景，凱撒在風雨飄搖中思索自身命運，就這樣點點滴滴，滴到第八景，密謀者一齊將匕首刺向凱撒，刺穿該演員身上一袋又一袋的羊血，舞臺上頓時血花四濺，養子布魯圖（Brutus）補了最後一刀，凱撒眼見慘遭知己背叛，錯愕不已，吐出一句：「吾兒，亦有汝焉？」（Et tu,

Brute?）迴腸蕩氣悠悠幾世紀。

　　政變過後，輪到布魯圖和馬克‧安東尼（Mark Antony）發表著名輓辭，兩位演員登上露臺致詞，安東尼的輓辭煽惑人心，一開口便流芳百世：「諸位舊雨新知，諸位羅馬公民，諸位同胞，且聽在下一言。在下今日係來收殮凱撒屍骨，並非來稱頌緬懷其人」，這一席話說得羅馬公民對刺客恨之入骨，義憤填膺的烏合之眾四處追緝嫌犯，於是詩人奇納（Cinna）便在第十景倒了大楣，因其與凱撒反對黨成員奇納同名，故而遭暴民掄拳打死，羊血再度四濺。

　　好戲到了最後三分之一，布魯圖和同謀行刺的元老院成員卡西烏斯（Cassius）率軍臨近腓立比，準備與安東尼及屋大維（Octavius）開戰，樂隊又是擊鼓又是吹號角，後臺則傳出陣陣吶喊，以營造沙場氛圍。第十二景是腓立比戰役前夕，凱撒的陰魂現身布魯圖的營帳，一聲「爾曹，腓立比見」，令聽者毛骨悚然。道具人員為打造陰森的會面場景，讓燈光從彩色玻璃瓶後打出來，在演員身上投下曲折的光影，宛若置身在陰間。

　　最後四景節奏緊湊，包括戰場廝殺、屍橫遍野、（更多羊）血流成河。卡西烏和布魯圖眼看大勢已去，一前一後舉劍自殺，安東尼及屋大維班師奏凱，留下來收拾殘局。

　　貴賓魚貫離場之前，舞臺會宣布下一齣戲碼，戲班先下跪為伊麗莎白女王祈禱，接著起身載歌載舞，以風騷輕佻的吉格舞歡送各位團員離去。

戲終人散

　　時人散戲後常至巴黎公園散步，距離環球劇場不過咫尺。貴賓可在此買酒、看人打牌和滾木球。此外，公園裡有熊園，觀賞鬥熊在當時是廣受歡迎的消遣，喬治·史東（George Stone）、哈利·杭克斯（Harry Hunks）、哈利·譚（Harry Tame）都是有名的熊明星，貴賓只消花一便士便能站在柵欄前觀鬥，花兩便士便能坐在樓廊觀戰，只見大熊被人用鏈條牽進場綁在木樁上，接著便放出齜牙咧嘴的獵犬撲咬大熊，其中以英國獒犬最為常見，場面凶殘血腥，一鬥就是好幾個鐘頭，鬥到雙方筋疲力竭或身負重傷才肯罷休。

返航

　　薄暮忽至，街頭險象漸生，外客不宜久留，貴賓請速往西南走，離開南華克，越過農場、穿過森林、跋涉過沼澤，回到你昨日落地的郊外，由此穿越回府。

CHAPTER

3

好萊塢黃金年代
The Golden Age of Hollywood

時間：1923年5月28日～6月26日
地點：美國洛杉磯

西席・戴米爾（Cecil B. DeMille）1956年執導的《十誡》（*The Ten Commandments*）在影痴之間無人不知、無人不曉，可謂其最終代表作，但1923年版的《十誡》呢？該片亦由戴米爾掌鏡，攝於好萊塢黃金年代，砸錢手筆無人能敵，改寫了史詩鉅作的定義。本穿越團員將擔綱臨演，出飾以色列人一角，領會電影工業之鋪張奢靡及海市蜃樓，親歷在加州沙漠外拍的盛大場面，體驗在帳篷城裡飲食起居，與成千上萬劇組成員及牲口同食共寢。

為回饋報名本團的貴賓，敝社免費贈送四十八小時洛杉磯之旅，邀你探索這座新興城市的蓬勃生機。此時洛城脫離蠻荒未久，新近甫具城市雛形，初見泱泱大城氣度。

歷史充電站：《十誡》

1923年，西席‧戴米爾四十一歲，是好萊塢一線大導演，以辛辣的世態喜劇著稱，然其新片《亞當的肋骨》（Adam's Rib）既不叫好也不叫座。自從美國政府頒行禁酒令（1920-1933）以來，爵士年代的紙醉金迷便飽受道德批判，《亞當的肋骨》因此遭殃。

戴米爾自知需調整方向，藉其高曝光率在《洛杉磯時報》舉辦「全美點子王大賽」，公開徵求下一部電影主題，首獎美金一千元，儘管不保證會拍成電影，但幸運之神依舊眷顧了戴米爾。點子王冠軍是密西根的潤滑油製造商尼爾森（F. C. Nelson），其來信開頭寫道：「你超越不了十誡──十誡超越得了你。」戴米爾一看就心動了！身為虔誠基督徒，戴米爾豁然省悟──《十誡》堪稱史上最偉大的故事，就等好萊塢拍成電影，由於另有七名投稿者央求拍攝《出埃及記》，戴米爾對《十誡》的信心更加堅定。

《十誡》的劇本從1923年初開筆，由珍妮‧麥弗森（Jeanie MacPherson）操刀，她常伴戴米爾左右，不僅創意十足，更令

戴米爾靈感源源不絕。她將全劇分為兩部，第一部為前傳，講述摩西帶領以色列人逃離埃及人的奴役，並接受上帝頒布十誡。故事始自神降九災，法老腳下的國度不堪蹂躪，摩西在西奈山上領受十誡，下山責備百姓崇拜偶像。第二部則是當代家庭劇，以一對兄弟為主角──一個篤信《聖經》，另一個不信。

戴米爾為派拉蒙影業專屬導演，派拉蒙是全球規模最大、影響力最廣的電影製片廠，由於合夥人傑西‧拉斯基（Jesse L. Lasky）和阿道夫‧祖克爾（Adolph Zukor）合作無間，因此屢創佳績。拉斯基出身劇場經理，慧眼獨具，挖掘梅‧蕙絲（Mae West）等豔星，祖克爾則具有商業頭腦，兩人於1911年碰頭，拉斯基於該年起用當時是編劇兼業餘演員的戴米爾，三年後成立派拉蒙影業獨立發片，至1921年每年量產一百多部影片，在全美三百多家連鎖戲院上映。

拉斯基和祖克爾對戴米爾的提案起初興致盎然，撥了美金七十五萬的預算。過了不久，祖

克爾因顧忌拍這支片子太過燒錢而中途抽手。戴米爾臨難不屈，自行募資將電影拍完，總共向柯達公司老闆伊士曼（George Eastman）和美國銀行創辦人賈尼尼（A. P. Giannini）借了美金一百萬，全片最終斥資一百五十萬美元，戴米爾是這場豪賭的贏家，《十誡》大賣特賣，票房超過美金六百萬。

{ 行程簡介 }

　　貴賓落地時間是 1923 年 5 月 28 日星期一午餐時間，地點在洛杉磯普辛廣場，眼前是新開幕的比特摩爾大飯店，看上去相當氣派，敝社已用尊名預訂了一間套房。該飯店號稱「大方闊綽，奢華至極，稱霸芝加哥以西」，光是裝潢就足以令人目眩神搖，雜揉各色各樣的建築風格——金碧輝煌的摩爾式天花板鑲嵌著片片金葉，富麗堂皇的門廊則採西班牙巴洛克風，另有典麗喬皇的義大利枝形吊燈，並飾以仿文藝復興的壁畫和羅馬

雖然廣告單上隻字未提，但比特摩爾大飯店私設地下酒吧，相當便民。

神像。貴賓進房後，老爺、先生可換上敝社預備的亞麻西裝和棉質襯衫，另有多款領帶任君挑選；太太、小姐則可換上夏季洋裝配開襟衫，或是打褶上衣配休閒寬褲。

　　貴賓若想知道城裡消息，請翻閱眾家日報和晚報，包括老字號的《洛杉磯時報》（*Los Angeles Times*）、日新月異的《洛杉磯前鋒論壇報》（*Los Angeles Herald Examiner*）及其晚報《洛城快報》（*Los Angeles Express*），後兩者皆為報業大王赫斯特（Randolph Hearst）所有。此外，請各位貴賓擦亮眼睛，留意兩家十分活躍的西文報──《新聞報》（*La Prensa*）和《墨西哥先驅報》（*El Heraldo de México*），其發行數量與洛城的拉丁美洲人口同步增長。廣播則是洛城的新興傳媒，共有三家電臺開播：KFI（640 am）、KHJ（720 am）、KNX（1050 am）。

5 月 28 日，星期一～5 月 29 日，星期二
探索洛城

　　洛城人最常搭的交通工具有兩種，一是洛杉磯鐵路的黃色電車，二是太平洋電車的紅色街車，前者走市中心和附近景點，後者蜿蜒過整座洛城，遠至聖塔莫尼卡、長灘市、聖迦谷，敝社建議貴賓多多搭乘。這兩條輕軌在 1950 年代遭到拆除，路線全面停駛，洛城整整數十年不見軌道交通。此外，貴賓也可以在路上招共乘車＊，這是洛城的無照計程車，你可能會搭到福特 T 型車，而且只能站在車身側踏板上，因此不建議膽子小的團員嘗試。

　　貴賓落地位置在洛城市中心，正是這座新興城市最繁華熱

＊ Jitney，原意為五分鎳幣，由於當時有軌電車時常大排長龍，1914 年開始有這種靈活的新交通方式，每次搭乘只要五分鎳幣，營業車輛通常為可搭載四、五人的小型車，有時還會載站立的乘客。

鬧的所在，其中以百老匯街最好逛也最好買，過去十年來街上的影院如雨後春筍般冒出，一間比一間更大，買張票進去看戲絕不吃虧，隨便看哪一齣都好，主要就是體驗一下當時電影院的氣氛，「百萬元」、「雷亞托」、「環球」、「拱廊」、「彩寶」都是主流戲院。

碉堡丘位在洛城市中心西北角，熟悉二十一世紀洛杉磯市景的團員恐怕認不太出來，碉堡丘的今生矗立著新穎的摩天大樓，你穿越回其前世卻只見住宅林立，但許多寬綽的維多利亞別墅已改建成公寓或套房，整個碉堡丘也比起戰前增添了幾分佻達的夜生活情調。

當時的好萊塢跟今天的好萊塢一樣，幾乎沒有任何好萊塢片是在好萊塢拍攝，片場大多位於庫佛市等地。儘管如此，好萊塢依然值得一訪，就算只是去好萊塢大道看嶄新的格勞曼埃及劇院也好。貴賓若到好萊塢一遊，可至好萊塢大道和藤街交叉口眺望著名地標「好萊塢山莊」，這幾個矗立在山頂上的字原為建商廣告，「山莊」二字後來遭拆除，成為今日的「好萊塢」地標。貴賓這趟穿越回去可見其全貌，而且正在安裝燈飾，預計七月點燈。

除此之外，不妨也繞去格蘭岱爾大道1100號回音公園看看安吉利斯主教堂，這是洛城第一座巨型教會，由首位作風親民的福音傳教士艾米・森坡・麥克菲爾森（Aimee Semple McPherson）及其國際四方福音會創辦，會眾超過兩千，布道穿插方言及信仰療法，並理直氣壯要求聽眾奉獻。市中心以南雖然看點較少，但可斟酌到華茲區東107街1727號的三角地瞧一瞧，西蒙・盧地亞（Simon Rodia）剛從義大利移民來此定居，正著手打造日後洛城的地標華茲塔，這十七座尖塔以鋼筋和鐵絲拼湊，並以磁磚及玻璃瓶碎片裝飾，頗類西班牙建築大師高第的風格。

吃在洛城

　　此時洛城的美食地圖宛如沙漠綠洲，除了少數幾家高檔的大飯店和隱密的墨西哥小酒館之外，洛城的外食以湖區菜系為主，炸雞尤其多，「棕色圓禮帽」（Brown Derby）等經典餐館要過幾年才會開幕，但仍不乏好幾間別致有趣的館子，大半都開在市中心，光是「小豬吹笛子」（Pig' N' Whistle）就有好幾家分店，分別開在百老匯南街224號、452號、712號和西七街87號。最初「小豬吹笛子」只賣糖果和飲料，近來這幾間分店增設座位，菜單上也添了許多品項，貴賓不妨入內欣賞巧奪天工的木雕天花板和鬼斧神工的拼花磁磚，瞧瞧大方氣派的櫃檯滿溢著五彩繽紛的糖果，保證讓你大飽眼福。

　　貴賓若想吃點鹹的，何不試試風靡全洛城的法式沾醬三明治？雖然名為法式，但這道三明治在法國寂寂無名，廚師先將法國麵包微微烤過，然後夾上片片烤肉，最後淋上一匙烤汁或肉醬，讓麵包入口濕軟。有兩家店號稱是法式沾醬三明治創始店，一家是「寇爾斯小館」（Coles），位於主街和六街交叉口、太平洋電車大廈一樓，另一家是「菲力元祖店」（Philippe' s），最近剛遷址到艾利索街246號、聯合車站南邊。

　　你若想碰碰運氣，與賭王、石油大亨、地產鉅子同桌，不妨到西六街1310號試試「太平洋餐車」（Pacific Dining Bar）。這間位在市中心停車場的餐廳以火車廂改建，供應美味的餡餅和頂級的牛排。

　　若有團員決定跑遠一點去吃點心，可至日落大道和藤街交叉口的「木匠三明治」（Carpenter' s Sandwiches），該店外觀是座十角亭子，屋頂如寶塔，塔頂矗立著霓虹店招，是洛城第一間汽車餐館，顧客點餐、用餐都不用下車，但也歡迎入內享用，你可閒步入店花美金十五毛點一份道地漢堡，或者來一份烤豬

排、沙朗牛排、酥炸牡蠣，吃完若是口乾，歡迎至「賓漢手沖咖啡」（Ben Hur Delicious Drip Coffee）點杯飲料漱漱口，除了咖啡之外尚有多款汽水任你選擇。

你若想吃檔次更高的，請至好萊塢大道6669號，這間餐館原先叫「馮斯瓦小館」（François's），1923年重新開幕，改名「穆索法蘭克燒烤餐廳」（Musso & Frank Grill），時至今日仍是好萊塢政商名流雲集之地。服務生打著蝶形領結、身穿西裝外套，店裡燈光微暗，裝潢與擺設以深木為主，搭配紅絨沙發雅座，氣氛浪漫，常客包括好萊塢默片男星道格拉斯・費爾班克斯（Douglas Fairbanks）、義大利明星藍道夫・范倫鐵諾（Rudolph Valentino）、英國喜劇演員查理・卓別林（Charlie Chaplin），其中范倫鐵諾對各式義大利麵情有獨鍾，卓別林則多半點烤羊排佐酸豆。

另一個好萊塢新秀（例如青年華特・迪士尼〔Walt Disney〕）常出沒的地點，是盧斯費利斯大道2980號的「農夫湯姆」（Tam O' Shanter），建築由好萊塢首屈一指的藝術總監哈里・奧立佛（Harry Oliver）設計，走的是「童書風格」，宛如電影場景中的童話小屋，屋頂斜得不可思議，窗戶歪歪扭扭，入內後是仿中世紀的裝潢混搭蘇格蘭花格子呢，在這裡享用牛肋排餐搭配約克夏布丁最適合不過。

想喝酒，有門路

美國自1919年實施憲法第十八條修正案，禁止販售、飲用酒精飲料，貴賓穿越回去正值1923年，禁酒令已實行三年。在洛城，只要你曉得門路，想喝幾杯不成問題！說到對地下酒吧瞭若指掌，大概以洛城警署最為清楚，他們大都向私酒商領薪水，然而，與其找警察指點迷津，不如去幾間屢試不爽的寶

號，敝社敢擔保其酒水品質，這可是不是鬧著玩的，光是 1923
年就有好幾起私釀烈酒毒死人的案例。

　　若有團員想喝一杯，最近又最方便的要屬「金屋」（Golden
Room），設在比特摩爾大飯店內，有位隆格男爵（Baron Long）
專為住房貴賓安排時段品嚐琴酒。如果貴賓好奇隨時想來一杯
該上哪兒去？請你搭車離開市中心，到威尼斯海灘的迎風大道
向路人打聽一家「美諾帝雜貨店」（Menotti' s Grocery Store）。
你信步入店後會先走過幾箱番茄和香草，接著便會被帶到裡
間，無論白天還是黑夜，這間「私宅酒吧」（Townhouse）隨時
嗨翻天，還能品嚐加拿大進口的蘭姆酒和威士忌，皆是上上之
選。

5月30日，星期三
跟著西席・戴米爾出外景

　　貴賓領略完洛城風味，準備迎接下一段旅程：歡迎你踏入
演藝圈！請你於星期二（5月29日）晚間十一點前抵達聯合車
站，與兩千五百位臨時演員搭乘加班列車北行一百七十哩，抵
達西席・戴米爾《十誡》的拍攝場地，一旁就是瓜達盧佩沙丘，
臨近聖塔芭芭拉郡瓜達盧佩市，該市人口一千一百三十人。鑑
於搭車人朝眾多，為免爭先恐後，建議你及早候車方為上策。

戴米爾營地

　　星期三早上凌晨四點，各位團員將抵達戴米爾營地，這座
迷你帳篷城占地二十四平方哩，街道兩邊有人行道，總長四
哩，街道以派拉蒙影業高層為名，主要幹道為拉斯基大道。

　　帳篷城東邊是行政區，包括兩座食堂帳篷，其中一座附放

《十誡》改寫了好萊塢史詩鉅作的定義，電影一殺青，戴米爾便下令掩埋
片場。六十年後，這尊人面獅身像終於重見天日。

映室，戴米爾及其至交天天來此看毛片；此外，攝影師也住在
行政區，此區另有庫房和醫院，後者由外科軍醫進駐。行政區
以西有沙丘擋風，一共搭了二十四座帳篷充作服裝間和道具

房，另有一頂多功能大帳，每天早晨供片場六十五名童星上課。

帳篷城北邊是導演營帳，多虧了帳頂那面翻飛的旗幟，上頭以靛底白字拼寫著導演的名字——西席‧戴米爾，貴賓想錯過還不容易。營帳外觀宛若宮殿，頗富東方情調，營帳內鋪波斯地毯，另有多項奢華擺設，營帳外設有藍色羽扇豆花園，造價一千七百美金，另聘請五十六名特助和家僕供導演差遣。

一班工匠和雜役穿梭在你和其餘臨演之間，片場修繕全靠他們，包括五百個木匠、四百名畫匠、三百八十個裝潢工、三百八十名造景師，另有一班電工負責營地照明，他們有一臺可攜式發電設備，瓦特數夠大，足以照亮十座馬戲團帳篷，拍夜戲打光則用探照燈和弧光燈，此外共有數十名電話工程師維護七十五哩長的電纜和電線，拍攝進度則由《影音新聞》（*Movietone News*）、《電影新聞》（*Motion Picture News*）等圈內記者撰文報導，內容鉅細靡遺。為了替這批人力效勞，劇組僱了一百三十二輛卡車往返於營地和瓜達盧佩市之間，負責載送物資、垃圾、換洗衣物，每天開銷美金四萬元。

此外，在營地撞見形形色色的動物是家常便飯，包括駱駝兩百頭，牛、馬、羊、騾、犬、雞、鴨、鵝、珠雞各數十隻，另有一群奶牛提供整座帳篷城牛乳，就養在營地北邊低地的圍欄裡，圍欄旁邊搭了二十二座帳篷，裡頭住著牧民和馴獸師。

《十誡》的片場由法國藝術家保羅‧伊希比（Paul Iribe）設計，以五萬五千呎的木材打造，塗層用掉三百五十噸的石膏，並以兩萬五千磅的鐵釘固定，5 月 21 日用貨櫃車運抵片場，眾人在現場組裝出拉美西斯二世神殿，主門高一○九呎、寬七百五十呎，兩旁的拉美西斯二世巨像高三十五呎，中心是金屬骨幹，外層是黏土和石膏，正牆上可見浮雕，雕的是戰馬拉戰車，主門前是一條康莊大道，夾道兩旁是二十五呎高的人面獅身像，以混凝土灌製，每尊大約重四公噸。

住宿・飲食・娛樂

貴賓此行住帳篷，總共有一千多座營帳，搭設得宛若軍營，駐紮於拉斯基大道兩側，你住的那條「街」尾立著牌子，牌子上有你的大名和確切「住址」。戴米爾大智大慧、超凡入聖，竟然決定男女分宿，結伴同行的貴賓只得拆夥，戴米爾會派貼身警衛奉公執法，男營、女營都查，熱心取締私通、賭博、私釀（縱使是在好萊塢，禁酒令依然風風火火），只要觸犯這三項大忌，立刻會被逐出營地。貴賓若想偷帶烈酒或異性混入營帳，敝社勸你還是作罷。

每頂帳篷都有電燈一盞、行軍床兩張、長凳一把、臉盆架兩副、臉盆兩個、水桶一個、抽屜櫃一套。此外，營地有淋浴間五十四間——男士三十間，女士二十四間，你和其他臨演每天拍完戲都灰頭土臉、滿身泥濘，大家都搶著要淋浴，貴賓若要沖澡，必須忍受大排長龍。

營地有兩座食堂帳篷，男女分食，每座帳篷可容納一千五百人，二十四小時供餐，伙食平淡歸平淡，分量絕對充足，由九十七個火頭軍烹煮。貴賓若要出外景，則可領一份餐盒，包括一份三明治和一顆蘋果（或柳丁），三明治每天用貨車載來，一載就是七千五百份，這外燴生意規模之大，光是將午餐袋扭結就僱了三名人力。

戴米爾為提防演員閒來生事，在營地布置了各項娛樂，包括電影、爵士樂、歌舞雜耍、馬戲表演，林林總總，每週還有拳擊比賽可以看。貴賓若是拳擊迷，可望一睹精采對決，由1924年蠅量級奧運金牌得主斐代爾・拉巴爾巴（Fidel LaBarba）出戰布萊恩・摩爾（Brian Moore），獎品是二十美元金幣。布萊恩的弟弟派特・摩爾（Pat Moore）是劇組演員，飾演拉美西斯二世的兒子。拉巴爾巴風度翩翩，儘管實力占上風，卻讓布

萊恩取勝。

　　各位團員作為臨演，每天可領美金十元，你得在片場禁酒禁欲三週，有戲拍時勞心勞力，一場戲接著另一場戲，每一幕、每一景都是煎熬，沒戲拍時無聊透頂，還得忍受恐怖的天候，有時濃霧漫天蓋地、從太平洋滾滾而來，有時寒風砭骨，風速六十哩，揚起滿天黃雲，片場為沙塵暴籠罩，此番愁苦既無酒可消、又無小情小愛點綴，豈是區區美金十元酬勞所能平撫？但敝社得替咱們大導演說句話——戴米爾並未隱瞞實情，直指眼前種種艱苦：「你會懷念安逸舒適的家，咬牙撐過影史上最難受的外景。」

　　一個星期後，如果貴賓受夠了片場種種惡劣環境，可於 6 月 8 日午夜提前返航，請從拉美西斯二世神殿入口穿越回府。

拍片現場。右邊是西席‧戴米爾，左邊的查爾斯‧德羅希（Charles de Roche）飾演法老，中間是飾演法老兒子的派特‧摩爾，片場另有六十五名童星。

然而，選擇提前退團便形同放棄入鏡，與影史上最難忘的幾個鏡頭擦身而過。

<u>開拍啦！</u>
<u>5月31日～6月8日</u>

　　戴米爾身穿法蘭絨襯衫、飛行外套、卡其長褲，搭配招牌及膝長靴（戴米爾向來怕蛇而且腳踝不好），以鐵腕作風統轄片場，個性強悍霸道，不容瑕疵，眼睛又尖，一點細微末節都不放過，為了拍出想要的畫面，戴米爾使出渾身解數——或用拳頭強逼，或用軟語哀求，或是花言巧語，或是甜言蜜語，軟硬兼施要求演員全力以赴。幸虧拍片是燒錢事業，臨演的鏡頭數不勝數，片場天氣又變化莫測，各位團員無須每一鏡都律己甚嚴，但千萬別脫線演出，導演一雙眼睛銳利如鷹，會用望遠鏡視察所有演員，只要瞄到誰舉止失態，包括偷笑、傻笑、嚼口香糖，二話不說、當眾破口大罵。為了用最少鏡頭數捕捉到最佳畫面，戴米爾一場戲出動七臺攝影機，每臺美金四千元，名導左右兩邊各一臺，一臺拍特寫、一臺拍長鏡，另僱用唐納‧比多‧基斯（Donald Biddle Keyes）和愛德華‧柯蒂斯（Edward Curtis）擔任攝影助理，尤金‧李齊（Eugene Richee）擔任劇照師，並派心腹庫倫‧塔特（Cullen Tate，綽號黑吉〔Hezi〕）擔任副導，負責在其他場景補拍鏡頭，全片畫面攝製則交由四位攝影指導，包括伯特‧格蘭能（Bert Glannon）、佩弗瑞爾‧馬利（J. Peverell Marley）、阿爾奇‧史陶特（Archie Stout）、弗萊德‧維斯特博格（Fred Westerberg），同在片場的還有雷伊‧賴納哈（Ray Rennaha），負責操控特藝公司提供的彩色攝影機，該機種採用減色法彩色攝影，拍出來的畫面略微偏紅。

摩西（西奧多・羅伯茲飾）開路！導演堅持所有演員都要放感情。

演員陣容

　　主角摩西由六十二歲的西奧多・羅伯茲（Theodore Roberts）出演，他是戴米爾出品電影的固定班底，兩人合作過二十三部電影，他手持長杖，留著一頭花白的頭髮，蓄著一把及腰的白髯，這扮相顯得摩西威儀赫赫、神情莊嚴、真情流露。法國演員查爾斯・德羅希（Charles de Roche）飾演法老拉美西斯二世，眼神空靈，喜怒不形於色，茱莉亞・費耶（Julia Faye）飾演王后，艾思黛・泰勒（Estelle Taylor）飾演摩西的大姊米利暗（Miriam）。

客串臨演

　　電影開拍數天後，貴賓會發覺片場多了兩百五十位正統派猶太人，他們來自加州正統猶太教區，由拉比艾隆・馬可維茲（Aaron Markovitz）找來入鏡，有些是新移民、有些是年長者。

他們一露臉，場面立刻逼真了起來，光看其外形，活脫是從舊約時代走出來的。根據駐地記者描述，這批猶太人「年事已高，步履蹣跚，身體羸弱，披頭散髮，蓄著一把德高望重的鬍子，家當綁在身上，或用報紙捆著、或用老舊提箱裝著，你偎著我、我依著你。」

他們拍片首日便掀起軒然大波，說什麼也不肯吃餐盒裡的三明治，自然免不了要大吵一陣，最後戴米爾設了清規（kosher）廚房，專門為他們備膳。

燈光，攝影，開拍！

凌晨四點半，號角聲在睡夢中響起。貴賓請下床走到街尾，閱讀布告欄上的拍攝細節，接著到食堂帳篷排隊領早餐。食畢，戴米爾的助理會來幫臨演分組，一組稱為「一連」或「一排」，分組完後便可換裝，換裝前有個詭異的例行公事──由於《十誡》的場景理應在北非沙漠，你看上去須得溽暑難耐、汗流浹背，為了創造這樣的妝感，你得脫到赤條精光，讓人先用五百加侖的甘油桶為你噴上甘油，再從頭到腳為你塗油以打造古銅肌和晒傷妝。

變身完畢，請你至充作服裝間和化妝室的帳篷，此處由克萊兒・魏斯特（Claire West）和霍華德・格里爾（Howard Greer）坐鎮，掌管十六哩的衣料、三公噸的皮革（作為戰車馬具用）、兩公噸滑石粉（演員敷粉用，拉美西斯二世及其親信各個白得像鬼）、兩百磅安全別針（用於固定服裝），男團員若年紀輕則纏腰布，體格好則遮重點部位，年紀大則著長袍，女團員大半穿罩袍入鏡，越上鏡的布料越少。團員中有的穿涼鞋、有的打赤腳，每場戲之間會發毯子，以免你著涼。

號角聲再次響起，本日拍攝起跑，請貴賓乘坐乾草車至外

景地點。不同於其他導演依分鏡腳本拍攝，戴米爾將依劇本順序一場一場拍下去，不是每一場群眾戲你都得入鏡，但只要是大場面的戲，所有臨演差不多都必須上陣。

以色列人出埃及

貴賓第一場重頭戲是出埃及記，飾演以色列人從拉美西斯二世神殿出逃，導演會安排你和族人擠在主門外，並在一百呎外的沙丘豎起二十呎高的小城門，以此劃出外景範圍。戴米爾一鳴槍，雨果・里森費爾德（Hugo Riesenfeld）的小號配樂一下，你與其餘臨演便如潮水般湧出神殿，人人表情驚恐、眼神迷茫，手裡拽著少少的家當，一旁或有驢子、駱駝、牛隻做馱獸，或遭馱獸擋住去路，另有成群的綿羊和山羊為東逃西竄的場面添亂。

下一景是穿越沙漠，一路上勁風撲打、黃沙漫天，你拖著沉重的腳步跋涉而行，定能體會當年以色列人逃離法老暴政的心境。現場的正統派猶太人更是心有戚戚，情不自禁以希伯來文高歌〈仁慈的聖父〉（Father of Mercy）和〈以色列啊，你要聽！耶和華我們神是獨一的主〉（Hear O Israel the Lord our God, the Lord is One），唱得深情款款，唱出滿腹辛酸，聽得戴米爾淚流滿面。

戰車開出，萬馬奔騰！

這場萬馬奔騰戲雖然沒有貴賓的戲分，但敝社建議你占個好位子，整齣劇就屬這場戲最為驚險刺激且極富戲劇張力。在場所有騎士都是精兵，不是來自陸軍十一師裝甲騎兵團，就是來自陸軍七六野戰炮兵團第二營，在中尉東尼・麥考利夫

燈光，攝影，開拍！這一景就是流傳千古的萬馬奔騰戲。

（Tony McAuliffe）的率領下衝鋒陷陣、銳不可當，造成五十六
人輕傷、四人重傷，坐騎皆為黑色駿馬，斥資五萬美元從堪薩
斯市運來，由騎師史徒茲曼（A. F. Stultzman）發號施令，下戲
後馬匹大多傷痕累累、皮開肉綻，跛腳的跛腳、負傷的負傷，
建議動物保護人士還是眼不見為淨。

　　馭車夫身穿金袍、頭戴金盔，盔頂簪五彩鳥羽，在神殿外
整裝待發，由於片場擁擠，兩百五十部戰車一向外駛，場面立
刻陷入混亂，戰馬受鞭騰蹄、驚惶竄逃，紛紛將馭車夫摔下戰
車。在這陣騷動中，三十名來自棕櫚閣管弦樂團的樂師安若泰
山，有的身穿燕尾服、有的穿著晚宴服，由魯道夫・柏林尼
（Rudolph Berliner）指揮，在鏡頭外的樂苑演奏軍樂，無視眼前
戰馬亂竄，只管專心看譜奏樂，最後馬駒衝進樂苑、踢壞樂器，
造成數名樂師掛彩。

　　紊亂過後，下一場戲恢復秩序，戰車列隊在沙漠上追風逐
電，法老的兩批黝黑寶馬（美金一萬元飛了）領在前頭，追趕
逃跑的以色列人，那景象真是精采萬分！然而，接著卻碰上了
麻煩——面對前方連綿不絕的高聳沙丘，幾位馭車夫說什麼也

不肯駕車前行。戴米爾向來臉皮厚、點子多，便把芳齡十五的
女兒希希莉雅（Cecilia）叫來，希希莉雅騎術精湛，駕馬下坡
易如反掌，把幾名馭車夫羞得面紅耳赤，一邊嘟噥一邊接下導
演交派的任務。

摩西分紅海

　　為了拍攝這場大戲，貴賓請至海豹灘集合，片場距離海岸
大約四十呎，沿岸立著柱子和鐵網，闢出通道讓你和其他臨演
通過。現場氣氛緊張，戴米爾擔心場景穿幫，非得趕在正午開
拍不可，否則太陽一西斜，柱子和鐵網的影子映在沙灘上，整
個畫面就毀了。

　　上午十一點四十五分，劇組人員各就各位，棕櫚閣管弦樂
團演奏德佛札克《新世界交響曲》第二樂章〈念故鄉〉，藉此
醞釀出濃濃的鄉愁，銅管樂隊不顧海沙作對，兀自吹奏著哀婉
的旋律，這時戴米爾站上高臺，馬上察覺這沙灘太乾淨，紅海
的海床哪有這麼整潔？隨著時間分分秒秒流逝，導演一雙眼睛
死命往海邊搜索，一見海面上浮著成堆的海藻，立刻跳下高
臺，呼喚眾人往海裡衝，身先士卒打撈出滿懷的海藻扔在沙灘
上，數百位臨演立刻有樣學樣。不到十分鐘，沙灘變成了海床。
正午十二點整，戴米爾吹哨，你和大批臨演跑過通道，及時拍
完這場大戲。

　　傍晚時分，你和飾演以色列人的臨演瑟縮在海濱，摩西站
在岩石上，信誓旦旦保證法老的大軍會被紅海吞沒，你假裝看
著戰車駛近，演出酸甜苦辣的表情——先是一臉狐疑，接著從
猜忌轉為畏怯，再從畏怯轉為欽佩、激動、安心。在要開拍之
際，落在太平洋上的夕陽為烏雲籠罩，眼看就要拍不成，但
緊接著雲開見日，宛如奇蹟。眾人看到這神奇的一刻，都露

出戴米爾夢寐以求的表情。猶太作家兼臨演麗塔・凱欣（Rita Kissin）回憶：「人人倒抽了一口涼氣，夕陽餘暉映照著男男女女的臉龐，滿是皺紋的臉頰垂下了清淚兩行，嘶啞的喉嚨發出了嗚咽。這一刻，時光彷彿倒流三千年。」

請貴賓注意：法老大軍、紅海分道、大海滅軍，這些都是特效組變的戲法，由羅伊・龐默羅伊（Roy Pomeroy）領軍，在洛杉磯進行後製，先在兩大塊明膠上刻出海浪，將明膠擺在大桌上，大桌從中間劈開，於裂痕處裝設煤氣噴嘴，接著轉動把手讓桌子分開，同時點燃煤氣，明膠慢慢融化，宛若洶湧的海壁，畫面拍出來便如同紅海分道，倒帶播放則如同海水匯流。

摩西下西奈山

摩西領受「十誡」下西奈山，你和一干臨演既要表現得誠惶誠恐，同時又要引領企盼，準備聆聽摩西講道。導演登高俯瞰，對各位的演技不敢領教。對導演來說，這一幕如此扣人心弦，非得全心全意投入感情。這老狐狸老奸巨猾，立刻喊「卡」，趁中場休息找心腹「黑吉」商討對策。五分鐘後，導演廣播道：片場有演員猝死，妻兒九人頓失依靠，請全場靜默片刻後再繼續拍攝。

這招果真奏效，所有臨演一聽，大吃一驚，當場愣住，畢恭畢敬聆聽摩西訓斥。原來摩西上山去找上帝，四十天沒下山，以色列人害怕，便造了金牛犢來拜。摩西責備大夥崇拜偶像，當眾怒碎法版，眾人一臉懼色，接著閃電一劈，金牛犢裂成兩半，臨演全都嚇得直打哆嗦、抱頭鼠竄，演出導演想要的驚慌失措。

你上鏡頭了！報名本團的團員可加購「重返洛杉磯套票」，參加《十誡》的電影首映會。

6月26日，星期二
返航

　　貴賓拍完這幾場群眾大戲，請於6月26日上午搭乘火車返回洛杉磯，雖然筋疲力竭，卻是春風滿面。抵達聯合車站請與嚮導碰頭穿越回府。

　　貴賓想觀賞電影拍出來的成果嗎？想看看自己上鏡頭的模樣嗎？此乃人之常情。你穿越回現代後，雖然只要上網或租DVD便能如願以償；可是，如果能在好萊塢的格勞曼埃及劇院觀賞首映，眼見名人會集、人氣爆棚，親身感受觀眾的熱情與激動，如此豈不更好？為此，敝社推出「重返洛杉磯套票」，貴賓不妨花點小錢加購，落地時間是1923年12月4日星期二，邀你體驗洛杉磯的夜晚，觀賞自己的身影出現在大銀幕上，因參與了改寫影史的偉大作品而沾光。

咆勃爵士樂誕生
The Birth of Bebop

時間：1942年2月15日～16日
地點：紐約哈林區

二戰期間，爵士樂經歷翻天覆地的變化，從而誕生出全新曲風——咆勃爵士樂，雖是藍調曲式，但是節奏輕快、離經叛道，其樂手也瀟灑，其聲勢也崇高，左右了爵士樂、非裔美國文化、流行音樂，在文學上影響了凱魯亞克（Kerouac）「垮掉的一代」，在藝術上啟迪了抽象表現主義，在戲劇上啟蒙了倫尼·布魯斯（Lenny Bruce）、莫特·索爾（Mort Sahl）等單口相聲先驅以及「法國新浪潮」的新銳導演，在時尚界則影響了影星和摩斯族的穿衣文化。本團全程四十八個鐘頭，敝社特別為貴賓安排搖滾區，讓你在咆勃爵士樂聖地體驗紐約繁華的夜生活，到世界一流的薩沃依舞廳跳舞跳到掛，在爵士擂臺欣賞初生之犢和搖擺年代巨星同臺飆樂，互相探問爵士樂的底線、尋求爵士樂的新詮，在這樣的新舊對話中，咆勃爵士樂應運而生。本團帶你見證老幹新枝萌綠芽，既欣賞大樂隊圓熟老練的震撼表演，也體驗新樂團耳目一新的即興演出。

歷史充電站：咆勃爵士樂革命

本行程之所以超絕群倫，在於後世多半不知咆勃爵士樂的起源。1942年7月31日，美國音樂家協會因版稅紛爭發動罷工，當年想在音樂界混口飯吃必須加入該協會，協會成員於罷工期間不得替唱片公司灌製音樂，無論是進錄音室、上廣播、現場演奏，一律不准，直到1944年11月才解禁，不久二戰結束，查理・帕克（Charlie Parker）、「迪吉」葛拉斯彼（Dizzy Gillespie）等爵士樂手推出新曲風，觀眾一聽——簡直聞所未聞，樂式卻又臻於完善，彷彿橫空出世一般，爵士樂的新派與舊派就此決裂，從而抹去咆勃爵士樂的根源。因此，此行是千載能逢的大好機會，帶你重返大樂隊與新樂團同街演出的爵士年代。

貴賓將蒞臨紐約三大爵士聖地，全都位在紐約爵士樂手輻輳的哈林區。

【薩沃依舞廳】

薩沃依舞廳1926年開幕，占據一四〇街和萊諾克斯大道五百九十六號交叉口，時人戲稱「翩翩國度」，不僅在紐約是爵士聖地，在世界各地也領先群倫，各家流行舞步皆起源於此，而後流衍全美、廣及歐陸。薩沃依舞廳由莫・蓋爾（Moe Gale）出資創辦、查爾斯・布坎南（Charles Buchanan）經營，營運費每年美金五十萬元，每年客人上門進帳美金一百萬元。此外，薩沃依舞廳會舉辦「尬樂」（或稱「殊死戰」），由舞廳的大樂隊迎戰外來樂團，比賽看誰技高一籌。

1930年代的當家樂班是奇克・韋伯管弦樂隊（Chick Webb Orchestra），由鼓手奇克・韋伯領班，他是整支樂隊的靈魂人物，帶領樂隊錄製首張永恆經典《舞動薩沃依》（Stompin' at the Savoy），其樂手各個樂技無雙，主唱為正值荳蔻年華的艾拉・費茲潔拉（Ella Fitzgerald），該樂隊1937年技壓「搖擺樂之王」班尼・古德曼（Benny Goodman）的樂班，隔年又大敗貝西伯爵（Count Basie）的樂團。可惜奇克・韋伯罹患脊椎結核，身材矮小、英年早逝，1939年辭世，得年三十。

貴賓落地時間為1942年，其時當家樂班為「吉星」米蘭德管弦樂隊（Luck Millinder

Orchestra），樂風搖擺十足，帶有節奏藍調的味道，節拍分明，支支動聽。

【明頓俱樂部】

在紐約想觀賞爵士樂手即興演奏，第一個想到的就是明頓俱樂部，位於塞西爾酒店一樓的餐廳，酒店樓高五層，風格典雅，在西一一八街，靠近第七大道，俱樂部為亨利‧明頓（Henry Minton）所有。明頓是次中音薩克斯風手，也是美國音樂家協會首位黑人代表，曾經營節拍酒吧，邀請爵士樂之父路易‧阿姆斯壯（Louis Armstrong）、爵士鋼琴巨匠「胖子」華勒（Fats Waller）駐店演奏，後來隨著樂風轉趨即興，節拍酒吧吹熄燈號，另外開設明頓俱樂部，僱用前樂團領班泰迪‧希爾（Teddy Hill）擔任經理。

泰迪‧希爾廣納新秀、籌組當家樂班，其中最為人津津樂道者，莫過於他起用「大炮」鼓手肯尼‧克拉克（Kenny Clarke），此人綽號「鏜鏜咚」（Klook-

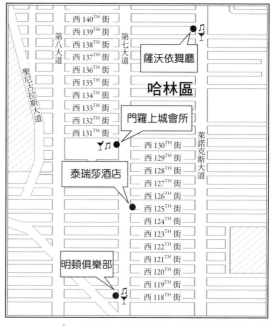

mop），無論大鼓、小鼓都打在反拍上，讓前團員頗有怨言。克拉克重新定義鼓手的角色，讓鼓手不再只是樂團的節拍器，反而能跳出來與獨奏者互動，從而為咆勃爵士樂定了基調。隨後，克拉克找來喜怒無常的鋼琴天才瑟隆尼斯‧孟克（Thelonious Monk），其演奏技法特立獨行，入團不久便創作出〈午夜時分〉（Round Midnight）、〈親愛的露比〉（Ruby My Dear）等爵士樂名曲。然而，班尼‧古德曼、貝西伯爵、柯曼‧霍金斯（Coleman Hawkins）、「總統」李斯特‧楊

（Lester "Prez" Young）等搖擺樂大師之所以落腳明頓俱樂部，還是看在爵士吉他手查理·克里斯汀（Charlie Christian）的份上。同代吉他手中，就屬查理·克里斯汀最早慧，起初在貝西伯爵及古德曼的樂團中演出，初試啼聲便一鳴驚人，讓眾人看見原來吉他還能這麼彈，其開創的技法是搖滾樂的先聲，可惜這位標新立異的爵士樂手罹患肺結核，1941年住院，不多時便病逝。

【門羅上城會所】

　　門羅上城聚會所又稱「海賊窩」，爵士樂手收工後都來此即興彈奏，會址在西一三四街一百九十八號地下一樓，裡頭燈光昏暗，看起來雖然像個地窖，但已經算挺像樣了，畢竟這間會所江湖味濃厚，現任老闆克拉克·門羅（Clarke Monroe）是爵士樂迷，前手巴隆·威爾金斯（Barron Wilkins）遭皮條客查爾斯頓（Charleston）槍殺，克拉克·門羅因此繼承了這間會所。

────{ 行程簡介 }────

　　貴賓落地時間是1942年2月15日星期天下午三點四十五分，地點在一二五街和第七大道轉角，周圍是人山人海的哈林區居民，他們剛剛做完禮拜，各個盛裝打扮、爭奇鬥妍，在回家的路上互相寒暄，貴賓不妨至第七大道欣賞這場「禮拜日炫富行」。第七大道是哈林區最寬綽的大道，橫跨二十三個路口，人稱「黑百老匯」或「黑人大道」，本團景點大抵位於此，不然就是在不遠的萊諾克斯大道上，與第七大道平行，長度差不多相當，共橫跨二十一個路口，名聲也一樣響亮，哈林文藝復興運動作家藍斯頓·休斯（Langston Hughes）稱其為「哈林區的心跳」，啟發他寫下詩作〈午夜名街〉（Midnight On The Legendary Street）。

　　有鑑於全美施行種族隔離，敝社為了確保你全程盡興、打破黑白藩籬，讓你不因膚色遭人找碴，此行你將化身法國貴

族，跋山涉水逃出納粹歐洲、落腳紐約。你的英文堪用但不算流利，對爵士樂熱愛無比。

爵士樂手自 1925 年起風靡法國，當年「黑珍珠」約瑟芬‧貝克（Josephine Baker）以精湛的歌舞才藝在巴黎掀起旋風，此後法國人對爵士樂手推崇備至，不僅稱其為大藝術家，最重要的是對其一視同仁，黑人爵士樂手在花都受到庇護長達數十載。由於爵士樂圈子很小，彼此又互相照應，貴賓在紐約同樣會受到熱情款待。此外，作為歐洲貴族，你大可縱情享受紐約夜生活，不會留下任何紀錄（詳見「貴賓專案」）。

2月15日，星期日

貴賓落地後，正前方便是哈林區最高檔的飯店——泰瑞莎酒店，外觀純白，高聳入天，帶有哥德式建築的細節，占地包括整個街區，經理是沃特‧史考特（Walter Scott），此處政商名流雲集，演藝名人時常出沒，搭個電梯也能撞見爵士樂大師艾靈頓公爵（Duke Ellington）。此外，每週付八美元便能在此長住，房客包括爵士樂大師納京高（Nat King Cole）、樂團團長吉米‧蘭斯佛（Jimmie Lunceford）、流行天團「墨水痕」（The Ink Spots）。

貴賓請直走前往酒店大門，沿途計程車、豪華轎車一輛接著一輛，載來一批又一批的賓客，大多來自底特律或芝加哥，各個提著象徵身分地位的高爾夫球具，穿著最新的炫富行頭——騎馬裝。飯店大門一推開，映入眼簾的是寬敞的門廳和通亮的大廳，牆上貼著綠色花紋的米白色壁紙，閃閃發亮的鏡廊盡頭是飯店櫃檯，接待你的是艾洛絲‧史考特（Eloise Scott）——蜜色肌膚、身材苗條，後頭坐著大學畢業生瑪蒂‧吉恩（Mattye Jean），正忙著操作交換器，櫃檯旁則有三架公共

電話，一旁就是電梯。

　　各位團員將在此住兩晚，房間位在飯店一樓，走廊兩邊的牆上貼著白底黑紋磚，經過時香氣撲鼻，錯不了——正是大麻，俗稱老鼠尾巴、麻仔、草仔、茶，爵士樂手照三餐「開飯」，甚至創作分支類型「毒蛇樂」（Viper Music）來讚頌這種神通廣大的藥草，經典名曲包括〈來根麻仔〉（Gimme a Reefer）、〈呼麻漢子〉（Reefer Man）、〈緝麻犬之歌〉（Reefer Hound Blues）、《貨來了，爽啊》（*The Stuff is Here and It's Mellow*）。貴賓就算沒在泰瑞莎酒店聞到麻菸，也會在明頓俱樂部和門羅上城會所看見有人呼麻，敝社建議你別自個兒弄幾根來抽，很危險，倒不如到俱樂部外頭晃一晃，或是從廚房後門繞出去看一看，老奸巨猾的「飯友」所在多有，只要你手腕高明，抽上幾口不是問題。

　　貴賓進入舒適的房間後，會發現豪華的雙人床旁邊有一本凱伯・卡洛威（Cab Calloway）編纂的《爵士字典》（*A Hepster's Dictionary*）。卡洛威是經驗老到的樂隊領班，成名曲是〈乞兒米妮〉（Minnie the Moocher），他蒐羅了兩百條爵士樂術語收入《爵士字典》，全是圈內人常用的黑話，你不妨花幾分鐘學幾個實用單詞，說不定旅途中能派上用場，例如「很屁」（hip）意指「見多識廣」，「爆頭」（blow their wigs）表示「滿臉興奮」，「小鈔」（dime note）指的是「十元鈔票」，「早暝」（early black）意思是「晚間」，「好餐」（fine dinner）意指「漂亮女人」，「降帆了」（slide your jib）是「打開天窗說亮話」。

　　打開衣櫥，你會看見三套衣服。老爺和先生今晚請穿禮服、打領帶，太太和小姐請戴上白色手套、換上鑲滿亮片的晚宴服。明早的打扮則較為保守，男士身穿深藍色西服，女士穿著素面洋裝，入夜後要欣賞爵士樂，請老爺、先生換上「阻特服」（zoot suit）亮相，上身是條紋西裝——大墊肩、大翻領，下身是寬管褲，褲管打褶；太太、小姐換穿圖案鮮豔的上衣，

「菜鳥」初試啼聲，一飛沖天。查理‧帕克（最右邊）與傑‧麥克湘的樂團同臺飆樂。

下身搭配鉛筆裙。紐約的二月天寒地凍，敝社為男團員備妥了風衣，替女團員準備長到拖地的（假）貂皮。

　　各位貴賓請於下午四點半準時扭開房內的廣播，敝社已事先為你轉到當地電臺，即將播放十五分鐘薩沃依舞廳舉辦的「尬樂」，本週日下午的挑戰者是傑‧麥克湘（Jay McShann）帶領的樂班，來自堪薩斯市，樂風激越搖擺，由二十一歲的查理‧帕克（Charlie Parker）擔任薩克斯風手。查理‧帕克綽號「菜鳥」或「鳥仔」，這是他第二度踏上紐約，上回初訪雖然有人欣賞但卻沒人打賞，「鳥仔」只能借住朋友家、到酒館洗盤子打零工，這回來訪雖然仍舊寂寂無名，但接下來的廣播卻讓他一曲成名。

　　傑‧麥克湘樂團總共演奏五首曲目，「鳥仔」在〈山的子民〉（Cherokee）擔綱獨奏，短短六十四小節的樂譜，難度極高，和弦複雜，「鳥仔」的即興演奏驚豔四座，每段樂句都不照原本的節拍及和弦進程，而是靜候佳機讓音符流瀉而出，節奏雖快但亂中有序，聽得全紐約都豎起了耳朵，從曼哈頓到布魯克

林再到布朗克斯，甚至傳到紐約市之外。「鳥仔」的廣播處女秀吸引了大批爵士樂迷到薩沃依舞廳朝聖，欣賞「鳥仔」的現場演出，各位貴賓當然不容錯過。

舞動薩沃依

各位團員整裝完畢後請從泰瑞莎酒店出發，走過幾條街來到薩沃依舞廳，門口已可見人龍，八點以前入場費是六十美分，八點以後是八十五美分。入內後是寬敞的大廳，裝潢虛華而奢靡，看得你瞠目結舌，還以為置身皇宮而非舞廳。頭頂是一盞偌大的雕花玻璃吊燈，眼前是弧形的大理石樓梯。簽到處十分寬綽，可以吊放大衣。休息室牆面貼鏡、地上鋪地毯，貴賓不妨在此「歪一歪」（這裡的人不時興說「休息」）。上了樓梯便來到舞廳，這裡占地兩百八十坪，可容納四千人，空間寬闊無比，其中一邊是舞池，另一邊則設有茶几和小沙發，貴賓可以在此歇歇腿、點杯便宜的啤酒，一邊啜飲一邊看人跳舞。

舞池裡千頭攢動，男女老少、三教九流都有。薩沃依舞廳名氣響亮，就算瞥見明星也不稀奇，據傳好萊塢影星克拉克・蓋博（Clark Gable）和葛麗泰・嘉寶（Greta Garbo）皆曾在此出沒。此外，場邊還有十來位彪形大漢巡邏，這些西裝筆挺的壯漢是圍事，有些是退役拳擊手，有些是籃球員，每晚來這裡賺一百美元，聽憑傑克・拉魯（Jack La Rue）指揮，悄悄將鬧事份子強壓出場。除了圍事之外，舞廳裡還有女給，又喚「咖啡歐蕾妹」，大多出身曼哈頓北部糖山區富裕黑人家庭，男團員可別跟這些女給走得太近，「咖啡歐蕾妹」跟客人過從甚密會被舞廳炒魷魚。不過，倘若你肯花二十五美分買券，便可邀一名女給共舞良宵。

舞池的地面鋪著楓木地板，韌性夠、彈性佳，因為上蠟而

閃閃發亮，又有五顏六色的燈飾點綴，看上去賞心悅目。主舞
池稱「賽道」，長兩百五十呎、寬五十呎，可容納上千位舞者
熱舞，舞步不出吉魯巴、扭腰舞、駱駝步、擺臀舞、查爾斯登
飛翔舞等爵士舞步。放眼望去，賽道上泰半是非裔美籍青年男
女，一個個扭腰擺臀、勁歌熱舞，使出渾身解數惹人注目，令
薩沃依的常客麥爾坎・利托（Malcolm Little）念念不忘。麥爾
坎・利托是當地毒梟，專營大麻，代號「底特律紅毛」，後來
改名麥爾坎・X，成為民運人士，據其回憶：「黑妞打扮時髦，
身穿絲綢洋裝，梳著各式髮型，小伙子身穿阻特服、頂著怪頭，
一個比一個瞎趴。」貴賓若嫌爵士舞太狂野，想斯斯文文跳支
舞，舞池裡有一區專門留給經典舞步愛好者，例如探戈、狐步
等，並稱舞王為「天菜」（The Sheik）。

　　薩沃伊的尬舞戰況激烈，想脫穎而出的舞棍都聚集在樂池
右側的「貓角」（Cat's Corner），十呎見方的場地聚集了圍觀的
賓客，有些甚至打賭誰會尬贏，贏家得以獲邀加入「四百俱樂
部」（400 Club），白天樂班排練時，俱樂部成員便可來此編舞，
舞王唯有推陳出新才能屹立不搖，否則別想霸占寶座。貴賓除
非技癢難耐，否則切勿踏入「貓角」。

　　赫伯・懷特（Herbert White）領軍的薩沃伊林迪舞團是「貓
角」的另一個看點。「林迪舞」（Lindy Hop）起源自 1927 年，該
年美國飛行員查爾斯・林白（Charles Lindbergh）創下單人飛
越大西洋的紀錄，「林迪舞」便以其綽號「林迪好彩頭」（Lucky
Lindy）命名，以茲紀念。薩沃伊的林迪舞團是職業舞群，曩
昔由赫伯・懷特出任經紀人，如今依舊聽其指揮。赫伯・懷
特綽號「麥克」，從拳擊場退役後先在薩沃伊擔任圍事，後於
1938 年負責林迪舞團，不僅挖掘新秀，更為舞團爭取在《跳乎
伊勇》（*Hellzapoppin'*, 1942）等電影中出鏡的機會，貴賓要在人
群中認出他很容易，瞧瞧一綹招牌白髮垂在黑髮之間的那位就

林迪舞團在薩沃依的貓角勁歌熱舞。

是了，其手下得意舞者包括法蘭基‧曼寧（Frankie Manning），
綽號「大塊頭」，自創獨門舞步，讓身體與地板呈現大斜角，
彷彿在起跑線前等待鳴槍的跑者，蹲得低低的，準備騰躍而
起；另一位知名舞者是二十歲出頭的艾爾‧明斯（Al Minns），
綽號「瘋腿」，跳起舞來腳步快到令人發瘋；此外還有諾瑪‧
米勒（Norma Miller），曾於多項舞蹈比賽奪冠，樂此不疲。

　　舞池裡熱舞不歇的動力，來自樂隊熱力四射的演奏。傑‧
麥克湘的樂班率先登場，高深莫測的孟克也來旁觀，「迪吉」
葛拉斯彼則提著小號盒現身，頭戴貝雷帽，蓄著山羊鬍，鼻梁
上架著角框眼鏡，與其他爵士樂手聚攏在舞臺邊，爭睹「鳥仔」
初試啼聲。「鳥仔」戴著墨鏡，身穿皺巴巴的寒酸西裝，在樂
團中不甚起眼，表演到〈掌聲響起〉（Clap Hands Here Comes
Charlie）和〈山的子民〉這兩支曲目時，「鳥仔」十指飛快，吹
奏出一連串感情飽滿的音符，讓樂曲更加搖擺，將演出推上新
的顛峰。

傑·麥克湘樂班將場子炒熱後，輪到當家樂班「吉星」米蘭德管弦樂隊登場，由克萊德·哈特（Clyde Hart）彈琴，全團實力不容小覷，但仍不敵傑·麥克湘強軍壓境。尬樂一展開，傑·麥克湘的樂隊立刻橫掃全場。幾週後，「迪吉」葛拉斯彼加入薩沃依的當家樂班，他因為在臺上過於賣弄搶戲，遭前樂隊領班凱伯·卡洛威開除。

消夜場

貴賓在薩沃依欣賞完表演，不妨到布德瑞克餐酒館解解饞，地點在一二五街和第七大道路口，一旁是鼎鼎大名的阿波羅劇院，餐酒館的牛排頗具水準，而且買一送一，廣受爵士樂手歡迎。此外，男爵俱樂部走精緻奢華路線，位於萊諾克斯大道四三七號，靠近一三二街，由賴瑞·史蒂爾（Larry Steele）主持全場，中間穿插幾位搞笑新秀的段子，另有唱功一流的艾索·華特絲（Ethel Waters）駐唱獻聲。若有團員偏好樸實小館，請到第七大道的丹瓦利墨西哥餐館，位在一三九街和一四〇街之間，爵士樂手不時會來此即興演奏。

再者，泰瑞莎酒店也是不錯的選擇，酒店裡越夜越熱鬧，敝社建議你先至餐廳享用消夜，再到酒吧喝點小酒。酒吧開到凌晨兩點，經理是約翰·湯瑪斯（John Thomas），底下有七名男酒保，清一色穿著白色長衫，貴賓只要花個七十五美分，便可點一杯威士忌啜飲。現場除了深夜的酒客、闊綽的大爺、紐約的商人，更有幾個絕世美人在此流連，有些來拉客，有些來釣金龜婿，另有零零星星幾位歐洲貴族。酒吧打烊後，貴賓若想回房就寢，建議你往大廳走，順道尋些樂子，巧遇幾名「吉星」米蘭德管弦樂隊的團員，他們也下榻在泰瑞莎酒店。

伍德賽德旅館的裝潢雖然庸俗，卻也是見證爵士時代的好去處。貴賓出了薩沃依舞廳後請沿著萊諾克斯大道走，到一四一街左轉直行，旅館就在第七大道的路口。根據房客回憶，伍德賽德旅館裡鶯鶯燕燕、罪犯成群，老闆樂福·B·伍德斯（Love B. Woods）是貧民窟包租公，名下

的廉價旅館和破爛公寓遍布哈林區，本人則住在伍德賽德旅館裡，房客包括皮條客、賭客、娼妓、風騷阿姨，爵士樂的圈內人也在此出入，貝西伯爵每次來紐約必至此下榻，1939年的名曲〈躍動伍德賽德〉（Jumpin' at The Woodside）便是在該旅館裡譜寫，傑・麥克湘的樂團也是伍德賽德的常客，貴賓進入旅館後請至地下室餐廳欣賞爵士樂手練團。

貴賓專案：白鸛夜總會

　　想去瞧瞧紐約最高級的夜總會？本團團員只要付加購價，便可光臨東五十三街三號的白鸛夜總會，1929年開幕，店東薛爾曼・畢林斯禮（Sherman Billingsley）原為私酒商，夜總會一開張便吸引眾多大咖上門，包括查理・卓別林、平・克勞斯貝（Bing Crosby）、法蘭克・辛納屈（Frank Sinatra）等演藝名人，海明威（Hemingway）等文壇巨擘，另有重量級拳擊手喬・路易斯（Joe Louis），他1937年至1949年蟬聯世界冠軍，加上金融鉅子和各界大老，以及偶爾光臨的皇室貴族，美東的上流社會便全員到齊。

　　貴賓步出薩沃依舞廳後，請搭乘敝社為你安排的豪華轎車前往白鸛夜總會，該店從上午十一點營業至凌晨四點，入口處面街，看起來一點也不起眼，不過就是尋常人家的門扉，窄窄的遮篷延伸到人行道上方，唯獨那條十四克拉的純金鎖鏈透露出裡頭的不凡。貴賓切莫擔心無法入內，那個戴禮帽的門衛正在恭迎你的到來，進門後請你拿出規矩，若是太忘情可是會被店東轟走，縱使名氣再大也無法倖免，好萊塢巨星亨佛萊・鮑嘉（Humphrey Bogart）就曾被店東的原則害得斯文掃地。

　　白鸛夜總會擁有多樣空間，滿足貴賓各項娛樂需求。偏好

熱帶風情的團員可至島嶼酒吧，想搭訕人喝酒請移步大廳酒吧，飯廳四面則是大片落地窗，貴賓可一邊用餐一邊欣賞樂團表演，餐後則可跳舞助消化。巢穴廳地方雖小但氣氛融洽，沒伴者可上樓光顧獨行廳，一旁的壽宴廳則專辦外燴宴席。逛了這麼一大圈，貴賓想來也有些食慾，請前往飯廳進膳，享用多道美式法國料理，包括巴爾的摩嫩菲力，以菲力佐蘑菇、洋蔥、牛腰花、燉番茄，另有德比燉野雞、紐約皇家乳鴿、佛羅里達鴨胸條，飯後則可享用法式起司和醇郁甜品。

　　貴賓或許想點紅酒來佐餐，但都到白鸛夜總會了，不嚐嚐雞尾酒就太傻了，這裡的調酒冠居紐約，酒保尤利烏斯・柯爾薩尼（Julius Corsani）會幫你搖一杯「尤利烏斯特調」（Julius Special），以君度橙酒搭配牙買加蘭姆酒，並以萊姆提味；你也可以點一杯「白鸛酷樂」（Stork Club Cooler），基酒是琴酒，加上糖和半顆柳橙汁，搖一搖，濾渣，倒出來加冰塊上桌。其餘特調包括「葛蘿莉亞史璜生香檳調酒」（Champagne Cocktail Gloria Swanson），以乾口香檳為底，搭配干邑白蘭地和檸檬皮；「亞歷山大大帝」（Alexander the Great）混合伏特加、可可香甜酒、咖啡香甜酒、鮮奶油，再搖到酒變冷為止；「白雪公主」（Snow White）用金馥香甜酒加伏特加和柳橙汁；「百萬富翁」（Millionaire Cocktail）以黑刺李琴酒打底，加上杏桃白蘭地和牙買加蘭姆酒，再摻一點紅石榴糖漿增色。

　　午夜時分，女團員請挪步至飯廳參加週日夜典。第十二聲鐘響剛敲過，數不清的氣球便從天而降，宛如跨年夜一般熱鬧。每顆氣球都有一張抽獎券，只有女賓可以開懷摸獎，也許抽中手鍊、也許抽中汽車，至少有三顆氣球裡藏著美金一百元。

　　夜總會兩點打烊，豪華轎車已在門口恭迎，載你回泰瑞莎酒店熄燈安寢。

2月16日，星期一

貴賓昨晚就寢得晚，今早不妨睡個懶覺，倘若硬要排行程，不妨到熟悉的曼哈頓地標逛一逛，像是時代廣場、第五大道、中央公園等，再到洛克菲勒中心六十五樓的「彩虹燒烤」吃午餐，眺望紐約中城的市景，俯瞰洛克菲勒中心的戶外溜冰場。「彩虹燒烤」1934年開幕，菜單以法式料理為主，水準高、價位也高，貴賓若想嘗嘗親民的美式料理，請參閱菜單上「冷餐」和「燒烤」這兩個欄目。

貴賓倘若提不起勁步出哈林區，「威爾的雞棚」也是午餐的好去處，除了享用讓人一口接一口的鬆餅和炸雞，說不定還能巧遇常來此用餐的爵士樂手，例如琴聲細膩的泰迪‧威爾森（Teddy Wilson）便喜歡下午來此練琴，他與聲勢高漲的爵士女伶比莉‧哈樂黛（Billie Holiday）隸屬同個樂團，今日或許一時興起，獨奏幾曲讓貴賓一飽耳福。

各位團員吃過午飯後，請抽空到第七大道走一走，激進派的講者在街角鼓吹革命，傳教士在街頭傳播福音，形形色色的行人為了日常瑣事在街上奔忙，另有兩間書店特別值得一逛，一間是布萊登書局，一間是全國書局，前者的店主是威利斯‧哈金斯博士（Willis Huggins），後者則由路易‧H‧米肖（Lewis H. Michaux）經營，兩者皆以銷售非裔美國文學、歷史和政治思想書籍聞名，庫藏無人能敵。

明頓群星會

逛完第七大道，貴賓請回泰瑞莎酒店換裝，以一襲爵士風華前往塞西爾酒店，從門口藏青色的遮篷底下走進去拾級而上，一樓便是明頓俱樂部，入內後往左看，長長的酒吧檯前坐

著呼風喚雨的政客、身無分文的舞者、妄想出頭的地痞，還有
一干摩拳擦掌的爵士樂手坐在酒吧凳上，既巴望能上臺代班，
又擔心自己表現不佳、下臺後面子掛不住。坐鎮在吧檯的是酒
保赫曼・普里查德（Herman Pritchard），一杯啤酒收費二十五
美分，一小杯醇美威士忌要價三十五美分。俱樂部入口右側是
衣帽間，由一名美豔女侍為你保管大衣和「帽仔」（lid），往前
走穿過旋轉門便是音樂廳，左側可見離地十二吋高的小樂池，
小樂池前方是小舞池，最裡頭一扇對開門進去便是廚房。俱樂
部裡頭有十來張桌子，鋪著白色桌巾、擺著玻璃瓶花，貴賓請
挑一桌入座，享用明頓俱樂部的可口家常菜──炸雞、豬腳、
烤肋排、玉米粥、黑眼豆、熱比司吉。

　　今夜是群星會，由阿波羅劇院經理鮑比・席夫曼（Bobby
Schiffman）資助。劇院週一公休，明頓俱樂部廣邀進駐樂團出
席，免費招待酒水和小食，既有得吃又有得喝，加上明頓俱樂
部名氣響亮，樂手欣然上門。晚上十點，爵士擂臺開打，俱樂
部裡人山人海，臺上可見鼓手肯尼・克拉克、歡欣的次中音薩
克斯風手唐・拜亞斯（Don Byas）、十九歲的鋼琴浪蕩子巴德・

瑟隆尼斯・孟克、豪沃・麥吉（Howard Mcghee）、洛伊・艾德瑞吉（Roy
Eldridge）、泰迪・希爾在明頓俱樂部外頭合影。

波威爾（Bud Powell），巴德是幫鋼琴天才孟克代班，但孟克也會現身彈奏幾曲。過了一會兒，更多爵士名家齊聚一堂，包括「鳥仔」、「迪吉」葛拉斯彼、比莉‧哈樂黛、薩克斯風手柯曼‧霍金斯、小號手「熱唇」佩吉（Hot Lips Page）、薩克斯風手班‧韋伯斯特（Ben Webster）和李斯特‧楊等，樂池裡一度擠滿了十五位樂手，各個皆非泛泛之輩，沒有幾把刷子的菜鳥一下子就會被刷下來，其他樂手只要加快節奏、竄改和弦、改用冷門調號，就把菜鳥樂手甩在後頭，連個車尾燈都看不到。撇開少數出師不利的負傷新手，樂池裡和樂融融，但薩克斯風手李斯特‧楊和班‧韋伯斯特一尬樂，現場氣氛立刻火爆起來，酒保赫曼‧普里查德形容這場薩克斯風天王的對決是「群狗大戰」，兩位樂手擦出的火花讓各自的演奏相得益彰，臺上英雄惜英雄，臺下觀眾如痴如醉、拍案叫絕，欣賞〈靈與肉〉（Body and Soul）、〈節奏上身〉（I Got Rhythm）、〈月兒高高〉（How High The Moon）、〈巴黎春曉〉（April in Paris）、〈找樂子〉（Get Happy）等爵士標準曲。「迪吉」葛拉斯彼說得好：「週一夜，狂歡夜」，堪稱明頓群星會的絕佳註腳。

門羅尬樂秀

　　貴賓大可在明頓俱樂部待到凌晨四點打烊，但「鳥仔」、「迪吉」葛拉斯彼等爵士樂新秀將於凌晨兩點左右離場，前往門羅上城會所即興演奏，想跟去的團員請做好心理準備，門羅可不像明頓那麼賞心悅目，只是一間位在地下室的平價酒吧，吧臺破爛，廚房狹窄，舞臺勉強稱得上是舞臺，酒吧的調性與老闆的氣質一致，既前衛又冷酷。老闆克拉克‧門羅以行騙維生，認識一堆毒梟和毒蟲，閒來無事便轉賣贓物，包括銀器、珠寶、皮草、手錶，每天午夜則來門羅巡店，聽聽音樂、做做

生意，外表迷人帥氣，身材高大魁梧，古銅色的肌膚，筆直的頭髮，花稍的西裝，光亮的皮鞋，女人莫不投懷送抱，保證你一眼就能認出他來。

　　像這樣一間骯髒的跳蚤窩，竟然會有如此強大的魔力，靠的全是店裡的爵士樂演奏。「鳥仔」一行人在明頓俱樂部熱身完畢，便帶著滿腦子的想法來與駐店樂班同臺尬樂，門羅的樂班由歐庭內（Al Tineey）彈琴，「大力水手」拉司・吉隆（Russ "Popeye" Gillon）吹小號，次中音薩克斯風手由維特・考森（Victor Coulson）擔綱，貝斯手是以便以謝・保羅（Ebenezer Paul），鼓手是麥克斯・羅區（Max Roach），現年十八歲，將爵士鼓打出新境界。兩派人馬多方嘗試，即興演奏數個鐘頭，抄起幾段旋律隨手變奏，節拍忽快忽慢，節奏時強時弱，和弦似有若無，將同樣的旋律翻出不同的花樣，就在雙方你來我往之間，誕生出如假包換的咆勃爵士樂，每個音符都航向未來，每個小節都推陳出新，將爵士樂推上新的層次。

　　門羅上城會所營業到早上七點，貴賓蹣跚步出店外，在餘音縈繞中走入晨光，請你步行至萊諾克斯大道和一六一街交叉口，到「賽門・朱卜餐館」享用早餐，這裡聚集了哈林區的拉美民族，不僅可以喝到香濃的黑咖啡，還可以品嘗到甜甜鹹鹹的古巴酥派，外層是酥皮，內餡是奶油起司、芭樂、鳳梨、椰子，或是番茄牛肉佐葡萄乾和綠橄欖。店裡播放著節奏分明的樂曲，令人情不自禁想跟隨節拍點首頓足。店內一角還擺了一套康加鼓，隨時隨地都有人在拍打演奏。

返航

　　貴賓在「賽門・朱卜餐館」享用完早餐，請返回泰瑞莎酒店，從你下榻的住房穿越回府。

5

披頭四發跡
The Beatles in Hamburg

時間：1960年～1962年
地點：德國漢堡

1969年，披頭四在倫敦西北區艾比路錄音室旁的斑馬線拍攝專輯封面，此後每年都有五十萬樂迷從世界各地蜂擁至這條平凡的斑馬線朝聖，許多樂迷年紀尚輕，根本沒見識過當年的「四頭熱」（Fab Four），倘若能跟發跡前的披頭四廝混，豈不是更有意思？本團帶你尾隨最初成軍的「五頭熱」（Fab Five），看他們在漢堡經歷一場又一場的表演洗禮，從青澀的節拍樂團（beat group）蛻變成職業的搖滾天團，從而帶動往後的「披頭熱」（Beatlemania），致使團員名利雙收、永垂不朽。本行程包括三趟穿越之旅，分別標記披頭四在漢堡的成名軌跡。各位貴賓將回到1960年、1961年、1962年，目睹披頭四在三個週末和三個地點的三場表演。

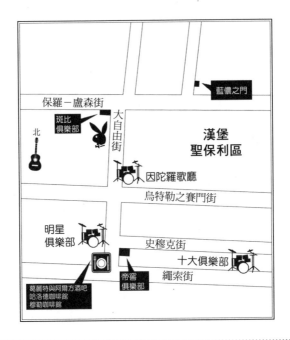

保羅－盧森街

斑比俱樂部

北

大自由街

漢堡聖保利區

藍儂之門

因陀羅歌廳

烏特勒之賽門街

明星俱樂部

史穆克街

十大俱樂部

繩索街

帝窖俱樂部

葛麗特與阿爾方酒吧
哈洛德咖啡館
穆勒咖啡館

歷史充電站：聖保利區

　　本團行程安排反映披頭四當年在漢堡的經歷，三趟行程的零花、衣著、景點、停留時間，皆取決於披頭四當時的習性和生活方式，帶你記錄巨星成名之路的迴環轉折。

　　此行大半時間都待在德國漢堡中部的聖保利區，這裡不僅犯罪頻仍，更是聲名狼藉的紅燈區，住戶多為工人，附近就是碼頭。披頭四爆紅後，聖保利區成為小有名氣的旅遊景點，但在 1960 年代初期則因暴力頻傳加上犯案不斷，漢堡居民避之唯恐不及，流鶯、皮條客、賤民來來去去，情趣商店、牛肉場、酒吧、妓院滿街林立，漢堡黑幫在此流連忘返，各路好漢莫不因此前來，此外也是水手上岸找樂子的好去處。這些流動人口血氣方剛，逞凶鬥狠時有所聞，兇殺案件屢見不鮮，正是這樣的青春熱血造就了日後的披頭四。

｛首穿之旅｝

1960年8月8日星期一，帝窖俱樂部（Kaiserkeller）老闆布魯諾‧柯希米德（Bruno Koschmider）從漢堡到倫敦挖掘新秀。布魯諾短小精悍，原是馬戲團成員，後來成為夜店老闆，近來開了一家因陀羅歌廳（Indra Cabaret），打算在一週內找到一支五人樂團來店駐唱。披頭四的經紀人亞倫‧威廉斯（Allan Williams）好說歹說，布魯諾終於簽約，答應讓披頭四從8月17日起至10月16日止，除了週一公休之外，每晚在因陀羅歌廳駐唱演出。

約翰‧藍儂（John Lennon）、保羅‧麥卡尼（Paul Mccartney）、喬治‧哈里遜（George Harrison）、史都特‧沙克里夫（Stuart Sutcliffe）、彼特‧貝斯特（Pete Best）匆匆忙忙辦了護照，從而展開三十六個鐘頭的舟車勞頓。五名團員都是第一次出國，彼特‧貝斯特直到最後一分鐘才答應加入，成為披頭四成軍十三週以來第四任鼓手。為了省錢，經紀人威廉斯開著奧斯汀J4小巴，先把團員從利物浦載到倫敦初瞥首都，再往東北開到哈維奇，讓團員搭夜船渡海至荷蘭角，接著轉乘長途巴士穿越德國內陸，於8月17日週三凌晨抵達漢堡，當晚便在因陀羅歌廳登臺演出。

1960年8月26日
星期五

貴賓的落地時間是披頭四首演九天後傍晚五點，地點是專門播放A片的斑比劇院（Bambi Kino），下午場的愛情動作片已經播了一個鐘頭，銀幕後方的斗室裡住著睡眼惺忪的披頭四，

皮衣造型的披頭四，阿斯特麗德‧科爾什赫攝影。從左至右分別是彼特‧貝斯特、喬治‧哈里遜、約翰‧藍儂、保羅‧麥卡尼、史都特‧沙克里夫。

準備從側門走出來。

　　各位團員或許想留在座位上欣賞電影高潮，但敝社建議你提早離場，趁外頭天色還亮，在聖保利區逛一逛，此時安全相對無虞，離開前不妨看一看洗手間，說不定你注定在此邂逅披頭四，他們夜夜在此盥洗、沐浴、刮鬍，打理完畢再登臺演出。斑比劇院外就是大自由街，你到街上走幾步便會發現對面就是六十四號的因陀羅歌廳──緋紅的門面，印度象的店招，柵門入口上裝飾著吉他和薩克斯風。

　　老爺、先生此行請模仿披頭四打扮成「男阿飛」（Teddy Boy），梳上油頭，戴上墨鏡，穿上黑色襯衫，披上翻領外套，套上黑色窄管褲，穿上鱷魚皮鞋；太太、小姐請穿著奶油色洋裝或點點洋裝，裙襬落在膝上，再搭配短襪和平底鞋。每位團員會拿到三十馬克的零花，相當於披頭四每晚駐唱的薪水，這點酬勞相當微薄，還不如苦力的工酬，因此貴賓請省吃儉用，但這談何容易？街上多的是想騙光你銅板的騙子。此時的披頭四在漢堡居無定所，各位團員也只有流浪街頭的份，但既然你

將和披頭四一齊通宵達旦，訂了房間又有何用？

　　披頭四此行大半在大自由街上度過，各位團員自然得當跟屁蟲，只見街上高樓和矮房並立，形成鮮明對比。高樓年代久遠，有些還留有二戰的炮痕；矮房則相當簡陋，裡頭開設酒吧、速食店、性愛俱樂部，身軀龐大的店員在店門口巡邏，吆喝客人上門光顧，裡頭的服務生清一色都是金剛芭比，身穿比基尼，街道盡頭則隱約可見冒牌的巴黎鐵塔，整體風格頗似西大荒或淘金熱時期的美西小鎮。貴賓請沿著狹窄的圓石街道前行，經過「X棚脫衣舞俱樂部」（Studio X）時留意一下，隔壁那間店面十分氣派的就是帝窖俱樂部，披頭四此行尾聲將轉往此地駐唱，最後以不歡而散收場。

　　大自由街走到底，請各位貴賓左轉繩索街，這裡是聖保利區的主街，繁華熱鬧不說，更添了幾分大都會的風華，街上的店家與大自由街雖無二致，但裝潢就是氣派、消費就是高檔，但貴賓可別犯傻，店裡頭粗鄙低俗依舊，這裡霓虹燈稱霸整夜，將街道閃爍成一場聲色嘉年華。

　　若有貴賓巴不得見識聖保利區之齷齪下流，請從繩索街轉入通往碼頭的大衛街，直行至第三個路口後右轉赫伯街，映入眼簾的是一條汙穢的陋巷，阻街女郎從窗口探出身來討價還價。

搖滾一整夜

　　貴賓請在晚上八點前回到因陀羅歌廳，店裡空間狹窄，最裡頭有座小舞臺，布景是一片厚重的紅色帷幕，褪色褪得厲害，舞臺前擺了幾張桌子，觀眾三教九流都有，有脫衣舞孃、有阻街女郎、有變裝皇后，聖保利區的夜店盛行男扮女裝，因陀羅歌廳也不例外，此外臺下還坐著零零星星的水手和稀稀疏疏的「搖滾咖」，這些小搖滾樂迷可是鼓足了勇氣，才敢在入

夜後到大自由街聽披頭四演唱，敝社建議你盡量挨著這些小樂
迷入座，因為店裡隨時會開打，尤其店員多半是前納粹軍人，
滿腹積怨無處發洩，找到藉口就打架鬧事。根據喬治‧哈里遜
回憶：「店員身上都有催淚槍、警棍、手指虎。」貴賓若想點
飲料，敝社建議你點最便宜的瓶裝啤酒，至於荷蘭杜松子酒和
仿香檳氣泡酒則碰都別碰，那標價高到簡直坑死人。

今夜披頭四會出場四次，每次一個鐘頭，包括以下四個時
段：八點半至九點半、十點至十一點、十一點半至十二點半、
凌晨一點至兩點，唱滿四個鐘頭已經是披頭四的極限，再下去
就沒歌唱了，今夜貴賓將一飽耳福，欣賞披頭四翻唱卡爾‧帕
金斯（Carl Perkins）、貓王（Elvis）、傑納‧樊尚（Gene Vincent）
的專輯歌曲，以及〈夏日時光〉（Summertime）、〈彩虹之上〉
（Somewhere Over the Rainbow）、〈月光〉（Moonglow）等爵士標
準曲，外加搖滾樂先驅查克‧貝里（Chuck Berry）、「胖子」多
明諾（Fats Domino）的經典流行歌曲，並加碼影子樂團（The
Shadow）的〈阿帕契〉（Apache）、雷‧查爾斯（Ray Charles）
R&B神曲〈我不是說了嗎〉（What'd I Say）等排行榜金曲，其
中〈我不是說了嗎〉更是披頭四獨創的十五分鐘加長版。

此時披頭四的唱功青澀生硬，翻唱起來顛三倒四，偏偏臺
下聽眾聽得高興，頻頻傳酒上臺，對表演水平毫無助益。麥卡
尼彈節奏吉他彈不順手，史都特最近才剛學貝斯，彼特打鼓打
得零零落落，連拍子都抓不準，其他團員只好用力跺腳幫他數
拍子，彼特則奮力踢大鼓作為回應，砰、砰、砰、砰，吵到屋
頂差一點掀開，住在歌廳樓上的老婦受不了，不得已只好向經
理威廉‧林本薩（Wilhelm Limpensel）客訴。儘管瑕疵不少，
但不得不佩服這支男孩團體魅力四射且爆發力十足，聽得人渾
身雞皮疙瘩，他們的桀驁不馴也叫人印象深刻，跟初代的龐克
搖滾樂團有得拚，又是打嗝又是吐口水，不僅出言不遜而且出

口成髒，藍儂尤其喜歡拿希特勒奚落底下的德國觀眾。

　　九點四十五分，店內播放廣播。十五分鐘後，店員開始巡店，專挑那稚氣未脫的檢查證件。依據德國法律規定，晚上十點後未滿十八歲者不得出入夜店，違法者立刻被攆出店外，但似乎沒人發現喬治‧哈里遜才十七歲，算是種種不幸中的大幸。

<u>搖滾過後</u>

　　因陀羅歌廳凌晨三點打烊，貴賓自然覺得不過癮，想去繩索街逛逛「啤酒屋」、「曼波舞」、「去流浪」、「大口喝」等夜店。不！准！去！這些店都實施「新制」，帳單上的品項都要「額

約翰‧藍儂的《搖滾》專輯封面，1960年攝於德國漢堡。貴賓將從這條甬道口穿越回府。

外收費」，開銷必定高過預期，各位團員絕對付不起，最後只能挨一頓拳打腳踢。

　　喝酒雖然喝不成，但喝咖啡總可以。貴賓請前往大自由街十五號的哈洛德咖啡館，披頭四下工後最愛來這裡點瓶啤酒配漢堡、薯條、熱狗，經濟又實惠。貴賓請挑一張沙發椅就座，欣賞一下樸實的木桌，披頭四不久便會上門，點那千篇一律的玉米片配牛奶當早餐，可見他們手頭之拮据、品味之缺乏。

返航

　　早上八點鐘，披頭四拖著蹣跚的步伐，準備躺回斑比劇院那稱不上是床的床上補眠。他們一起身，返航時間就到了。請你沿著大自由街走到保羅－盧森街轉角，接著從保羅－盧森街的第二個路口左轉沃威街，沿著沃威街直行幾百公尺後可見一個巷口，巷子通往一座天井，天井四周是廉價公寓，此處便是各位團員的返航點。約翰・藍儂數週後在此進行拍攝，照片上的他漫不經心斜倚在巷口，十五年後登上其《搖滾》（Rock 'n' Roll）專輯封面，裡頭收錄多首披頭四在漢堡夜復一夜的表演曲目。

｛二穿之旅｝

　　1960 年 10 月 4 日，由於披頭四吵得住戶不得安寧，因此提前結束在因陀羅歌廳的表演，在布魯諾的安排下轉至帝窖俱樂部駐唱，情況從此急轉直下。披頭四和布魯諾的關係原本就劍拔弩張，這下更是一發不可收拾，先是喬治未成年一事穿幫遭遣返，接著布魯諾以毀損舞臺之名逮補其餘團員，情況十萬火

急。1960年10月10日，藍儂、麥卡尼、彼特打包行李準備回國。

　　此行唯一值得慶幸之事，便是披頭四結識了兩名漢堡青年，一個是藝術學院畢業生克勞斯・弗爾曼（Klaus Voormann），一個是主修時尚與攝影的阿斯特麗德・科爾什赫（Astrid Kirchherr）。兩人都是二十二歲，比披頭四年紀稍長，讓披頭四見識到漢堡的多姿多彩。阿斯特麗德和史都特迅速墜入愛河，兩人於11月28日訂婚，史都特從此留在漢堡，計畫繼續學習藝術。

　　帝窖俱樂部駐唱雖然以狼狽收場，但卻讓披頭四打響了名號，受邀到漢堡的十大俱樂部（Top Ten Club）駐唱七個晚上。1961年3月28日星期二，藍儂和喬治從利物浦的萊姆街車站出發，搭火車到哈維奇後轉搭渡輪，抵達荷蘭角後再搭火車到漢堡的中央車站，到站時間是3月30日凌晨，史都特和阿斯特麗德前來會合。兩天後，由於找不到更好的鼓手，彼特和麥卡尼也抵達漢堡，五人於4月1日星期六在十大俱樂部開唱，對於這次演出，喬治認為「精采絕倫」。

1961年4月15日
星期六

　　貴賓的落地時間是4月15日星期六傍晚五點，地點是沃威街的天井，口袋裡有三十五馬克，比上回稍微多一點。老爺、先生請模仿披頭四的新造型，上身穿黑絲絨襯衫配黑色皮衣，下身穿黑色皮褲配牛仔靴。太太、小姐也是一身黑色勁裝，黑色高領毛衣、黑色皮衣、黑色皮裙、黑色褲襪、黑色皮靴。敝社為你從「漢堡皮革時尚」（Hamburger Ledermoden）找來這些單品，披頭四新造型的靈感便是來自這家店，但因為買不起，改請聖保利區的裁縫訂做，價錢實惠許多。

　　本行亦不提供住宿，直接在十大俱樂部過夜，敝社建議你

這回先填飽肚子再去欣賞披頭四演出──空腹吸毒絕非明智之
舉。請你從大自由街轉入史穆克街，走過徘徊在門口的人妖，
來到九號的「久如」，這是一間便宜的中國餐館，店裡氣氛歡
愉，披頭四常來此用餐，尤以煎餅最對團員胃口。貴賓請先在
這裡飽餐一頓，再前往繩索街一百三十六號的十大俱樂部。

搖滾一整夜

　　晚上七點三十分，請貴賓步入十大俱樂部。這棟建築外觀
老舊，山牆狹窄，入口處可見雨遮，雨遮正面是藍色店招，入
內後是一間大房間，舞臺靠牆，前方是舞池，右側是吧檯。

　　你可能會遇到店主霍斯特・費雪（Horst Fascher），現年三
十六歲，原是業餘冠軍拳擊手，因為在聖保利區打架鬧事把人
打死，吃了九個月的牢飯。貴賓就算見不到店主，必定能見到
店主的兩個弟弟，一個叫烏佛（Uwe），一個叫曼弗雷德（Man-
fred），兩個都是拳擊手，駐店保護披頭四免於過多關注。十大
俱樂部的觀眾水平比因陀羅歌廳稍微高一點，搖滾樂迷的比例
也多了一些。霍斯特將此打造成音樂聖地，要求店經理彼得・
艾科宏（Peter Eckhorn）架設最先進的音響系統，並購置賓索
牌（Binso）回音麥克風，後者深得披頭四喜愛。

　　披頭四每晚從八點唱到凌晨四點，每小時休息十五分鐘，
麥卡尼樂得擺脫節奏吉他，坐在鋼琴前盡情彈奏，團員彼此激
盪出的火花更多，但仍得跺腳幫彼特數拍子。由於史都特已是
漢堡美術學院的學生，經常無法到場演出，因此藍儂偶爾得充
當貝斯手。披頭四此行的表演曲目跟上回大同小異，但五人的
默契顯然更好，和音也更加細膩圓熟。

　　披頭四的唱功之所以突飛猛進，部分要歸功於東尼・雪瑞
登（Tony Sheridan）加入演出。雪瑞登才華洋溢，在英國星途

披頭四與雪瑞登（圖右）同臺，功力更上一層樓。攝於十大俱樂部。

看好，但因為表現不穩，搖滾生涯因此喊卡，只好從英國轉戰
德國，背著馬丁牌電木吉他在漢堡夜店演出，凡是有歌手來漢
堡巡演，或是臨時有樂團進駐，店家便會找雪瑞登來搭檔。披
頭四不僅和雪瑞登一拍即合，還一起在漢堡錄製唱片，這是披
頭四首次進錄音室，他們不得不更上一層樓，才不至於被雪瑞
登的鋒芒蓋過。

　　披頭四進步神速的另一因素是「減肥」，不是變瘦的意思，
而是毒品「芬美曲秦」，俗稱「減肥」，披頭四天天當晚餐吃，
俱樂部的觀眾也不遑多讓。芬美曲秦是絕佳的興奮劑，1954年
經德國政府批准，各大藥店均有販售，消費者可憑處方箋購
買，服用後可抑制食慾，並讓披頭四得以連續搖滾八個鐘頭，
越夜越狂野，夜夜嗨翻天。他們的表演奔放不羈，撥彈出犀利
的音符，演奏著危險的旋律。

　　為了與臺上的披頭四和臺下的夜貓子一起嗨翻天，敝社
建議你也吞幾顆芬美曲秦——只是偶一為之，不傷身的。要

弄到藥丸很容易,請下樓到男廁找蘿希‧霍夫曼(Rosie Hoff-
mann),這位六十二歲的老嫗坐在收費桌前,桌上擺著小費碗和
玻璃罐,罐子裡看似是薄荷糖,其實全是芬美曲秦,每顆索價
五十芬尼,披頭四簡直愛死了蘿希,貴賓可以跟她買一、兩顆,
差不多就是披頭四的用量,只有藍儂除外,他今晚會多嗑幾顆。

　　凌晨一點左右,一群西裝筆挺的混混在舞臺附近就座,開
始賞酒給臺上的披頭四。他們堪稱是披頭四的死忠歌迷、聖
保利區的頭號罪犯,領頭的是漢堡黑幫角頭威爾菲德‧舒爾
茨(Wilfried Schulz),德國媒體尊稱為「聖保利教父」,手下包
括華瑟‧斯普蘭傑(Walther Sprenger)等大隻佬,其中華瑟戰
果輝煌,共犯下十五起重傷罪。各位團員今夜想怎麼嗨就怎麼
嗨,但小心別把酒水灑到華瑟身上!這群地痞愛死了披頭四,
不僅頻頻點歌,甚至還上臺合唱。

搖滾過後

　　凌晨四點鐘,貴賓再度流落街頭,請你無視繩索街上種種
誘惑,前往大自由街二十九號的「葛麗特與阿爾方酒吧」,店
裡天花板低矮,裝潢走航海風,加上舒適的壁爐,頗有幾分英
式酒吧的味道;再搭配上純白的外觀,小小的窗子,吊掛的水
桶,低調的店招,更是英國風十足,讓披頭四享受回家的溫暖。
店主霍斯特‧杰諾維克(Horst Janowiak)更是直接讓團員回他
公寓補眠,地址就在大自由街六十六號。趁著天還沒亮,貴賓
不妨入店喝幾杯,感受一下店裡的溫馨自在。

返航

　　星期日上午九點,披頭四散步去約翰尼斯堡街二十號英國

海軍使館，這裡離大自由街不過幾分鐘，途經聖保利哈芬街，
與古斯塔夫阿道夫大教堂毗鄰，建築外觀古色古香，專供英國水
手過夜，每晚四馬克，只收男客，並附免費英式早餐，這對披
頭四而言是再熟悉不過的家鄉味，加上英國報紙和英式濃茶，
無怪乎團員頻頻造訪。貴賓請隨意入坐，享用豐盛的英式早
餐，包括豬肝、培根、香腸、煎蛋、烤番茄、炒蘑菇、煎吐司，
吃下去保證精神百倍，緩解芬美曲秦藥效消退後的不適，慰藉
你通宵整夜的疲勞。

　　貴賓用完早膳後，請至使館旁邊鐵橋底下的隧道，從隧道
裡穿越回府。

｛三穿之旅｝

　　1962年1月24日星期三，布萊恩・愛普斯坦（Brian Ep-
stein）成為披頭四的新經紀人，披頭四的演藝生涯從此扶搖直
上，不久便在英國廣播公司電臺初試啼聲，並開始在利物浦
的洞穴俱樂部（Cavern Club）駐唱，這時曼弗雷德・維斯里德
（Manfred Weissleder）的邀約也上門，他從聖保利區的性愛俱樂
部賺了一大筆錢，將一間廢棄電影院改建成搖滾俱樂部，想找
披頭四到店裡開嗓，同時彼得・艾科宏也想再邀披頭四到十大
俱樂部駐唱，但出價太低，最後由維斯里德得標籤下披頭四，
從4月13日起到明星俱樂部（Star Club）駐唱兩週。

　　儘管披頭四行情看俏，還能搭飛機去漢堡，但全程卻因史
都特猝死而蒙上陰影。4月10日，披頭四飛抵漢堡，史都特同
日病逝，死因是腦動脈瘤，團員聞訊後大驚失色，接下來在明
星俱樂部的演出無異於EQ測試，藍儂尤其深受影響，只得裝
瘋賣傻化解滿腔悲憤，一晚裝扮成打掃阿姨登臺，一晚打赤
膊、戴馬桶圈上陣。

披頭四熬過這場噩夢回到英國後，歌唱事業從此一帆風順。8月16日，彼特遭經紀人開除，改由林哥‧史達（Ringo Starr）擔任鼓手。林哥跟披頭四初識於漢堡，當時是1960年，倒楣的披頭四在帝窖俱樂部駐唱，林哥則是羅里颶風樂團（Rory Storm and the Hurricanes）的鼓手，他們的命運從此交織，一次又一次在利物浦和漢堡擦肩而過。9月4日，披頭四為科藝百代公司錄製首張單曲，監製便是以耳朵尖著稱的喬治‧馬丁（George Martin）；9月22日，披頭四初次在電視上亮相；10月5日，首張單曲《愛我吧》（Love Me Do）發行，月底登上《新音樂快遞》（NME）排行榜第二十七名。然而，披頭四與漢堡緣分未盡，經紀人再度跟明星俱樂部簽約，披頭四將從11月1日起駐唱十五天，縱使披頭四（一如藍儂所言）「已挺過漢堡歲月，巴不得劃下句點。」

1962年11月11日
星期日

貴賓的落地點是日耳曼大酒店，外觀老舊，內裝差強人意，樓高三層，附閣樓，位於德特列夫布萊梅街，距離大自由街腳程五分鐘。敝社已為你訂好房間、付足房款，房內備品齊全，設施應有盡有，承蒙維斯里德的支票給力，披頭四駐唱期間亦在此下榻。

貴賓此行的零花與披頭四的聲勢一同水漲船高，每位團員有七十三馬克可以揮霍，比首穿之旅多了一倍，服儀規定也不同以往，老爺、先生請穿白色襯衫，打上細長領帶，披上靛藍色毛海西裝外套——這是經紀人為披頭四量身打造的新造型，以迎合主流樂迷的喜好，太太、小姐請穿高領無袖黑色洋裝配踝靴。有鑑於冬日凜冽，入夜後氣溫不到零度，敝社事先為你

備妥大衣，男士是海軍藍粗呢及膝外套，女士是深灰色風衣。

這下貴賓男的帥、女的美，請步出酒店，往南走向烏特勒之賽門街，由此轉入大自由街三十九號的明星俱樂部，店址在色情電影院隔壁，外觀十分好認，漆黑的入口處上方有一塊看板，上頭有駐唱歌手的簽名，看板上方則是俱樂部的霓虹店招。

搖滾一整夜

貴賓一踏進明星俱樂部，必定會大吃一驚——怎麼比前兩間夜店大這麼多！場地可容兩千人，舞池超大不說，裡頭更是熱舞不休，舞臺也是標準規格，以市景為布景，臺下觀眾多半是搖滾樂迷，其間夾雜著幾個慣犯，整間店人山人海，貴賓要等到十點清場過後才能搶到位置。

各位團員此行銀彈充足，大可盡情開喝，不愁付不出錢要挨拳頭。請你特別留意一名酒吧女，本名貝蒂娜‧德琳（Bettina Derlien），綽號「大貝蒂」（Big Betty），長相標致，身材豐滿，穠纖合度，心直口快，迷藍儂迷得心蕩神馳，藍儂也樂得順水推舟。

披頭四此行每晚表演兩場，十點一場，深夜一場，跟其他樂手一起拆帳，包括東尼‧雪瑞登、羅伊‧楊（Roy Young）、大衛‧瓊斯（Davy Jones）、巨人泰勒與骨牌樂團（Kingsize Taylor and the Dominoes）。羅伊‧楊是倫敦的搖滾歌手，與美國創作歌手傑瑞‧李‧劉易斯（Jerry Lee Lewis）如出一轍。大衛‧瓊斯出身曼徹斯特，後來赴美發展，與首支男孩樂團頑童合唱團（The Monkees）合作，從此星途順遂。巨人泰勒與骨牌樂團則來自利物浦，主唱泰勒身高一百九十八公分，身兼吉他手。

披頭四一上臺，貴賓便能感受到林哥帶來的新氣象，節拍穩定的慢拍搖滾讓團員樂聲整齊，一改先前七零八落、參差不

1962 年，林哥加入，披頭四全員到齊，嗨翻明星俱樂部。

齊的亂象，全團臺風穩健而且技巧圓熟，演出曲目包括經典搖滾歌曲〈搖擺與嘶吼〉（Twist and Shout）、〈嗶吧吧嚕啦〉（Be-Bop-A-Lula）、〈超越貝多芬〉（Roll Over Beethoven），以及〈航行日落下〉（Red Sails in the Sunset）、〈再次墜入情網〉（Falling in Love Again）等「美國流行金曲」精選，另外還新翻唱了「胖子」華勒的〈你的腳太大〉（Your Feet's Too Big）。

　　今晚的高潮自然是節目單上的重頭戲，請來的嘉賓不是別人，正是大名鼎鼎的美國創作歌手小理察（Little Richard），伴奏的是英國的五音公司樂隊（Sounds Incorporated）。小理察是鋼琴才子，生於 1932 年，表演風格浮誇，樂風根植於福音音樂、藍調、節奏藍調，創作出多首膾炙人口的名曲，包括〈水果總匯〉（Tutti Frutti）、〈高個兒莎莉〉（Long Tall Sally）、〈露希兒〉（Lucille）、〈天啊天哪！茉莉小姐！〉（Good Golly Miss Molly）

等，都是披頭四的演出曲目。小理察此時身處演藝生涯轉捩點，正考慮拋棄世俗舞臺、全心投入宗教音樂，但這番天人交戰絲毫不影響其舞臺表現，貴賓將欣賞到小理察精采逼人的演出。他上臺時身穿晚禮服，內搭白色襯衫，打上蝴蝶領結，每高唱一曲就褪去一件衣物，褪到只剩西裝長褲為止，最後他站在鋼琴上，長褲一脫，露出底下激凸的泳褲。

夜復一夜，披頭四目瞪口呆看著小理察登臺獻技，在臺上亦步亦趨跟著大師學藝，在臺下則拜小理察為心靈導師。披頭四此行另一項收穫，便是結識鋼琴神童比利・普雷斯頓（Billy Preston），他是五音公司樂隊的鍵盤手，後來與披頭四一同錄製〈回歸〉（Get Back）等多首單曲，並於1969年1月30日現身披頭四的屋頂演唱會，地點在蘋果唱片公司頂樓，那是披頭四解散前最後一場公開表演，並當場拍攝成紀錄片。

返航

搖滾了一整夜，請貴賓步行至大自由街和繩索街交叉口的穆勒咖啡館，外觀是一幢平房，外牆是檸檬雪酪色，店招是頭戴白色廚師帽的大廚和手拿繽紛冰淇淋甜筒的女侍，風格近似美式餐館。貴賓可坐在戶外欣賞繩索街的風光，也可以學披頭四點一份火腿荷包蛋內用，省得你坐在外頭喝西北風。此外，穆勒咖啡館的手工蛋糕也是一絕，敝社大力推薦。

貴賓請於八點半返回日耳曼大酒店，這是本團唯一有床位的行程，因此寬待貴賓兩個鐘頭感受被窩的溫暖，再由此穿越回府。

叢林之戰
The Rumble in the Jungle

時間：1974年10月29日～30日
地點：薩伊金夏沙

談到運動競技，誇大其辭在所難免，但這場叢林之戰確實冠絕古今。先說比賽場地：這場拳擊賽辦在非洲之心，比賽場地建在一座監獄上方，其恐怖萬狀唯中世紀牢獄可堪比擬，比賽前夕才隨意處決了五十名罪犯，用以殺雞儆猴，因為這場叢林之戰全球矚目，絕對不能出任何亂子！接著來談談比賽時間：1970年代正值黑人意識崛起，因此特意選擇非洲作為比賽場地，加上新科技衛星電視剛剛發明，金夏沙順勢成為全球焦點——至少維持了一個鐘頭。再來不得不提一提卡司陣容，這場拳擊賽由怒髮衝冠的賭棍發起，由秀下線無極限的獨裁者出資，並找來穆罕默德·阿里（Muhammad Ali）出戰喬治·福爾曼（George Foreman），這兩位拳擊手的魅力在當代堪稱無人能敵，活脫脫是慓悍二字的最佳寫照。

最後談談拳賽本身！這場叢林之戰是老少對決，優雅出戰野蠻，鬥牛者反被牛鬥，演活了《聖經》中大衛以小搏大、最

福爾曼和阿里雙雙抵達金夏沙，由薩伊總統莫布杜介紹出場。

後大敗歌利亞的戲碼。想打敗福爾曼只有一個辦法，而阿里掌握了訣竅、一戰成神，而福爾曼經此一役，從此別開生面、不同凡響。目睹神話誠然可貴，此行保證讓你大飽眼福。

歷史充電站：叢林之戰幕後祕辛

這場拳擊賽的幕後主使是唐·金恩（Don King），此人運籌帷幄手段之卑劣，恐怕連馬基維利（Machiavelli）都要覺得齷齪。唐·金恩出身俄亥俄州克里夫蘭市，先前是地下賭王，有名賭客欠了他六百美元，他一氣之下把對方打死，因此吃了四年牢飯。他在黑牢裡蹲著蹲著，突然看見一線曙光（大概是錢幣的反光）──他有一個夢！雖然不像馬丁·路德·金恩的夢得以解救天下蒼生，但媽呀也真夠誘人！

他唐·金恩決定要叱咤拳壇！

1971年，唐·金恩出獄，便以替克里夫蘭市醫院募款為由，說動阿里參加拳擊表演賽。接下來三年，唐·金恩琢磨出史上最浮誇的拳擊賽，先是鼓舌如簧慫恿阿里與福爾曼對戰，贏家可獨得美金五百萬──這可是史無前例的高額獎金，兩位拳手點頭簽約，這下只差找金主掏錢買單。

為此，唐·金恩找上約瑟夫·德西雷·莫布杜（Joseph-Désiré Mobutu），此人是中非薩伊共和

國總統，1972年改名「莫布杜‧塞塞‧塞科‧酷酷‧恩梆都‧瓦‧薩‧班嘎」（Mobutu Sese Seko Kuku Ngbendu Wa Za Banga），意思是「天威戰士，堅忍不拔，愈挫愈勇，東征西討，步履及之，烽火隨之」，對此名號其政敵想必心有戚戚，阿里則或許飲恨自己怎麼沒早點想到這個名號。

薩伊共和國物產豐饒、幅員遼闊，莫布杜有條不紊從中揩油，自然躍升全球第七大富豪（另一說為第十大），其子民則名列全球最窮，平均年薪七十美元左右。因此，要莫布杜拿出五百萬美元易如反掌，更別提唐‧金恩料事如神，早就算到莫布杜愛面子，自然不會錯過辦這場拳賽的機會。但莫布杜不傻，自知站在阿里身邊要相形見絀，因此比賽當天並未到場觀戰，而是舒舒服服坐在皇宮裡，從閉路電視上追蹤賽事。

此戰之後，每一任世界拳王身邊差不多都有唐‧金恩的身影，賽後的頒獎儀式除了致贈金腰帶，還少不了要跟笑容可掬的唐‧金恩合影。

【貼心提醒】叢林之戰原訂於9月25日登場，但福爾曼受訓時眼睛受傷，休息了五週才出戰，叢林之戰因此無法與「薩伊七四音樂祭」同時舉辦。「薩伊七四音樂祭」於9月22日開幕、24日閉幕，為期三天，地點在「五二〇體育場」，表演嘉賓包括編織者合唱團（The Spinners）、「靈魂樂教父」詹姆斯‧布朗（James Brown）、「藍調之王」比比金（B. B. King）、「傳奇創作歌手」比爾‧威德斯（Bill Withers），另有「非洲媽媽」米瑞安‧馬卡貝（Miriam Makeba）、塔布‧雷‧侯薛荷（Tabu Ley Rochereau）、佛朗哥（Franco Luambo Makiadi）帶領的TPOK爵士樂團（Tout Puissant Orchestre Kinshasa Jazz）等非洲歌手，敝社不久便會開團，歡迎各位貴賓加價選購。

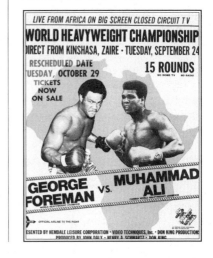

{ 行程簡介 }

　　貴賓的落地時間是 1974 年 10 月 29 日早上，地點是金夏沙
獨立廣場中央車站，距離比利時殖民者打包歸國不到十五年，
為紀念比利時國王利奧波（Leopold）起名的利奧波市已更名為
金夏沙，這座翁翁鬱鬱的首都在一片太平氣象中蓬勃發展，殖
民廣場四周新建了旅館和高樓大廈，儼然一派現代都會氣象，
貴賓只消一招手，便能攔到計程車。

氣象・住宿・飲饌

　　本團全程兩天一夜，期間天氣溽熱，白天大約攝氏三十五度，入夜後最低氣溫二十七度，夜空清朗，滿月高掛，但完賽半個鐘頭後立即大雨傾盆，請各位貴賓務必謹記在心。

　　當地通用貨幣為薩伊，一薩伊兌兩美元，黑市匯率則好得多，由於離境時薩伊政府會要求貴賓出示換匯證明，因此敝社一般不建議旅客暗盤交易，但本團團員將搭乘「咻一下時光機」出境，所以不在此限。此外，拳賽票價為五薩伊（十美

元），當地居民另有更便宜的入場方式。

　　叢林之戰於凌晨四點開打，貴賓若能在七點鐘上床補眠算你運氣好，倘若整天睏倦亦屬正常，敝社可安排你入住特特拉民族大道的洲際酒店，福爾曼及其教練團亦在此下榻，美國小說家諾曼・梅勒（Norman Mailer）也是此處的房客。此外，貴賓亦可選擇梅林飯店，位於查德共和國大道五號，是一間頗有歷史的大飯店，前陣子才由業主比利時航空整修

剛果河

梅林飯店

中央車站

洲際酒店

金夏沙
高爾夫
球場

六月三十日大道

金夏沙

恩杜洛機場

❶ 蜂鳥小館
❷ 市政府
❸ 中央銀行
❹ 綠廊餐廳
❺ 中央市場
❻ 比利時皇家俱樂部
❼ 比利時賓館

五二〇體育場

完畢，除了梅林飯店，比利時航空旗下還有一間賓館，就位在機場附近，腹地景觀優美，有套房和別墅兩種選擇。

想品嚐頂級美饌的貴賓請至綠廊餐廳，就位在剛果中央銀行正對面，同級餐廳還有比利時皇家俱樂部，位於金夏沙高爾夫球場，入口開在轄圈大道上。蜂鳥小館也是不錯的選擇，地址在路沙卡大道六十一號，1950 年代開張，其名菜是食人族吐司，將韃靼牛排抹在切片吐司上。

驚豔金夏沙！

此行來金夏沙除了看拳擊賽，還能享受許多消遣娛樂。需要買東西嗎？請至美輪美奐的瑟德克大廈，外觀走裝飾藝術風，店址在六月三十日大道，原先為汽車展示中心，新近改裝

成全市第一家自助商店。想逛非洲工藝品嗎？請至神偷市集，
攤位上擺滿了孔雀石、象牙飾品以及卡賽省織毯，但敝社在此
貼心提醒一下貴賓──紀念品不得攜回府上。

　　自從獨立建國以來，薩伊的劇場蓬勃發展，整條卡薩武布
路宛若百老匯，但真要論起來，音樂、舞蹈、夜生活才是金夏
沙的強項，貴賓穿越回去的年代正值薩伊倫巴樂全盛時期，無
論你找哪一間酒吧光顧，都能欣賞到一流的倫巴樂曲，首屈一
指的樂團包括薩祖強強（Zaïko Langa Langa）、索奇兄弟與美美
樂團（Frères Soki & l' Orchestre Bella Bella）、巴庫巴帝國（Empire
Bakuba），此外，佛朗哥帶領的TPOK爵士樂團自然不在話下。
貴賓若想欣賞這些樂團演出，可至「威士忌俱樂部」、「酒窖」、
「藍鸚鵡」這幾家店碰碰運氣，「藍鸚鵡」是金夏沙的地標，「酒
窖」則聲譽不佳，請貴賓留心。此外，舊城區西邊賓查鷗頌區
的山頂有一間玀狐狴酒店，舞池很棒，但往往滿是僑民。

　　貴賓若想嚐嚐上流社會的滋味，請務必造訪德維尼餐坊，
地址在賓查區，對面就是總統的大理石宮，餐坊四周有圍牆，
圍牆裡是賞心悅目的花園、精緻講究的法式料理、黎巴嫩的富
商大賈以及薩伊的政府高官。

拳王對決

　　當地時間凌晨四點，叢林之戰準時開打，地點在馬通給區
的五二〇體育場，恩杜洛機場就在半哩外。賽程之所以訂得這
麼早，為的是要配合美國實況轉播時段，儘管如此，現場仍有
六萬民眾觀戰、寥寥數位貴賓蒞臨，擂臺搭在足球場正中央，
上方架著鐵皮浪板遮蓋貴賓席和拳擊場，球場一端的球網後方
立著大型看板，看板上是總統莫布杜戴著招牌豹紋帽的海報。

當地居民大多提前一晚來搭帳篷過夜，十點、十一點便在現場等待，貴賓倘若也想在足球場過夜，定能欣賞到當地居民的非洲部落舞蹈表演。

此外，請瞧瞧擂臺邊的貴賓席，當中除了總統親信還穿插著幾位美國名人，例如前世界重量級拳王喬‧佛雷澤（Joe Frazier），他穿著綠底黃花夏威夷襯衫，外罩栗色運動外套，打扮相當時髦，另可見諾曼‧梅勒、喬治‧普林頓（George Plimpton）、亨特‧S‧湯普森（Hunter S. Thompson）三位美國文壇大老。貴賓席後方則是各位團員的座位，正對面就是總統莫布杜的海報看板。

喬治‧福爾曼

1974年的喬治‧福爾曼，跟後來成為電烤爐代言人的喬治‧福爾曼，兩者之間的差別何止幾光年。後世眼中的福爾曼是個圓滾滾的可愛禿子，1974年的福爾曼卻是世界重量級拳王，年僅二十五，看上去張牙舞爪，散發出震懾人的氣場，出場時身邊還帶著愛犬，薩伊人民一看是德國牧羊犬，立刻想起比利時殖民時期的警犬，因此對福爾曼的印象奇差無比，拳賽時一面倒地為阿里加油，但福爾曼似乎並不放在心上。

阿里若是多話一哥，福爾曼便是省話一哥，保留體力撐起懾人心魄的氣勢。福爾曼出身德州休士頓，自認年輕時是不良少年，夜路相逢會把路人嚇得屁滾尿流，後來才在拳擊場上找到救贖，1968年在墨西哥奧運過關斬將，奪金歸國，此後福爾曼每戰必勝，截至叢林之戰前已連勝四十場，其中三十七場都把對手打得倒地不起，喬‧佛雷澤和肯‧諾頓（Ken Norton）新近才成為其手下敗將，阿里復出後也曾和這兩位拳擊手對戰，兩次都失利（但阿里後來追平了積分），福爾曼卻只花了

訓練場上的福爾曼。他打算用對付沙包的重擊來對付阿里。

兩回合便解決這兩位拳擊手，其中佛雷澤還被擊倒了六次。

　　福爾曼出拳虎虎生風，在拳擊史上無人能出其右，只消瞥
一眼他受訓用的沙包，便知他出拳有多重，每打完一回合，沙
包都要凹陷幾吋，倘若阿里讓福爾曼釘在繩邊，鐵定非成為人
肉沙包不可。福爾曼不僅出拳狠，出拳的勁頭也狠，其教練是
詭計多端的前輕重量級拳王亞契·摩爾（Archie Moore），他憂
心阿里如果犯傻，硬是不肯讓福爾曼擊倒勝，恐怕要在擂臺上
挨拳頭挨到死。

　　由於福爾曼意外受傷，比賽因此延宕，其間福爾曼窩在金
夏沙市中心的洲際酒店養傷，酒店北邊就是剛果河，福爾曼每
天都和教練團沿著河岸跑上六哩。

穆罕默德・阿里

　　該怎麼說阿里這號人物呢？他1942年出生在肯塔基州路易維爾市，原名卡修斯・馬塞勒斯・克萊（Cassius Marcellus Clay），綽號「路易維爾嘴炮哥」（Louisville Lip），是1960年代頭號爭議人物，直至叢林之戰仍舊毀譽參半。阿里自詡「震撼世界」，二十二歲便擊倒拳王索尼・利斯頓（Sonny Liston），從此一戰成名，奪下世界重量級冠軍頭銜，此後一舉一動都教舉世震驚。

　　阿里奪冠不久便皈依伊斯蘭教，與麥爾坎・X一同加入激進宗教組織「伊斯蘭國度」（Nation of Islam），並從此改名換姓。原本阿里自吹自擂的行徑就已讓美國白人反感，如今這離經叛道的舉止更使其與美國主流疏遠。此後阿里稱霸拳壇3年，九度守住金腰帶，卻因一句「越共可沒叫過我黑鬼」拒絕參加越戰，因此遭到國家報復，除了被褫奪拳王榮銜，還遭禁賽3年半。按照常理，這3年半應是其職涯顛峰。對於阿里拒絕從軍，記恨終生者雖然大有人在，但歷史的滾輪終究不斷前行，如今阿里反越戰的立場似乎更符合時代氛圍。

　　阿里的拳法獨樹一格，與其他重量級拳手大相逕庭，其拳速迅猛如輕量級拳手、敏捷如少林武僧，刺拳一秒可揮六下，簡直是無影手來著。此外，阿里無視「舉拳護身」的傳統，反而將拳頭垂在身側，由下而上朝對方臉上揮去，對方出拳也不遮擋，只是歪頭閃避。阿里兒時便央求哥哥朝自己扔石頭，因而練就出一身優異的反射神經。

　　此外，阿里的舉止特立獨行，與其他重量級拳手天差地遠，贊助廠商莫不視其為寵兒，因為他鬼點子特別多，極擅長自我行銷，不僅會作詩嘲笑對手，還會在比賽前放話要在幾局內擊倒勝，還沒開賽就擾得對手心神不寧，開賽後更是叫囂不

斷，搞得對手心浮氣躁。阿里的字典裡沒有「謙虛」這兩個字，開口閉口就自稱「王者」，此舉十年來如一日，不僅自信爆表，而且往往說到做到，雖然讓比賽看頭十足，但也惹來許多人巴不得看他自食其果。

阿里1970年復出拳壇，其表現便宛如驚喜包，儘管出拳依舊如蜂螫，但畢竟沉潛了三年半，青春一去不復返，其腳步已不復蝶舞，無法隨心所欲閃避對手的重拳。他那張嘴雖然還是很會說，卻不知身手是否矯捷依舊？且看叢林之戰便可分曉。阿里此行下榻在恩賽勒的別墅，位在金夏沙東邊，靠近莫布杜的官邸，兩位拳手的訓練場也在附近。

阿里與福爾曼PK表

阿里和福爾曼的體型其實不相上下，但因氣場有別、聲望懸殊，導致外界認知出現誤差。兩位拳手身高相同，都是一百九十二公分，但阿里的臂展稍微長了點、賽前過磅福爾曼比阿里重了些（但也才重一‧六公斤）。比賽勝負各位貴賓既已知曉，自然不得下注，但根據文獻記載，阿里當時的賠率是三比一。

	穆罕默德‧阿里	喬治‧福爾曼
年紀	32歲	25歲
勝績	44場	40場
擊倒勝	31場	37場
敗績	2場	0場
身高	192公分	192公分
體重	98.2公斤	99.8公斤
臂展	203公分	199公分

「史上我最帥！」阿里梳妝打扮，準備出賽。

賽前暖場

　　阿里率先步出更衣間，身穿白色浴袍，緄邊是非洲紋飾，前方以美國國旗為前導，其弟拉曼（Rahman）則走在隊伍最前頭，身材魁梧，留著一嘴大鬍子，其餘重要人物包括教練安哲羅‧鄧迪（Angelo Dundee）、醫生兼場邊指導費爾迪‧帕切柯（Ferdie Pacheco）、摯友兼啦啦隊德魯‧「邦狄尼」‧布朗（Drew "Bundini" Brown），其中布朗身穿一件瞎趴的絲綢夾克，背上繡著阿里的名字。阿里足足等了七分鐘，才等到福爾曼披著猩紅浴袍現身，現場噓聲此起彼伏，阿里則不受福爾曼遲到影

響，反而抓緊時機指揮全場齊呼「Ali, boma ye!」（阿里！痛宰他！）福爾曼則在經紀人迪克‧沙德樂（Dick Sadler）和教練亞契‧摩爾的陪同下上場。

開幕歌曲是美國國歌〈星條旗〉，唱得有些荒腔走板，還帶著幾分紐奧良爵士輓歌的味道，接著全場觀眾合唱薩伊國歌，曲畢，全場靜默，擂臺上兩位拳手戴上拳擊手套（手綁帶已在更衣室纏繞好），裁判札克‧克雷頓（Zack Clayton）上臺，號令兩位拳手到擂臺中央碰拳，福爾曼使出眼神殺人法，阿里則以連珠炮回應，貴賓雖然聽不見叫囂的內容，但看那不時閃現的潔白護齒，便知阿里如何嘴上不饒人。

接著，兩位拳手各自退到場角，阿里展開蝴蝶步，並向真主阿拉禱告。福爾曼則使出令人望而生畏的肩頸拉筋操，且看他面向擂臺柱，雙手拽著圍繩搖晃，搖得擂臺顫顫巍巍，彷彿在說：「這座擂臺是我的！」

第一回合

阿里一上場就是一輪猛攻，腳步輕盈如蝶舞，狀態一如1960年代中期，並且率先擊中對手，這一點十分關鍵。整場比賽下來，阿里出拳迅猛似貓、慓悍似蜂，一拳一拳螫在對方臉上，擊中次數遠高於福爾曼。

阿里開賽不久便使出第一下險招。這場叢林之戰阿里一共用了兩大險招，第一招便是右拳先發。阿里習慣左腳在前，右拳先發揮拳距離較遠，平白給了福爾曼更多反應時間。一般來說，這招無異於自尋死路。但叢林之戰可不一般，一來阿里的拳速堪比空手道大師，二來福爾曼毫無防備，根本沒料到阿里會來這麼一下。

比賽開打一分鐘，阿里把福爾曼的頭壓在嘴邊嘀咕，這一

幕在比賽中不斷上演，但福爾曼不屈不撓，一次次把阿里逼到場角，一記記勾拳不斷揮出，不給阿里任何喘息空間，其拳勢之兇猛，令人不禁為阿里捏一把冷汗。但阿里也沒在客氣，身上每挨一下福爾曼的拳頭，便回報這尊德州巨炮一記耳摑。

第二回合

　　第一回合打得精采，第二回合則攻勢稍緩，阿里使出第二招錦囊妙計——自動退到繩邊任福爾曼宰割，但這招有個祕訣，就是只給打身體、不給打臉，為此阿里將雙拳擋在面前，聚精會神守得密不透風，並將上半身倚在繩邊，利用圍繩擺盪閃躲頭部攻擊，史稱「繩邊戰術」，這種背貼繩邊的打法激得福爾曼拚命朝阿里的身軀揮拳，阿里因而逮到破綻給予福爾曼迎頭痛擊。第二回合結束前十秒，阿里搖搖頭，示意福爾曼的拳頭傷不了他。

　　貴賓別光只看場上熱鬧，場邊的唇槍舌劍也不容錯過。前任拳王喬‧佛雷澤斷言阿里退到繩邊必死無疑，美式足球明星吉姆‧布朗（Jim Brown）則持不同看法，認為阿里雖然被釘在繩邊，但拳頭卻比福爾曼更具殺傷力。

第三回合

　　開打一分鐘，阿里組合拳連發，出拳，一一擊中對手，福爾曼也不是省油的燈，對準阿里的身軀就是一陣猛打，並在兩分鐘時擊中阿里的左臉，成為開賽至今最佳代表作，但在這回合結束前，福爾曼也被打得眼冒金星、昏天黑地，只得舉拳探路、腳步蹣跚。鐘聲一響，裁判將兩名拳手分開，阿里怒瞪福爾曼，眼神彷彿在說：「你嚇唬不了我！」

第四回合

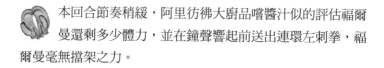

阿里「繩邊戰術」之精妙，在這一回合發揮得淋漓盡致。福爾曼賽前的訓練重點，就是將阿里逼到場角，阿里樂得順勢而為、毫不推拒，與其浪費力氣閃躲，不如倚在繩邊更能全副精力出拳，並利用圍繩的擺盪吸收福爾曼出拳的力道，這儼然是柔道的技法。阿里不按牌理出牌，反而轉危為安、化險為夷，且聽他不斷出言挑釁福爾曼：「你就這麼點能耐？」

第五回合

整場比賽要屬這一回合最出色，驚心動魄一如史詩。從鐘響後三十秒開始阿里便倚在繩邊，足足倚了一分半鐘，其間福爾曼使出渾身解數拚命出拳，阿里則偶爾從繩邊轉出反擊，諾曼·梅勒見狀打了個妙喻，說阿里出拳「宛如盪繩索般愜意」，福爾曼根本傷不了他，只是揮空拳把自己累個半死。第五回合結束後，圍繩重新拉緊，以免阿里倚一倚摔出去。第六回合開打後，貴賓不妨注意阿里的教練安哲羅·鄧迪，他不時大叫暫停，要求場邊技術人員調整圍繩。

第六回合

本回合節奏稍緩，阿里彷彿大廚品嚐醬汁似的評估福爾曼還剩多少體力，並在鐘聲響起前送出連環左刺拳，福爾曼毫無擋架之力。

第七回合

 整場比賽打得最沒力的就是這一輪，福爾曼宛如喪屍般
進攻，只知一味向前，出拳毫無章法，彷彿夢遊一般，
阿里則靜候佳機。

第八回合

 鐘聲一響，阿里隨心所欲搶分。二十五秒，福爾曼打出
一記重拳，但沒打中，反而因為用力過猛，整個人摔出

阿里放大絕！舉世為之瘋狂！

圍繩外。本回合進行到一半，阿里從繩邊轉出來退到擂臺另一角，對於福爾曼的繡花拳或是閃避、或是挨揍。鐘響前十五秒，福爾曼再度出拳、失手、倚繩，阿里眼睛一亮，立刻飆出一套組合拳，一拳打在福爾曼臉上，福爾曼宛如故障的直升機般旋轉倒地，現場觀眾歡聲雷動，場邊的體育記者大衛‧弗羅斯特（David Frost）大吼道：「這是拳擊史上最大快人心的一幕！」

賽後與返航

　　福爾曼遭KO後，阿里也軟腳倒地片刻，但貴賓看不到這一幕，因為教練、隨扈、粉絲、跟班一擁而上，手舞足蹈淹沒了阿里，唐‧金恩則像無腳鬼似的飄了過去，最後連頭戴白色頭盔的薩伊警察也擁上臺，不願錯過跟大家一起熱鬧的機會。

　　賽後金夏沙會狂歡到天明，通宵達旦慶祝阿里擊倒勝，各位貴賓不妨一起瘋，但記住要在午夜前趕到中央車站，由此穿越回甜蜜的家。

第四部

PART FOUR

海陸史詩饗宴行程

Epic Journeys
& Voyages

馬可・波羅遊上都
In Xanadu with Marco Polo

時間：1275年7月～1276年2月
地點：中國

古今中外的旅人中，最出名的大概非馬可・波羅莫屬，從遊輪到服飾，世界各地都看得到「馬可・波羅」四個大字。然而，馬可・波羅的名氣從何而來？說他是探險家嘛，他這趟東遊記既稱不上歷盡艱辛，更沒什麼令人毛髮皆豎的橋段。說他是首位抵達遠東的歐洲人嘛，他又不是。馬可・波羅之所以留名於後世，是因為他在中國待了十七年，當時正值蒙古人統治中原，馬可・波羅在忽必烈的宮廷自由進出，暢遊鼎鼎大名的元上都。

敝社安排各位貴賓穿越回馬可波羅甫抵中國的頭六個月，當時馬可・波羅正是忽必烈跟前的紅人。行程前半敝社安排貴賓住在元上都（又稱「仙那度」），這是忽必烈打造的華美夏宮，也是馬可・波羅筆下的世外桃源，其文字為後世所傳頌，英國浪漫詩人柯立芝（Coleridge）拜讀之後文思泉湧，在鴉片的效力下夢見自己遊歷元上都，夢醒後一揮而就，將夢境寫成名詩

〈忽必烈大汗〉（Kubla Khan），如今元上都雖然已成為一片廢墟，但此行將帶領貴賓目睹「仙那度」的燦爛絢麗。

行程後半，各位團員將隨同馬可・波羅和忽必烈的朝臣南行，浩浩蕩蕩前往忽必烈的新都「大都」（今北京）。「大都」原為金朝「中都」，成吉思汗滅金毀城，孫子忽必烈擘劃重建，全城以中軸布局、左右對稱，城內宮殿巍峨、御苑扶疏，並取《易經》「大哉乾元」之意，正式定名為「大都」。

蒙古帝國是史上幅員最廣闊的陸上帝國，領土包括俄羅斯、波斯、中亞、中國，貴賓身處帝國中心，彷彿置身國際都會，身邊是慕名而來的各國人士，街頭充溢著形形色色的語言。你將親眼目睹堂皇富麗的宮廷儀典，縱情於各項消遣娛樂，並參與一年一度最鋪張奢華的兩大慶典，一是忽必烈壽誕，二是蒙古白節——也就是蒙古春節，屆時家家戶戶大張筵席，飲饌儀式皆具意義，充分展現蒙古特色。

歷史充電站：忽必烈與波羅父子

1260年，忽必烈智取政敵，成為西蒙古帝國可汗，然其野心卻在中原及中國鄰國，先後將西藏、高麗、大理納入版圖，接著紹復祖父的一統大業，想當年成吉思汗滅金之後，華北雖然併入蒙古帝國，但人煙稠密、富庶繁華的江南卻依舊是南宋國土。忽必烈克紹箕裘，揮軍南下，展開曠日彌久的宋元之戰，出動上百艘戰船、上千名兵力，外加精良的攻城武器，終於殲滅南宋殘餘勢力。

忽必烈的豐功偉業一傳十、十傳百，順著絲路西傳至歐洲，傳進馬可・波羅父執輩的耳裡，其父尼哥羅（Niccolo）和叔父瑪菲（Maffeo）早就在高加索一帶尋覓商機，聽聞忽必烈統一中原，遂難掩心中好奇，一路緩緩東行一探究竟。

事有湊巧，忽必烈正打算在中

原培植基督教勢力。忽必烈的母親是景教徒，其疆域內道教、佛教、回教鼎立。忽必烈自知徇私偏袒將後患無窮，受推崇為國教者將與朝廷分庭抗禮，而被貶為異教者則恐會策劃謀反。因此，忽必烈欲找羅馬教廷來與國中各教抗衡，波羅兄弟來自威尼斯，自然受到可汗竭誠歡迎。

尼哥羅・波羅和瑪菲・波羅受到忽必烈殷勤款待，回程充其使臣請求教皇派遣百位居高位者攜帶貴重基督教文物出使中國。波羅兄弟歷經長途跋涉，於 1269年返回威尼斯，是年馬可・波羅十五歲，一心想隨父親和叔父東遊。1271 年 9 月，波羅父子帶著教皇書狀啟程，途經耶路撒冷時順手揩油，準備將聖墓燈油獻給忽必烈。

波羅父子此行風塵僕僕，啟程前先為教廷政爭所累，上路後為

馬可・波羅穿韃靼人服裝。

了繞過敵國，只得翻過白雪皚皚的山頭、越過漫天風沙的大漠，終於在 1275 年踏上大元帝國，忽必烈不僅派蒙古精兵前來護送，更授以「金符牌」讓波羅父子在帝國境內暢行無阻，並於同年夏季抵達元上都。

｛行程簡介｝

貴賓的落地地點在元朝驛站，忽必烈在國境內遍建驛站，既是傳遞文書的樞紐，也是人馬休憩的處所，貴賓將在桓州驛與波羅父子會合，此處地勢平坦、群山環抱，距離元上都僅數日之遙，驛館內設備齊全、舒適愜意，蒙古精兵將在此補給兼

換馬，騎乘三百匹良駒護送你進城。

　　貴賓在桓州驛正式成為波羅氏的隨扈，從此大事小事都得出點力，往後半年打雜自然少不了，鞠躬哈腰也得多學著點，你將隨主子出入宮廷，這甜頭之甜，足以抵過受人差遣之苦。

　　此外，不論在元上都也好、在大都也好，貴賓皆得以一窺大元帝國的後臺，與這群幕後推手廝混往來，包括廚子、金匠、銀匠、瓷匠、織工、僕役、領班、俳優、史官、必闍赤（筆譯）、怯里馬赤（口譯）、曆官、醫官、藏室史、掌教司、伶人、大匠等。貴賓一身家僕模樣，必能潛伏其間毫無違和，請你盡量到處走、到處看，逛到你滿意為止。

　　本行程前半時值夏季，貴賓請著窄袖長袍，入冬後請換上敝社為你備妥的皮襖和皮靴，戴上人頭一頂的蒙古皮帽。此外，敝社會發元朝貨幣給各位貴賓花用。自從宋朝發行交子以來，紙幣在中原流通了數百年之久，忽必烈一朝對紙幣十分熱中，總共發行了三種寶鈔，分別以金、銀、絹為本位，並以木版印刷在桑皮紙上。貴賓只消一疊寶鈔在手，使起錢來必定得心應手。

元上都（仙那度）

　　穿過廣袤的草原，經過連綿的山丘，看一看山林掩映的「敖包」（祭壇），元上都便近在眼前。越接近元上都，路上的牛車就越多，有些是黃牛車，有些是氂牛車，一輛接著一輛，從通衢廣陌駛向元上都，每天進城的牛車多達五百輛，將物資從帝國內外運進城裡，供應其中的十二萬居民。

　　各位貴賓請從御道進城，沿途可見上千匹忽必烈珍愛的白馬在草原上遊蕩，另有上千頭人見人愛的香麞在原野上晃悠，

你且順著御道走便可進入外城，外城裡商賈雲集，古樸的泥磚
房屋櫛比鱗次，上千家食肆香氣四溢。

　　穿過外城後便進入「仙那度」，由劉秉忠為首的金蓮川幕
府選址興建。「仙那度」原名「龍崗」，因有龍蟠踞於此，該龍
為法術趕跑，並被神奇三角鐵旗擋在城外。

　　「仙那度」分為三重城垣，每一重皆設五十五呎高的城牆，
城牆四角建有角樓和堡壘，四面設城門，從城牆外可見藍、綠、
紅琉璃屋瓦在陽光下閃爍，進城後則見攤販在密密層層的建築
間吆喝，貴賓行走其間請留意腳步，城裡的貧民大半挖坑為
屋，以木板、乾草為宇，你稍一閃神，便可能踩進人家客廳！

　　敝社建議貴賓到西門外的關廂瞧瞧，關廂生意鼎盛，賣馬
的、賣羊的、賣牛的、賣奴隸的，統統都有。此外，北苑也值
得一遊，那兒是皇家林園，畜養山獅、大獅、老鷹等珍禽異獸。

　　各位團員既然都到「仙那度」來了，不進內城看看怎麼

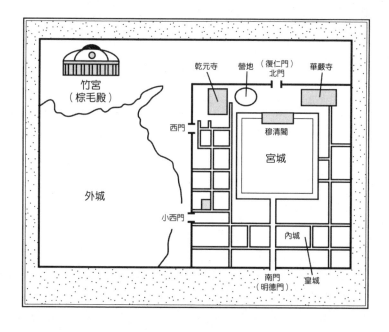

行？請你先過護城河，再沿著屋宇林立的御道走上半哩，舉頭便可見第二道宮牆，請你從宮牆的南門（又稱明德門）進入皇城，城內採棋格布局，除了後宮、東宮、廟宇、殿閣之外，此處也是忽必烈家臣和文武百官的寓所。

皇城內另有一條護城河，過了河便是宮城，這裡可是此行的重要看點，首先映入眼簾的是殿閣亭榭，包括水晶殿、鴻禧殿、睿思閣、仁春閣、香殿、穆清閣，富麗堂皇、氣象萬千。接著請貴賓深吸一口氣，迎接兩層樓高的純白大理石宮殿——大安閣，忽必烈命人從國外運來大理石，搭建在三百五十呎高的臺基上。

依敝社淺見，天子為彰顯身分，多半喜好讓賓客久候，忽必烈也不例外。因此，請你同波羅父子先兜轉一會兒，方能進入大安閣覲見可汗。在進入正殿之前，所有賓客皆須換上精緻白皮履，再隨著僕使彎彎繞繞，途經一百二十間廂房，東西廊廡各六十間，兩廊合抱大庭院和大安殿，元朝詩人周伯琦在〈是年五月扈從上京 學紀事 句二十首〉詠大安閣道：「層甍復閣接青冥，金色浮圖七寶楹。」

請貴賓隨波羅父子入殿，晉見短小結實的忽必烈，晚年困擾可汗的痛風此時已可略見徵候，其身上穿著刺繡精細的黃金龍袍，漆黑的眼珠盯著你的一舉一動。

貴賓請同波羅父子在天子面前行大禮，眾人戰戰兢兢，唯恐教皇未遣人隨行會激怒可汗。甭怕！忽必烈樂得見到波羅父子，你也樂得雞犬升天，成為可汗朝中紅人。

宿在上都

敝社為你安排下榻在北門附近的貴賓商賈專用營地，夜裡就睡蒙古包，這種圓形帳篷以架木和羊毛氈搭建，四周的側壁是數塊「哈那」，意指以柳木條交叉而成的圍欄，伸縮自若，可用以調整

蒙古包的高矮寬窄，「哈那」裡頭圍上圍氈，氈上以獸紋、錘紋、五行裝飾。

蒙古以游牧為生，茅廁簡陋也是意料中事，貴賓必須在臭氣沖天的坑上如廁，但往好處想，中國從唐朝就以廁紙拭穢，到了元朝手紙更是隨手可得。此外，據傳茅廁裡常鬧鬼，因此玉皇大帝封紫姑為廁神來驅鬼。紫姑相傳姓何名媚，為唐朝山西壽陽刺史李景之妾，嫡妻妒其美貌，將紫姑推入茅坑致死，天帝憐憫，封為廁神。

除了有廁紙之便，住在上都的蒙古包可以享受夏季長長的天光，擁抱回歸自然的活力，體驗露天作息的簡樸。無論是在渾圓的蒙古包裡過夜，還是在遼闊的星空底下用膳，都將令貴賓耳目一新、心曠神怡。

【飲饌】

上都居民雖以漢族為主，但忽必烈以蒙古文化為重，蒙古人餐餐都要喝「艾日戈」，漢譯馬奶酒，將新鮮馬奶倒入皮囊中加以攪拌，數日後乳脂分離、發酵成酒，在上都幾乎天天都喝得著，敝社建議你不妨儘早嚐嚐味道。此外，馬奶熬煮後表面形成的薄皮稱為「烏如木」，漢譯奶皮子，剩下的馬奶則可做成「畢西拉格」（奶豆腐）。蒙古以奶食為主的飲食對乳糖不耐症的團員是一大挑戰。

除了奶食之外，蒙古的人氣美食是「簿子」（羊肉蒸餃）和石板羊肉，家常飲食包括各式肉湯，例如羊肉湯便是以三十頭羊的羊骨下水熬煮。

蒙古帝國幅員遼闊，飲饌粗獷、精緻皆有，俄式酸湯便是結合食材和廚藝的美饌之一，食材包括羊腿一條、豆蔻五粒、去莢鷹嘴豆數顆，下水煮滾後濾渣，再加入沙棗、羊胸、白菜、蕁麻葉煨煮。

另一道美饌則是「瑜搭粑」（羊雜酥），內餡是羊排、羊脂、羊尾，以鹽、芽薑、橘皮、醬料、香料調味，外層酥皮則以植物油、在來米粉、麵粉揉製。此外，麵食也是著名的蒙古風味菜，食用時搭配肉湯，湯裡加雞蛋、羊腸、蘑菇，並以鹽、薑、胡椒、醋提味。

貴賓若吃蛋奶素，恐怕要覺得蒙古料理難以下嚥，敝社建議你選擇無肉麵食或只摻奶豆腐或葡萄乾的米食。吃純素的貴賓則最好不要出門。

遊獵上都

　　貴賓這趟上都行的重頭戲之一，便是暢遊忽必烈的皇家林園，位址在上都西北邊，又稱北苑，苑裡清泉泠泠、溪水潺潺、草木扶疏、恰似仙境，實為忽必烈狩獵場。冬狩夏獵，正是蒙古本色。苑裡有鹿、有兔、有鳥、有野兔，想捕獵得翻上馬背舉弓射箭，這可是真本領，不擅騎馬的貴賓恐怕難以上手。

　　忽必烈出獵會帶獵犬，包括獒犬、靈緹、尋回犬，但最令人歎為觀止的要屬海東青，這種猛禽產自高麗和滿洲，分布在亞北極一帶，以純白者為上品，有些羽翼摻雜黑色斑點，翼展極寬，兇猛有力，以雙翅搏擊鹿首、鹿眼，振翅便可擒鹿，看得你目瞪口呆，此外，忽必烈放出獵豹的瞬間也同樣令人瞠目結舌，甚至可說有些駭人，獵豹是自然界掠食者中的佼佼者，其獵捕速度之快、之敏捷，皆令你驚詫不已。

　　北苑中另一不容錯過的看點是忽必烈的竹宮，又稱「棕毛殿」，這座金頂大帳雄偉壯麗，帳內豪華奢靡，地上鋪獸皮，忽必烈在此主持政務，其豪侈實非其父祖輩所能想見。金頂大帳不僅能容百官上朝，而且拆卸方便，堪稱工程創舉。大帳外以兩百條絲繩牽拉固定，大帳內以金漆纏龍繞柱，儘管碩大無朋，卻似浮在空中，大大違反物理定律，讓觀者簡直不敢相信自己的眼睛，宛如目睹傳說現形。

朝拜上都

　　上都裡寺廟、道觀林立，其大者供養僧侶上百，外觀皆作寶塔狀——飛簷重重，雕龍刻鳳，五彩斑斕，一如今日所見，塔內則精雕細鏤，爐香裊裊，供奉鎏金神像，貴賓可自由入廟體驗數千年如一日的儀典。

忽必烈帶海東青遊獵圖，出自十五世紀法文版《馬可·波羅遊記》(*Le Livre des merveilles du monde*)。

　　忽必烈雖留心各教平等，卻私心崇信摩訶迦羅。摩訶迦羅為佛教戰神，俗稱大黑天，面目鯗黑，齜牙咧嘴，目光如炬，以骷髏為瓔珞，膜拜此神，盡顯忽必烈攻城掠地、無往不捷的英雄本色。然而，信奉大黑天不代表忽必烈忘本，綜觀上都，仍以薩蠻教最為普及。

　　薩蠻教講輪迴，相信萬物皆有靈，以飛禽走獸作為祖先及部落圖騰，蒙古民族便自稱是蒼狼白鹿的後代。薩蠻教尊天為父、尊地為母，天分為九十九天，以長生天為首，其雙目為日

為月、為火為水，下轄九十九位騰格里男神，包括吉神五十五位，其色也白，另有凶神四十四位，其色也黑。薩蠻教講求平等，故上有男神司天，下則有七十七階地母，並以大地之母為尊。

薩蠻儀式體現了薩蠻教的天地神三界。薩蠻有靈氣，能疏通三界之事並與萬物及祖靈溝通，包括大汗靈、薩蠻靈、動物靈。薩蠻作法時穿戴法器和神鏡，不僅用以抵禦惡靈，亦可吸收天地能量，且聽薩蠻口誦歌訣、手搖抓鼓不絕，並請你抽菸、喝酒、嗅聞杜松的氤氳，令你渾身飄飄欲仙，不知不覺踏上薩蠻之旅。請你打消懷疑、敞開心胸、順其自然，盡情在時空之間穿梭遨遊。

開拔巡狩

貴賓將在上都待到處暑（8月28日），是日夏季結束，忽必烈向南巡狩前往大都，並擇良辰吉時舉行起駕儀典，只見忽必烈手捧白馬奶、灑地祭天神，再由祭司飲聖奶，並向長生天祝禱。

禮成，貴賓請隨數百位朝臣前往大都，一路上冠蓋如雲，牛車步輦絡繹於途，每日前行二十公里，約於三週後抵達大都，沿途設「納缽」（行在），供忽必烈一年一度巡幸頓宿，貴賓先後駐蹕南坡店、桓州、李陵臺、察罕腦兒（即白湖，天鵝、鷓鴣、雉雞、野鶴成群）、中都、白城子、張家口、統幕店、黑谷，沿著峽谷從高原下到平原。

由此前行三十哩即是大都（今北京），沿路地勢平坦，崇山峻嶺夾道，整條輦途早已差遣廝役前來打掃，相當平展乾淨。

大都（汗八里）

　　大都又名「汗八里」，漢譯「可汗之城」，由忽必烈起名，地點在今日北京，城裡房舍星羅棋布，園囿點綴其中，另有商旅居住的廣廈及旅舍，儼然一派大都會氣象。貴賓請順著輦途穿過大都近郊，濃煙立刻滾滾而來，這是火化場冒出的黑煙，由於大都內禁止土葬，因此平民百姓皆往郊區火葬。此外，忽必烈不准流鶯在大都內站壁，這群鶯鶯燕燕一窩蜂跑到近郊來攬客，聲勢浩大，煞是驚人。

近畿看點

　　近畿人文薈萃，熱鬧熙攘，各國文化百花齊放，漢人、蒙古人、土耳其人、阿拉伯人、印度人轂擊肩摩，絲綢商、香料商、珠寶商、珍珠商吆喝喊價，街頭藝人逗得你合不攏嘴，街頭小吃香得你食指大動，賣的大多是中華料理，尤以北食代表「魯菜」為主，無論選料和調味，都與今日外帶中國菜相距不遠。此外，這趟大都之行喝茶之勤，絕對更勝平時。

　　入夜後，近畿熱鬧依舊，貴賓可至客棧飲酒作樂，喝喝米酒、啤酒，打打麻將、吆五喝六。中國自中唐便開始打牌，元朝最受歡迎的牌戲與撲克牌幾無二致，貴賓若上牌桌應可占上風，倘若不喜牌戲，則不妨試試骨牌，一副三十二隻，以數字為名的武子十隻，以國字為名的文子二十二隻。此外，貴賓也可下象棋或打雙陸，但打雙陸的賭客往往口袋都很深，下注毫不手軟，只怕貴賓血本無歸。

城裡風光

大都的布局與上都大致雷同，皆出自劉秉忠之手，並得西域大食國建築師也黑迭兒丁輔佐。大都一以高大城牆分隔外城和內城，二以城垣分隔內城和皇城，三以宮牆分隔皇城和宮城。

忽必烈的儀仗浩浩蕩蕩走向三十呎高的純白城牆，接著南行四哩抵達南門（即午門），進了門便是皇城，皇城內街道整齊如棋盤，路面以磚石鋪砌，下設陰溝排水，街坊多為達官顯要所有。

宿在大都

皇城跟上都一樣設有營地，大蒙古包供貴賓專用，小蒙古包則或供官員、工匠起居，或用以儲藏軍械，想露營的貴賓可在此紮營，但未來數月天氣陰冷，你或許願意捨棄蒙古包改與主子同住。忽必烈騰出了幾間寬綽的屋子給波羅父子，不僅設備齊全而且位置良好，不是位在近畿而是位在大都。波羅父子在忽必烈面前相當得寵，可汗很看重這對父子的建言，因此安排他們就近居住。可汗賞的屋子不僅舒適，而且茅坑全面升級，是個木造旱廁來著，有塊帶洞的石板讓你踩在上頭，一旁還有扶手，底下的糞坑設有自來水，廁紙更是高級無比——軟柔柔又香噴噴。

大內景致

貴賓作為波羅氏的隨扈，時常要隨主子進宮，首先要跨過護城河上的三拱大理石橋，接著走過通往三座城樓的三條大道，城樓共五個門洞，貴賓可擇一進入皇城（又稱大內），在御苑的太液池畔看魚群在水底悠游。

大內的中心是瓊華島，「瓊島春陰」原為金朝「燕京八景」，

成吉思汗滅金後日漸蕭索，直至忽必烈繼位方得重建，除了修造連通瓊島的永安橋，還在島上種植奇花異木、鋪設階梯、修建亭臺樓閣，包括金露亭、玉虹亭、介福殿、延和殿，皆名副其實，山頂則修廣寒殿，貴賓可來此細細品味瓊島美景，度過無數美好時光。

大內正殿則是壯麗的大明殿，單層建築，殿基高出平地數尺，設大理石殿陛，四面繞以龍鳳楯欄，並設壯士把守，內有大殿七間、廳房數十，可理朝政、藏珍寶，或作為后妃之室。貴賓在大明殿各處皆可見彪形大漢全副武裝，各個滿臉橫肉、人見人怕，貴賓可別隨意招惹，人家可是忽必烈精挑細選的侍衛親軍。

大內殿宇廣闊，中有小玉殿，內設金嵌玉龍御榻，左右列從臣坐床，忽必烈可在此聽政。御榻前架一罈黑玉酒甕，重約四噸，可貯酒三十餘石（約六百加侖）。貴賓此行若想見識帝王威儀恐怕非得來此，且看忽必烈臥躺御榻、大權獨攬、從容自若，安安穩穩身居帝國中心，斜睨其僕使為賓客斟酒，賓客謝恩不迭。

夜賞元雜劇

中原文化在大都蔚為主流，尤以雜劇最為風行，一如忽必烈所願。貴賓可至梁園、勾欄欣賞大戲、小戲，每齣都包括音樂、詞曲、科白、舞蹈、雜耍，偶爾插科打諢、臺上臺下笑鬧幾番。

正規雜劇一本四折，多以男女戀愛為題材，女主角稱正旦，情節大抵老套，泰半是廣為人知的故事，觀眾稀罕的不是創意而是老哏，愛看的不出那幾個橋段，角色不外乎末（男角）、旦（女角）、淨（惡角）、丑（喜角）、搽旦（惡女）。此外，

觀眾對角色的身段動作也很熟悉，稱之為「科」，種種科段皆有成規可循，例如做入門科、做咳嗽科、做揩眼科。

元雜劇少不了音樂，每一折一套曲，每一套曲使用同一宮調，以音樂貫穿整齣雜劇，諸宮調並無調式、亦不講究音律和諧，乍聽之下真不知從何欣賞起，但貴賓請耐著性子，聽久了就能聽懂雜劇高雅的複雜和弦、欣賞樂工高超的演奏技法，聆聽金、石、絲、竹、匏、土、革、木齊奏，包括古箏、琵琶、月琴等弦樂，笛、簫、笙等管樂，另有編磬、編鐘、鈸、鑼、皮鼓等豐富的鼓樂，八音諧暢，樂聲細膩，迴腸蕩氣。

歡度佳節

貴賓在大都期間，有幸躬逢兩大盛典，一是9月23日忽必烈壽誕，地點在大明殿，殿內寬廣，足容六千人聚食，請你同黎民百姓席地而坐，只見忽必烈披上黃金龍袍，上千王公貴人身穿可汗賞賜的華服赴宴，流金璀璨，看得你目瞪口呆。

各位團員入殿請留意足下，請你抬腳跨入門檻，做到「行不履閾」，此一習俗從蒙古包文化衍生而來，絆到門檻視為凶兆，磕碰門檻則是不敬，貴賓入殿倘若絆跤，會遭侍衛剝個精光並以刑杖伺候，但酒醉蹣跚者則可斟酌減刑，也算是奇事一樁。

另一盛宴是蒙古白節，時序為陽曆2月，正值蒙古新年，亦是此行尾聲，儀式隆重，朝廷上下皆以額頭碰地，連行四次大禮，接著奏樂頌歌，忽必烈與仁慧的察必皇后上座，皇子與王妃依序坐在下首，正中一桌酒席琳瑯滿目，中有大金碗一只，侍宴官取金樽舀酒，先讓忽必烈啜飲，百官這才開喝，飲酒如此，用膳亦同，所食者多為「薄子」，即貴賓在上都品嚐的各類肉餃，可汗的侍宴官以金綢掩住口鼻，恐其氣息壞了御

察必皇后為蒙古貴族之女，善於勸諫，深得忽必烈寵愛，波羅父子得以回宮，察必皇后功不可沒。貴賓可在白節御宴一睹其廬山真面目。

食。

飲饌之間，絲竹不絕，可汗以蒙古樂為宴樂，樂部與漢樂大同小異，皆以弦、管、鼓為主，絃管如馬頭琴、三弦、潮爾笛、蒙古單簧管、蒙古喇叭，鼓樂則包括雲鑼、板鼓，真正能餘音繞梁者則屬「呼麥」，這是一種藉由喉嚨緊縮而唱出「雙聲」的詠唱技法，歌者一邊發出連續低音、一邊演唱出和諧的旋律，令聽者驚豔不已。貴賓敬請沉浸在迷人的呼麥演唱中，在這動人心弦的天籟美聲中心馳神往，聽完精神為之一振。

飲宴過後便是餘興節目，又是載歌載舞、又是雜耍戲法，請你不疾不徐慢慢欣賞，徹夜作樂，通宵達旦。

返航

次日一早，趁你的主子尚在宿醉酣睡，請你悄悄前往瓊華島，從延和殿穿越回甜蜜的家。

庫克船長越洋首航
Captain Cook's First Epic Voyage

時間：1768年8月26日～1771年7月12日

庫克船長曾三度橫越太平洋，敝社欣喜推出最為波瀾壯闊的首航穿越之旅，各位團員將隨這支鼎鼎大名的船隊歷時三載遠渡重洋，中途繞行紐西蘭，繪製出破天荒精準的紐西蘭地圖，並誤打誤撞「發現」澳洲，在庫克船長的手下體驗否極泰來，挑戰體能和心智的極限，以此換取人間仙境和純淨海濱，驚喜直擊各種野生動物，迎戰大海的生猛和風浪的兇殘，並站上甲板遠眺大洋落日圓。

此行從英國普利茅斯啟程橫渡大西洋，中途停靠西非外海的馬德拉群島和巴西里約熱內盧，繞過南美洲南端的合恩角，航過波濤洶湧的洋面抵達太平洋，一路航至大溪地停靠數月，在這人間天堂與熱情好客的居民樂以忘憂，接著航抵紐西蘭，感受此地島民與大溪地判若天淵，並在此繞航北島和南島後航向澳大利亞，歷經大堡礁驚魂、澳洲土著相見歡、登島插旗、將澳洲納入大英帝國屬地，再歷經千辛萬苦返回英格蘭。

歷史充電站：天文考察團

庫克勇渡太平洋並非創舉，其首航之時，歐洲地理學家便已認定有一塊新大陸尚待探勘，名之為「未知南方大陸」（Terra Australis Incognita），不僅大英帝國對其有覬覦之志，法、荷、西、葡也興致勃發，急欲挑戰英國的海上霸權。

英國既想拓土開疆又不想引起敵國起疑，幾經討論後，決定以科學考察為藉口，由皇家科學院於1768年2月奏請英王喬治三世，請求王室經援天文考察團赴太平洋觀察金星凌日，此一景象不僅是天文奇觀，更是丈量金星（等行星）至太陽距離的絕佳時機。

此行由皇家天文學家助理查爾斯・格林（Charles Green）負責繪製星圖，為使科學考察團師出有名，特聘植物學家隨船同行，為首者約瑟夫・班克斯（Joseph Banks）是富家子弟，長期以瑞典自然學家林奈（Carl Linnaeus）的二名法為動植物命名，並聘兩位助手隨行，一是生徒丹尼爾・索蘭德（Daniel Solander），二是芬蘭博物學家赫爾曼・斯波林（Herman Spöring），此行三人一共蒐集到三萬種植物標本，從此植物分類表多出一百一十「屬」和一千三百「種」。悉尼・帕金森（Sydney Parkinson）和亞歷山大・巴肯（Alexander Buchan）則是隨船畫家，兩人以畫筆記錄遠航生活和沿途風光。

船長詹姆士・庫克（James Cook）出身英國約克郡，家境貧寒，父親以務農維生。七年戰爭期間，庫克測繪了紐芬蘭島聖勞倫斯河口地圖，俾使英軍奇襲大敗法軍。庫克的繪圖奇才受到皇家學會青睞，任命其為考察船司令，是年庫克四十歲，其座艦奮進號（Endeavour）原為運煤船，船身堅固，排水量三百六十八噸，長九十七呎、寬二十九呎，艏部圓鈍，艉部方平，下有壓艙。為了此次遠航，船身重新防水填縫，並在艙內增設甲板以隔出艙位和貨倉，船上另有大艇一艘和小艇數艘，外加重炮十尊（可發射四磅重的炮彈）、迴旋炮十二尊，為奮進號增添火力。

奮進號共有十四名軍官、十二名皇家海軍、八名僕人（其中兩個是班克斯家的黑奴）、六十個來自英國各地的水手、獵犬靈緹

一隻、捕鼠貓三隻、開運招福山羊一頭。

依照慣例，心有疑慮者可在啟航前退出，十八名船員用雙腳表露了心跡，眼看出發日在即，短時間上哪裡找人呢？這就是徵兵隊屬害的地方，欲報名本團的貴賓請準備登船。

{行程簡介}

　　貴賓的落地時間是 1768 年 8 月 18 日，地點在普利茅斯的特恩察拜爾船塢，這裡臨近港口，鵝卵石街道狹窄而漆黑，娼寮處處、酒吧林立、暴力事件、齷齪勾當頻仍，正是拉壯丁的好地方。請你到柏凌盾徽酒吧拉張椅子就座，不久徵兵隊便會前來將你拉走。徵兵隊以十二人為一組，隊長的薪資高低取決於拉到的壯丁人數，貴賓可選擇「志願從軍」或「徵召入伍」，選擇前者當然比後者好，不但可以預支軍餉，而且入伍後待遇從優。

　　貴賓此行將與船員一同吃喝拉撒睡，因此請儘早適應水手生活，你若想高攀庫克船長和其他爵爺，保證會碰一鼻子灰，畢竟水手是水手、官員是官員，兩者判若雲泥，縱使雙方因船務而有所互動，但海員終究是海員。你將肩負讓庫克船長環遊世界的任務，少了你，奮進號走不了多遠。

　　貴賓若有討海經驗，此行必能派上用場，再加上熟悉船隻布局及跑船黑話，便可獲封為「一等海員」，但沒出過海也無所謂，皇家海軍還是會用你，頂多就喊你聲「菜鳥」。然而，不論菜鳥也好、一等海員也好，上船桅揚帆這種艱難差事總沒你的份，除非你體格健碩、身手矯捷，則另當別論。一般來說，這種令人頭皮發麻的危險工作多半交給手腳麻利的年輕海員，別號「船桅手」。

　　各位貴賓請待在甲板上打雜，幫忙搬運帆布、吊索、吊具，或從背上抽出刀具割斷船索。海員的工作主要是值班，請你按時就指定位置看海八小時，他船的船員須連續值夜三晚，但多虧庫克船長寬宏大量，貴賓只要連續守夜兩晚即可。

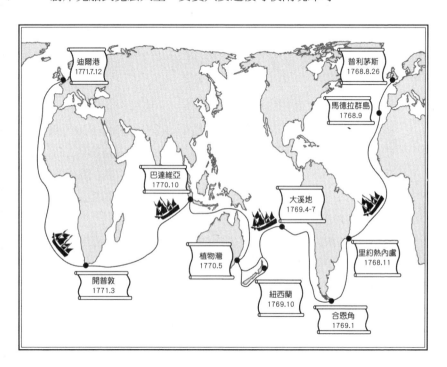

航海求生指南

貴賓請穿著單顆袖扣的長袖棉衫或麻衫，外罩單襟背心，下身內搭及膝寬褲，外罩條紋帆布燈籠褲，天冷了再披件粗絨大衣，下身改穿加厚長褲。帽子則是必備行頭，帽簷上翻的海盜帽可以擋雨，棕色毛線帽則能禦寒。貴賓腳上可穿黃銅釦黑皮靴，但大半時候打赤腳便能應付。此外，你或許會想圍一條鮮豔的領巾，並用黑色頭巾遮掩洗不掉的汙泥。

【伙食】

像這樣出海一趟，伙食的好壞多寡攸關著貴賓的身心健康，全船的士氣高低取決於船員的飯飽飢寒。當時海船上壞血病猖獗，許多船員因此消瘦甚至喪命。為了防治壞血病，庫克決定從船員的伙食下手。

庫克船長參考詹姆斯・林德（James Lind）1753年的《論壞血病》（A Treatise of the Scurvy）等最新研究，開出防治壞血病的菜單，包括一百磅鮮蔬湯塊、糖、西米、胡蘿蔔醬、蘭根粉、醋、芥末、麥芽、生洋蔥、濃縮檸檬汁、海菜、七千八百六十磅德國酸菜。此外，奮進號離港時，船上還載著六千塊豬肉、四千塊牛肉、九噸麵包、五噸麵粉、一噸葡萄乾、乳酪、鹽、豌豆、油、燕麥、十七頭羊、四頭豬、二十四隻家禽。

你每天有四十五分鐘的早餐時光、一個半鐘頭的午餐時光，每日攝取熱量約四千五百卡，每週吃下醃牛肉四磅、鹹豬肉兩磅、穀物三品脫、奶油六盎司、乳酪十二盎司。星期一、三、五茹素，主菜是豌豆布丁配洋蔥。此外，每餐隨附營養口糧，上頭時常爬滿蟲子，令人難以下嚥。

航程中奮進號會定期靠岸汲取淡水，貴賓可趁機大啖各島嶼特產，例如椰子、山藥、香蕉、番薯、黃蘋果、甘蔗、大蕉。此外，請你盡情品嚐海鮮，試試紐西蘭岩灣新鮮的牡蠣和龍蝦，品味澳洲外海碩大肥美的魟魚，你也可下水捕捉大海龜，嚐嚐軟嫩多汁的海龜肉。

海鳥也是貴賓的盤中飧，尤其是信天翁。在海員心中，信天翁怪異醜陋，是已故水手轉世而來，但植物學家約瑟夫・班克斯顧不了這麼多，先打野味再說，

於是信天翁給剝了皮、醃了鹽水、氽至半熟、燉至軟嫩，淋上醬汁，美味上桌。

【酒水】

水手第一追求飯飽，第二追求酒足，除了伙食之外，奮進號上有啤酒兩百五十桶、白蘭地四十四桶、蘭姆酒十七桶。此外，貴賓每天可飲啤酒一加侖或摻水蘭姆酒一品脫，有時船員會以啤酒為基底調酒，名之為「菲利普」（flip），無怪乎酒醉時有所聞，各位貴賓敬請斟酌，千萬別跟著喝酒鬧事，有一名船員灌了三品脫蘭姆酒後暴斃身亡，另有四名船員因偷喝蘭姆酒遭受鞭刑。

貴賓若想滴酒不沾，最好以宗教作為藉口，尤以自稱新教徒為上策。除了飲酒，船上娛樂還包括唱歌和賭博，從兩人摔角到蟑螂賽跑，只要能分勝負就能下注。此外，虔誠的信徒可於星期日早晨至教堂禮拜。

【歇宿】

貴賓此行歇宿在下艙，吊床寬十四吋，緊鄰隔壁床，艙內高僅四呎，教六呎以上的船員活受罪，讓幽閉恐懼症的患者吃盡苦頭。

此外，如廁也是一大挑戰。水手的茅廁在船首，看見那塊半懸在海上的木板了嗎？木板盡頭挖了個洞，請你就地如廁。什麼隱私啦、面子啦都還在其次，先求別落水再說。倘若海面上風浪大，你不如就憋著吧！

若想沐浴，敬請使用敝社為你準備的一大桶冷水，衣服髒了也是往桶子裡浸，再用油脂和鹼混製的手工皂刷洗，吊床和被褥的洗滌方法亦同，洗好晾在甲板上風乾即可。

【紀律】

每週船員都要在甲板上宣讀《軍法條例》，1652年制定，1757年修訂，總共三十六條，用以規範船上的紀律和懲處，羅列哪些罪會判死刑、哪些罪將「依罪刑輕重論處」，也就是鞭刑的意思，刑具為「九尾鞭」，又稱「船長之女」，長約兩呎，由九股帶結的繩索組成，繩索上蠟，末端打結，行刑時犯人光著背接受抽打，最多可鞭十二下，待犯人皮開肉綻再於傷口抹鹽，以免感染。

許多法條此行皆不適用，堪稱不幸中的大幸，但有幾條值得貴賓特別留意。請你小心不要觸犯

第二條——船員不得「褻瀆冒犯、口出惡言、隨地便溺、酒醉鬧事，一切醜行盡皆禁止。」此外，請你留意第二十三條——不得與同仁鬥毆、爭吵，也不得挑釁同仁，由於航程漫漫、生活苦悶，船員稍不留心便會犯忌。第二十七條則警告水手執勤不得打盹或怠忽職守，這條的違禁者多半毫不知情。此外，第三十六條最容易遭到濫用，內容涵蓋「本條例不及備載之罪行」，全權任憑船長處置。幸而庫克船長心地仁慈，能不處罰就不處罰，對船員寬容大度，但他深諳紀律，執法如山，貴賓休想得寸進尺。

此外，無論船上的伙食吃得再怎麼膩，都請你別發牢騷，第二十一條禁止抱怨「穀饌不潔」，另有兩名船員因拒吃牛肉而挨了十二鞭。

縱使你並未犯禁，也必須目睹船長在甲板行刑，全程鞭聲咻咻、鼓聲咚咚，中間讓犯人喝幾口水，接著繼續落鞭不絕。

【亡故】

此行貴賓不免要痛失同船成員。從普利茅斯啟程才兩週，便有一名水手被錨纜拖下海。六個月後，一名海軍無故失蹤。抵達大溪地後，隨船畫家亞歷山大‧巴肯死於腹疾。你若能克服這幾樁慘死事件帶來的悲痛，便能堅強面對航程尾聲無數船員的凋零。

橫渡大西洋

1768年8月26日～11月13日

1768年8月26日，奮進號從普利茅斯出發，九月風狂雨驟，一艘小艇和無數家禽在飄風驟雨中落海。9月13日，奮進號在馬德拉群島的豐沙爾港（Funchal）靠岸，全船下船休息四天，船員頗有得救之感。

趁奮進號在港口填縫塗漆，請貴賓上岸享受短暫的假期。豐沙爾港船隻往來頻繁，港邊不乏娼寮和酒吧，但你觀光攬勝的時間不多，光是白天搬運裝貨就夠你忙了，每個船員得搬洋蔥二十磅，其餘補給物資包括新鮮牛肉兩百七十磅、活牛一頭、啤酒一千兩百加侖、烈酒一千六百加侖、葡萄酒三千零三十二加侖。

10月26日星期三，奮進號航過赤道，全船舉行「越線典禮」，凡是從未越過赤道者都將落海三次，貴賓可藉機體驗海上高空彈跳，由老水手在你身上捆綁繩索，一條繫在你頭頂的木板上，一條綁在你腿間的木板上，一條捆在你掌間的木板上，捆好後將你高掛在船桅頂端，繩子一放──垂直落海，繩子一拉──高掛桅頂，如是三回，貴賓有權拒絕，但須戒酒四天。

11月13日星期日，里約熱內盧映入眼簾，船員早已摩拳擦掌，準備享受巴西種種消遣，但巴西總督安東尼奧・羅林・德莫拉・塔瓦里斯（Dom Antonio Rolim de Moura Tavares）可不這麼想。這位總督對奮進號所謂的「科學考察」不以為然，一口咬定英軍居心叵測，因此只准船員上岸飲食但不准進城，就連船長也不能倖免。有十二名船員聞令又氣又惱，執意抗命偷溜進城，但立即以走私為名遭逮捕，與其他囚犯關押大牢，雙

手銬在牆上過夜，庫克氣急敗壞致信總督，這才將船員救出人間煉獄。

航向太平洋

1768年12月2日～4月12日

　　奮進號駛離里約熱內盧，一路南行三百哩，來到南美洲南端合恩角，船上溫度急劇下降，船長發下禦寒衣物，好讓船員過冬兼過年。1769年1月11日，奮進號駛抵火地島，島民熱情好客，住在狀似蜂窩的木屋裡，以枯木和海豹皮糊牆造頂。

　　貴賓請在火地島稍事歇息，準備迎戰此行至今最凶險的航段——勒梅爾海峽外寬內窄，暴風不時大作，最狹處波濤洶湧，奮進號形同枯枝任白浪掀攪，試了三次才從死神的魔爪下逃脫。

　　數日後，奮進號在好勝灣下錨，船員與島民相見歡，植物學家前往內陸蒐集標本，畫家則以彩筆捕捉全身塗得紅黑紅黑的島民身影。1月21日，奮進號起錨，航向一望無際的太平洋，每天除了看海還是看海，日子過得極其緩慢，好不容易才把數週捱成數月，所幸天氣日漸和煦，海上生物變化無窮，又有關於大溪地的傳聞得以排憂解悶。原來有幾位船員待過皇家海豚號，1767年到過大溪地，據其所述，大溪地人民和善至極，舉世無雙。

大溪地

1769年4月13日～7月14日

　　陸地！看見陸地了！汪洋中浮現了彈丸之地，原來是潟湖島，一連駛過幾座潟湖島後，馬他維灣映入貴賓眼簾，只見島上棕櫚婆娑、海灘潔淨，島民划著六十呎長的獨木舟前來遠迎，用食物和你交換棉布和珠子。大溪地有一套數學符號，用以表示一至二十，再加上十進位系統，島民可做兩萬以下的數學運算。此外島上使用陰曆，並有天文學解釋星體運轉。

樂活大溪地

　　大溪地的社會制度以酋長（Ari'i）為首，祭司（Tahu'a）居次，貴族（Ra'atiri）又次，平民（Manahune）在最底層。貴賓初來乍到，只覺島民看上去都一個樣，還以為階層分野不明顯，但其實仍有跡可循。你瞧瞧島上的墳塚（Marae），雖然多半是一堆石頭，但偶爾可見珊瑚堆成的華麗碑壇，不僅設有臺階，還有雕花木柱搭成的祭壇，尤以歐普雷歐諾（Opooreonoo）的碑壇最為宏偉，呈金字塔狀，側邊有十一級臺階，頂端是平坦的壇場。傳說在人類出現之前，大溪地島住著「矛威」神（Mauwe），全是七頭巨人，而且神力無邊。

　　大溪地島民穿著清涼，不論階級皆以樹皮為衣，首先將樹皮剝下來一條條疊好，用漿糊黏妥後以木器敲薄，再將敲薄的樹皮條交叉編織，最後染上紅色、棕色、黃色。此外，大溪地島民熱愛刺青，以骨頭和煤煙作為紋身工具，貴賓不妨紋個圖騰留作紀念。

　　大溪地不僅盛產奇蔬異果，而且豬隻滿地跑，特色菜是烤狗肉，聽到這裡貴賓或許要作嘔，但請你壓下反胃的感覺，根據庫克船長的筆記，狗肉可是鮮甜無比。要烹狗肉，第一要燙水拔毛，第二要清洗內臟（狗雜），清洗的同時可在地上挖坑生火，

大溪地婦女大跳求偶舞。貴賓看能不能撿到蘋果。

坑深一呎，待火旺了放入石頭，石頭燒紅便滅火鋪上菜葉，菜葉上擺狗肉和狗雜，再蓋上菜葉烘烤至熟。

　　開動後，你會發現大溪地男女分食，共食在當地是禁忌。貴賓若想喝幾杯請自備酒水，島上的飲料只有椰奶和清水，但席間備有樂舞，島民的樂器一是手鼓、二是竹笛，手鼓的鼓身是中空木頭，鼓面是鯊魚皮，竹笛則長十五吋，共四個孔，以鼻孔吹奏。在手鼓和竹笛的伴奏下，男女舞者翩翩起舞，男的跟男的跳、女的跟女的跳。女舞者多為少女，求偶舞由幾近全裸的女郎擔綱，分為兩隊互丟蘋果。男舞者則以跳戰舞為多，舞姿近似摔角，若想看真的摔角也沒問題，島上十分盛行。

　　貴賓在大溪地期間若有紛爭，多半是因財產而起。大溪地島民認為「我的就是你的」，私有財產是什麼？聽都沒聽過！

至於偷竊？有這種事喔？當時全島仍處於石器時代，島民對亮晶晶的物品特別感興趣，例如玻璃或金屬製品。奮進號駛抵大溪地隔天，兩位爵爺便遭扒竊，一位掉了千里鏡，一位掉了鼻煙壺，從這天起，東西不斷不翼而飛，最後大多失而復得，並未爆發流血衝突，不過，某日火槍從某船員手中被搶走，該名扒手登時斃命。6月14日，鐵耙不知去向，庫克船長無計可施，當場沒收全島獨木舟，直到鐵耙歸來。

除了物品失蹤，以物易物也時有所聞，不少島上婦女以一夜春宵換取夢幻逸品，譬如奮進號上的鐵釘。庫克船長心知此風不可長，登時立下五條規矩，除了一條明令雙方友好往來，其餘四條皆與私下交易有關，包括禁止以鐵交換食物以外的物品，為了殺雞儆猴，船長邊打了一名偷拿庫存鐵釘的水手。

大溪地女子豪放大方，投懷送抱者所在多有，全島在房事上相當開放，從不為此記恨吃醋，做丈夫的、做父親的都不小器，男人樂於分享，大家都樂得輕鬆，難怪船員多和島上婦女過從甚密，或是做露水夫妻，或許下海誓山盟。

金星凌日

儘管島上娛樂眾多，但貴賓此行是為觀賞金星凌日而來，為此，庫克船長下令建築堡壘，用以存放天文儀器，確保儀器安全無虞，包括黃銅象限儀一臺、剛取得專利的方位羅盤一只、精密的六分儀一座、格里反射式望遠鏡兩架（以拋物面鏡作主鏡）。抵達大溪地後，蓋堡壘的工作立即展開，貴賓請幫忙在堡壘周圍打樁修築鐵柵欄，並在四角架回旋炮，鐵柵欄附近是林地，請在林地裡搭帳篷，並將船上兩尊大炮搬下來加強防禦。

5月1日，象限儀架設妥當，隔天竟然就失竊，庫克船長

勃然大怒，扣留島上大艘獨木舟，幸虧象限儀當晚便物歸原主。6 月 3 日星期日金星凌日，諸事就緒，只差天公不作美，滿天烏雲遮蔽了陽光，庫克在日誌中抱怨「星體為大氣所曇」，三次測量的讀數互有出入，無法正確計算星體間的距離。

7 月 9 日，奮進號準備啟航，船上多了一名大溪地青年，略通英文，名喚圖帕伊亞（Tupaia）。然而，拔錨後船隻遲遲不離港，原來是少了兩名船員，一個是克萊蒙特・韋布（Clement Webb），一個是山姆・吉布森（Sam Gibson），他倆為了與大溪地女郎長相廝守，竟然棄船逃逸，急得大家四處奔走，趕緊組了一支搜索隊上岸拿人，並以酋長作為人質，要島民乖乖把船員交出來。二十四小時後，兩個水手失魂落魄重返奮進號，踏上另一段冒險之旅。

紐西蘭

1769 年 9 月～ 1770 年 4 月 1 日

奮進號前往紐西蘭的途中會停靠社會群島，島民宰了一頭八十磅的豬公向你致敬，除此之外整趟航行乏善可陳。9 月狂風驟起，天氣轉冷，壓力攀升。什麼時候才能再見到陸地？真的能再見到陸地嗎？庫克對此深信不疑，因為荷蘭探險家亞伯・塔斯曼（Abel Tasman）1642 年到過紐西蘭，但只繞了北島，而你則要訪遍紐西蘭每一個角落。

10 月 8 日，陸地終於出現！峭壁潔白、沙灘閃爍、山林掩映、山高谷深，美景一時齊現眼前。奮進號愈駛愈近，海灘上那排小屋愈來愈清晰，毛利人臉上的戰紋和身上的刺青也愈來愈清楚，只見他們駕戰船（每艘長五十呎、寬五呎）、擲長矛，口中叫囂，來勢洶洶，每船載著一百名戰士，庫克船長下令開

毛利人駛船——不是遠迎，而是開戰！

槍射擊，一個毛利戰士中彈身亡，毛利戰船立刻折返，奮進號
趕緊跟進靠港，船員卻無法順利上岸，敵我雙方對峙僵持，毛
利戰士手拿「怕圖怕圖」（patoo patoo），這種綠石兵器很重，
鋒刃呈鋸齒狀。圖帕伊亞雖然試圖講和，又是攪舌又是獻禮，
但雙方依然大動干戈，又一名毛利戰士倒下。奮進號再接再
厲，然而第二次靠岸依舊失敗，造成四個毛利人受傷，難怪庫
克船長對此地沒好感，名之為「貧窮灣」。

　　登陸紐西蘭後，奮進號船員頻頻與毛利人交惡，圖帕伊亞
的小助手塔耶托（Tayeto）在綁匪灣被抓走，英軍以武力相逼
才把人找回來，無怪乎綁匪灣要叫綁匪灣。此外，兩百個毛利
戰士在島灣以兵戎相逼，英軍不得不發射重炮驅敵。

　　所謂不打不相識，有交惡就有交好，尤其是在圖拉嘎灣那七天，貴賓得以細細品味毛利人的生活與文化。毛利人靠海為生，擅長捕撈，不僅會用樹枝做陷阱抓龍蝦，還會用拖網捕魚。此外，毛利人以麻類植物織衣，用木柱蓋房子、鋪長草當屋頂，廁所雖然蓋在戶外，但有總比沒有好。毛利人的舞樂以木笛和法螺為樂器，跳舞時女生頭上簪黑色鳥羽，男生則跳戰舞，舞步近似今日紐西蘭橄欖球隊開賽前跳的哈卡舞。

　　11月9日，船員順利觀察到水星凌日，接著奮進號繞航南島，中途在夏洛特峽灣附近的殺人犯灣下錨，直到捕夠了魚、汲夠了水，才於4月1日駛離紐西蘭。

澳大利亞（新荷蘭）

1770年4月19日～8月22日

　　4月19日迎來了重要的歷史時刻，瞭望員看見了海岸線，一口咬定那就是「未知南方大陸」，庫克船長開始找地點下錨，一邊尋覓一邊取名，例如直立岬、鴿巢山、聖喬治岬、長鼻半島、紅岬，最後終於決定在植物灣登陸。

　　4月29日，奮進號駛入港灣，海邊木屋星羅雲布，澳洲土著的身影從中浮現，兩名屋主一老一少，一步步接近奮進號，由於雙方互相不解又彼此猜忌，兵器相向在所難免，一方擲矛、一方鳴槍，一名土著遭受輕傷，其餘土著棄屋逃逸。儘管起頭不順，後續雙方倒是相安無事。當地男子蓄鬍、穿鼻環，臉上、身上皆有彩繪，而且兵器不離身，手持三呎長木棍，可用於投射四角飛鏢，同時攜帶盾牌和回力標（貼心提醒：奮進號船員當時還不會使用回力鏢）。當地女子脖戴貝殼項鍊、手

戴貝殼手鍊，除此之外一絲不掛，站得離你老遠。

　　庫克船長選擇在植物灣登陸再自然不過，植物學家樂得大展身手。澳洲的野生動物十分迷人，在奮進號的船員眼中莫不是奇獸，例如袋鼠、丁格犬、果蝠、蜥蜴、蛇、巨毛蟲、大蝴蝶、綠蟻、蠍子、熱帶鸚鵡等。

　　從植物灣起錨後，貴賓將航經傑克森港（今雪梨港）、危險角、摩頓岬、摩羯岬，接著來到美麗又危險的大堡礁，這天是6月11日，大堡礁齜牙咧嘴，以銳利的礁石鑿穿了奮進號的船底，庫克船長別無選擇，只得將船駛入淺水區，否則只能坐以待斃。降帆令一下，貴賓請幫忙減輕船隻重量，把鐵器、壓

艙石、槍炮、過期生鮮都給扔了，留下四尊重炮即可。

　　翌日，奮進號進水嚴重，全船一齊幫忙抽水，同舟共濟果然見效，船長終於將奮進號駛出礁群，但海水又立刻灌了進來，虧得上下團結一心，奮進號這才沒滅頂，這是全體船員最敬業的一刻，全船合作無間，宛若新上油的機器，就連向來豁達的庫克船長都說：「此刻眾人齊心，冠絕古今。」

　　儘管如此，奮進號依然緩緩下沉，距離最近的海灣還有二十四哩，在這生死關頭，船員喬納森‧蒙克豪斯（Jonathan Monkhouse）挺身而出，自告奮勇要「堵住」裂口。他將麻絮混毛線縫到老舊的船帆上，接著潛入水中用船帆包住船底，利用水的壓力讓船帆塞住裂口，成功防止海水灌入，奮進號得以慢慢駛往岸邊，於6月17日早晨靠岸。

　　接下來兩週貴賓將修補奮進號，或填補裂口、或刮去藤壺、或修補船帆。多虧了你的幫忙，修補工作進展神速，期間你可在海邊露營，忙裡偷閒一下。

　　8月5日，奮進號再次下水，準備一寸一寸駛過大堡礁。海裡的珊瑚雖然繽紛迷人，但船上的每一隻眼睛都盯著水面下的暗礁，生怕駛錯一步，船底又要破洞進水。中途海面一度平靜無波，微風徐徐將奮進號吹向毀滅之域，眼看奮進號又要觸礁，貴賓請儘管加入禱告行伍，直到海風轉向，奮進號脫險，全船終於得救。

　　駛離大堡礁後，奮進號繞行了澳洲東岸，於8月22日航抵約克角半島，船長將此地命名為新南威爾士，請貴賓站到甲板上，觀看庫克船長和幾位爵爺登上小小的占領島，以三聲槍響舉行插旗儀式，奮進號也鳴炮三輪、全船歡呼三聲作為回應。

奮進號於澳洲東岸維修。

回航

1770年8月23日～1771年7月12日

　　經歷此行，奮進號船底漏水，船泵損毀，船身遭鑿船蟲穴居，船體殘破不堪，歪歪斜斜航向荷屬東印度群島，一路駛過帝汶、爪哇、蘇瓦，終於在巴達維亞（今雅加達）下錨，港口放眼望去全是荷蘭船隻，只有一艘孤零零的英國商船與之作伴。

　　此時巴達維亞處於荷治時期，市區人口約兩萬、市郊人口約十萬，路上可見歐洲人、玻里尼西亞人、中國人，全市仿阿姆斯特丹規劃建造，市區裡有市政廳、教堂、運河，可惜某次地震導致河道堵塞，活水變死水，河面上萬蚊蠅，河底積滿臭

泥、穢物、死畜，正是瘧疾和痢疾的溫床。靠岸不過數日，半數奮進號船員都掛了病號。敝社為避免貴賓遭逢不測，會派遣員工假扮成荷蘭商船水手穿越回去找你，一邊與你攀談一邊塞給你抗瘧疾及抗痢疾藥物，劑量足夠你免於感染，但也只夠你倖免於難。為了修復奮進號，你一行人在巴達維亞滯留。啟航前共計七名船員死於瘧疾，另有四十名船員重病倒下，其中率先病死的不是別人，正是貴船的大溪地領航員圖帕伊亞。

奮進號駛離巴達維亞，中途在王子島停留補水，接著痢疾便在海上發威，短短數月便奪走三十二條人命。這是此行最難熬的時刻。船上水手剩不到一半，兩名植物學家、隨船畫家、天文學家也皆已不在人間。

全船低迷的士氣，在看到好望角後稍微振作起來。兩天後，奮進號駛抵開普敦，時序是1771年3月15日，開普敦的英軍基地閒來無事，而當地田園風光正好，白的是殖民地建築，綠的是葡萄園，紅的黃的是果園和菜圃，桌山在天邊孤懸，貴賓可到風景如畫的街上散散步，到動物園參觀鴕鳥、羚羊和斑馬，過去幾個月累積的壓力瞬間消失，你大可大啖大嚼，品嚐庫克船長招待的全牛料理。

在開普敦小憩後，大夥兒打起精神踏上最後一哩路，這段橫渡大西洋的航程有商船為伴，全船還在5月15日共同欣賞日蝕。7月7日，奮進號駛離比斯開灣，航程終點就在眼前。7月10日，英格蘭的陸地在海面浮現，12日，奮進號在比奇角靠岸，午後便在肯特郡的迪爾港下錨。

返航

奮進號一靠港，便可見碼頭上萬頭攢動，貴賓可別被這片歡聲雷動的人海淹沒。迪爾港雖然不是大港，但也相當熱鬧，

喝酒鬧事、作奸犯科時有所聞，正是徵兵隊抓壯丁的好去處，敝社怕你稍不留神又被抓走，在汪洋大海中不知所向。因此，下船後請你往多佛路南行兩哩至上沃爾默村，抵達後先至皇旗酒館喝幾杯，慶祝此行歷劫歸來，接著散步至舊聖母教堂，由此穿越回甜蜜的家。

第 五 部
PART FIVE

超越極限行程
EXTREME
EVENTS

1

維蘇威火山爆發
The Eruption of Vesuvius

時間：公元79年8月23日～8月25日
地點：古羅馬龐貝城

維蘇威火山爆發並非史上規模最鉅、傷亡最多的一次，事件後的殘骸卻留給我們許多想像空間。年復一年，考古團隊在龐貝和赫庫蘭尼姆古城的遺址奮力挖掘，盼能尋回古羅馬生活的任一塊拼圖，拼湊出靜止在剎那動人的一切。現在，你可以親身體驗古羅馬生活的每一刻！這個超越極限行程將帶你見識古羅馬大城內的精采日常、觀賞令人屏息炫目的自然現象。你將會處在一個安全的位置，以完美視角見證這樁悲劇的始末。在旅途中，你可能會有一股強烈的衝動，想偷偷告訴當地人，這幾天別待在城內比較好，可以的話把貴重物品都帶在身上，但我們絕對絕對絕對不允許這樣做（很重要所以要講三次）！若你覺得無法抑制自己的人道關懷或惻隱之心，這套行程就不是你的菜。我們不希望團員和當地居民有太密切的互動。

各位貴賓將在龐貝城停留一天一夜，再移駕到海邊的赫庫

蘭尼姆城參觀一天。接著你會在拿坡里灣登上我們特別準備的船隻，觀賞火山爆發的過程。灰燼和石礫形成的烏雲會籠罩方圓數哩的鄉村，因此陸地上很難找到較佳的觀測點。但海上視野相當遼闊，即使距離較遠，你仍可以清楚看見那駭人的每時每刻。

歷史充電站：維蘇威火山

龐貝城氣候宜人、與海為鄰、土壤肥沃，因此公元前六世紀便有人定居。公元前四世紀時，羅馬人控制了這座城市，不滿的居民在公元前89年群起反抗，以失敗告終。但此後它便順利地融入羅馬帝國，蓬勃發展。城內當前的人口數為一萬兩千人，近郊則有兩萬四千人。供養這些居民的是全義大利最適合農作的土壤——礦物質豐富的火山灰土，種植出大量的穀類、葡萄、橄欖、杏仁、無花果和胡桃；這種土壤也相當適合放牧羊群。

豐富的物產在城市裡流通，也出口到帝國的各個角落。一些更奇特的商品——香料、香水、布料、珠寶自各地輸入，讓龐貝成為重要的貿易中心。

赫庫蘭尼姆和龐貝有相似的歷史。它面積較小也較富裕，城內和近郊矗立著羅馬帝國一些最豪華的別墅。

這兩座城市的毀滅者——維蘇威火山是座「駝背山」，大約兩萬五千年前由非洲板塊和歐亞板塊碰撞而形成。在公元79年以前，維蘇威有過至少三次的大規模爆發，但與貴賓接下來要欣賞的這次相比，完全是小巫見大巫。等等你將看見熔岩及火山碎屑以每秒一百五十萬噸的強度噴出，形成滾燙的火山碎屑流，夾帶的熱能是夷平廣島那顆原子彈的十萬倍。

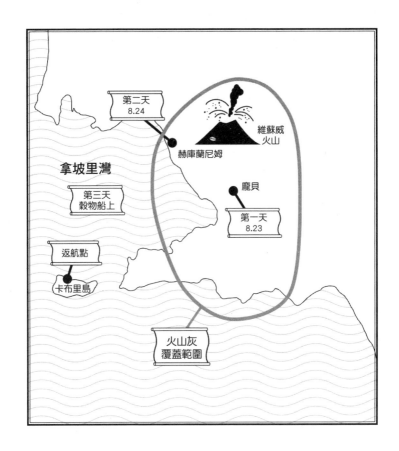

{行程簡介}

　　貴賓落地的地點是龐貝城外的墓地附近，你會看見緬懷達官貴人華麗高聳的紀念碑，也會看見平凡無奇的小型墓碑。各位團員的服裝是淺色的羅馬長袍，讓你更容易融入背景之中。龐貝城的人對色彩有一種執著，把屋子粉刷成明亮的紅色系、黃色系和藍色系。步行一小段距離後，你將由東北方的城門進城。

食宿與夜生活

貴賓入住的地點是城鎮中心多功能建築的上層公寓，這裡平常可是一戶難求。這些獨戶公寓不僅明亮、通風而寬敞，有巨大的窗戶和陽臺、豪華的家具及設備，更有自己的廁所（牆壁刻出來的凹槽上有個木製的座位，下方便是汙水坑）！如此奢華便利的空間，定能讓各位貴賓消除一整天的疲勞，好好放鬆。公寓裡還有一臺可攜式烤箱（farnus），想要自己下廚也沒問題！

不過城內美食多不勝數，我們強烈推薦各位貴賓去嚐嚐新鮮的魚料理。魚醬（garum）是龐貝的特產，可別錯過了。這是由海鹽和各類海鮮在豔陽下曝晒數月再裝罐而成的。鯖魚口味相當值得一試，你可以直接和當地小販指名頂級純鯖魚醬（liquaminis flos）即可購得。但請注意：不要貪小便宜！低檔的魚醬嚐起來就跟壞掉的海鮮沒兩樣。

肉食主義的貴賓請看這邊，城內的肉品以豬肉為主，通常製成香腸或血腸來販售。若你敢試古怪食物，還可以嚐嚐正港的羅馬紅燒榛睡鼠。榛睡鼠被放在特別設計的罐子裡，餵食堅果養得肥肥胖胖，再填入豬肉、胡椒和堅果，用魚醬黏起來，烹煮直至肉質軟嫩。若要選購農產品，貴賓可步行至市民廣場附近的食品廣場（Marcellum），那兒的酒館裡總是找得到城內最上等的食材。

你也可以在路邊攤解決你的午餐。城內到處都有麵包師傅，帶著剛出爐的麵包四處兜售。烘烤這些麵包的爐子大小不輸今天烤披薩的窯烤爐，麵團則在隔壁房間製作，生產麵粉的磨坊就在後院，由一隻馱獸提供動力。一條麵包配上在地的起司和橄欖油，基本上就能吃一餐了！記得別忘了試試城裡的葡萄酒，嚐過的人都讚不絕口，最著名的品牌非法勒那（Falernian）莫屬。

建議各位團員早些用完晚餐，若你要在天黑後出門，請務必提高警覺。入夜後城內一片漆黑，只有微弱的星光能指引你的步伐，且所有的住宅、商家和作坊都會關上大門，街上滿是強盜和醉漢。

若各位貴賓真心想體驗當地的夜生活，可以從城內的眾多酒館中挑選一家。除了飲酒之外，當地酒館也會主持以擲骰方式進行的圖版遊戲。這裡的潛規則是玩家一定要賭錢，建議你在旁

觀看，較不會惹禍上身。也請各位女性貴賓注意，酒館是男性的娛樂場合，入內的各位淑女會覺得氣氛相當駭人，且容易被不懷好意的份子盯上，因為大家認為會到酒館來的都是比較隨便的女性。

【每日行程】

8月23日
龐貝城街道

　　龐貝城並不大，因此徒步是最好的遊覽方式。你不會想要乘坐交通工具的，因為狹窄的單線道總是擠滿驢子或騾子拉的貨車，載著滿滿的貨物，根本沒有駕駛任何交通工具的空間。城內的塞車問題非常嚴重，隨處可見繫纜柱和單行道等因應措施。

　　龐貝城的人可說是用生命在過馬路，因為路中央總是有滿滿的人和動物、垃圾和排泄物。幸好馬路兩旁有稍微架高、鋪得穩固的人行道，而路中央也有一個個的踏腳石，讓你不會踩到不該踩的東西，平安過馬路，而踏腳石的間距也能讓馬車的輪子順利通過。在 8 月的豔陽下行走會讓你揮汗如雨，因此請記得隨時補充水分。當地人在這方面設想得倒很周到：每走一段距離，你就會在主要的十字路口看見不斷湧出沁涼水柱的噴水池，一旁有飲水設備，隨時有流動的活水供你飲用，源頭則是下方的大水缸。城內的水絕對安全衛生，請各位團員放心飲用。城鎮周邊高山上的雨水，由引水渠流進城牆外的高堡，分配到十數個約二十呎高的高塔，高塔由石頭和磚塊築成，頂上有大水缸，再經由人行道下方的管徑配送至各處。

龐貝城酒神巴克斯（Bacchus）壁畫中的維蘇威火山。這座山今後的模樣將完全不同，因為猛烈的火山爆發會摧毀整個火山錐。

在龐貝城內行走，你隨時都會撞見栩栩如生的雕塑，有官方刻的榮譽市民和歷史人物的巨大雕像，也有不少神龕，獻給隨時看顧著這座城市的神祇。如果你觀察得更仔細，就會發現街道上或店鋪旁也有各式各樣的小型人像。最常見的是下半身非常雄偉，酷似矮人的塑像。在這裡，「那話兒」不只是生育力和男性權力的象徵，更是能招來好運的「吉祥物」。

　　塗鴉是街上最搶眼的風景，刻畫著城市生活的所有面向。在龐貝，說「有牆的地方就有塗鴉」一點都不為過。看看牆壁，你就能了解政令或公眾事務、即將到來的活動和當紅的名人。有些塗鴉歌頌性慾與征服、熱戀與失戀，也有些寫著桂冠詩人和經典作家的至理名言。

　　在龐貝，塗鴉儼然是屬於大眾的一種藝術形式。商店外的招牌更把這項傳統發揮得淋漓盡致，有些招牌上的圖像非常細緻，各種細節一應俱全。例如一名建築工的招牌上畫著他賴以為生的各種工具——鑿子、鐵鎚，還有……隨處可見的陽具。攤販和匠人的種類五花八門，數量多到令人難以置信——布商、時裝店、理髮師、香水店、珠寶店、鞋匠、香料鋪等等，應有盡有，讓這兒成為逛街的不二選擇。你可能也會注意到路邊有不少妓院，其實龐貝的妓院相當出名，許多羅馬男性會在白天光顧一下。

　　你在旅途中應該會發現，城內有許多地方都在重建和翻新，許多著名的公共建築暫停開放。有些重建工作進度飛快，有些除了瓦礫堆什麼都沒有。例如供角鬥士互相殺戮或與野獸浴血搏鬥的競技場，便因施工而關閉。這一切的原因是發生在公元62年2月5日的地震，芮氏規模高達五至六級。當天適逢奧古斯都大帝掌權 N 週年紀念，市民廣場上正舉行兩場牲禮，隨後還有一場敬拜城市守護神的盛宴，現場擠得水洩不通，因此地震發生時場面一片混亂，使得罹難人數大增。

　　市民廣場是位於龐貝城中央的開放空間，你在參訪時應會立即注意到地震造成的影響。廣場的四周矗立著許多廊柱，因為兩座主要的神殿皆位於此處。你看到的阿波羅神殿可追溯到公元前2世紀。另一座則是朱比特（Jupiter）、朱諾（Juno）和密涅瓦（Minerva）的神殿，在地震中受損嚴重。廣場上還有一棟獻給歐瑪奇雅（Eumachia）的建築，她是一個富裕酒商的愛

「香豔龐貝城」：羅馬人的性觀念非常開放，在公共建築或民宅的牆上，你都能見到各式各樣的「教戰壁畫」。

女。長方形會堂則是城內最大的公共建築，牆上充滿各式各樣的塗鴉。即便上頭已經刻著成千上萬的話語，還請各位貴賓克制你的衝動，不要再加一筆「ＸＸＸ到此一遊」。

　　阿波羅神殿有著高聳的圓柱和三角形的外牆，相當值得一看。走上階梯，通過高臺上的大門，你便會看見眾神雕像一同迎接你，雕像旁總是有許多信徒留下的供品。神殿內部的風格

則較簡單、樸素，很明顯不是為了宗教儀式或慶典而設計，因為這類活動通常都在市民廣場上舉行。

來龐貝城，如果不去澡堂就太可惜了。這裡的澡堂都是裸湯，所以你必須習慣一絲不掛，不過別擔心，男性和女性的澡堂是分開的。這裡要先對想嘗試男女混湯的貴賓說聲抱歉，城內唯一的混湯──中央澡堂，因為地震影響尚在維修中。

請注意，男性貴賓須從前方的入口進入澡堂，女性貴賓則須由側門進入。進入澡堂後，請到更衣室解下你的羅馬長袍。這裡有個大亮點值得注意：為了讓更衣的人記得自己把衣服放在哪裡，牆上有一系列令人臉紅心跳的壁畫，其中一幅是大剌剌的「品玉」特寫，甚至還有兩男一女「三 P」的畫面。羅馬人對這些色情事物早就習以為常，所以你會發現其他人完全不以為意。

脫完長袍你就自由了，你可以做運動、游泳、晒日光浴、去按摩、除毛美容，想做什麼就做什麼。但來這裡的重點還是泡泡看各種溫度的浴池，有冷水池（frigidarium）、溫水池（tepidarium）、熱水池（caldarium），還有溫度超高的「爆汗池」（laconium），適合泡湯狂熱者。不過我們並不建議你把頭埋進池子裡，因為池水是各種細菌的溫床。

各位貴賓在旅程中一定有內急的時候，城市裡到處都有公共廁所，但請不要想像會擁有自己的私人空間，因為撇條在龐貝城是種團體活動。你會跟其他人同時蹲在一條條大理石長板的上方，當然中間有個鑰匙孔形的洞，下方就是收集和處理穢物的汙水溝，你正前方的地上還有個裝滿清水的小凹槽。當你解放完畢，請拿起你的海綿棒（末端黏有一塊海綿的桿子）沾沾水，在你的羅馬長袍下方仔細擦拭，直到你覺得夠乾淨為止。

8月24日
赫庫蘭尼姆城

各位貴賓隔天清早會在赫庫蘭尼姆城附近的出發點會合，再一同步行進城。赫庫蘭尼姆城並不大，但居民大多非常富裕，住在華麗的大宅中，而臨海的地理位置也讓此處成為羅馬菁英階級度假的首選。若要觀賞維蘇威火山的第一次爆發，這兒的視角再好不過。

8月24日下午一時，維蘇威火山突然開始活動，冒出夾帶大量火山灰和石礫的濃煙，竄向數千公尺的高空。即使煙幕籠罩了西邊的龐貝和赫庫蘭尼姆，留下厚約數吋的煙灰，尚無其他災情傳出。雖然各位貴賓可能會眼睛過敏、喉嚨乾澀、呼吸困難，你仍可以清楚看見火山活動對龐貝城的影響。

儘管有些赫庫蘭尼姆的居民按兵不動，希望一切到此為止，大部分的居民選擇離家落跑。許多豪宅裡頭一個人也沒有，正是各位貴賓進去一探究竟的好機會。

當你找好一間無人的大宅入內參觀，會先看見一個寬敞的中庭，再往內走便會進入迷宮般的迴廊，有著許許多多的房間。屋子裡的一切都值得你細細品賞：家族守護神的壁龕、裝飾豪華的鏡子、各式各樣的油燈和銅像。也別忘了看看牆上、天花板上和地板上的壁畫，生動地描摹狩獵探險、神話劇情和性愛場景。庭園則是屋主最引以為傲的部分，有些庭園綠意盎然，樹木和藤蔓恣意生長；有些則較典雅，有著精心布置的花床，還有各式各樣的裝飾，如波光粼粼的小池子或魚池，和精雕細琢的小神龕。各位貴賓在參觀的過程中，應該會被籠罩那些宅邸的闃靜所震懾：空蕩蕩的飯廳、沒吃完的食物、丟在一旁的衣服，都是居民生活突然受到驚擾的證據，而這些突然靜止的事物在數小時後都將化為烏有。

提醒各位團員在天黑之前務必往海邊移動，會有小船在沿岸等待，帶你前往拿坡里灣轉乘大船。最後一艘小船的出發時間是晚上的十一點三十分，逾時不候。遲到的貴賓將會受困岸邊，無法再回到現在。這可不是開玩笑的，赫庫蘭尼姆馬上就會為灼熱的氣體以每小時一百哩的速率吞噬，屆時地面溫度將高達攝氏五百度，整座城市隨即埋沒在六十呎深的火山灰下。

8月24日
拿坡里灣

下了小船，你將會登上我們ＶＩＰ級的穀物運輸船，配有兩張大帆，順風時平均速度可達四至五節。舵手透過舵柄（與船槳垂直的握柄）來調整繫在桅杆上的繩索，進而操作側舵和船尾的方向舵，來控制船隻的方向。為你服務的舵手和船員都已通過本公司的嚴格訓練，請你放心搭乘。在航程中，我們也將為你準備豐富的小點心，讓你想睡也睡不著，菜色暫定為：白煮蛋佐松子醬、芫荽扁豆、新鮮牡蠣、紅燒野豬肉片，敬請期待。

用完小點的貴賓會在甲板上集合，一同收看今晚的重頭戲。當維蘇威火山噴出的火山灰雲柱崩塌時，產生的氣體快速膨脹，形成一波又一波的火山碎屑流，溫度高達攝氏三百度。第三和第四波的碎屑流將夷平整座龐貝城，而途中的所有生物都難逃燒死或窒息的命運。

你將看見維蘇威火山的頂部在無邊的黑暗中不斷悶燒、化為灰燼，濃煙籠罩了整片天空，讓白天仿如黑夜。高溫造成的火光四處燃起，像一蓬又一蓬的篝火，互放著光亮。

若各位貴賓看仔細點，就會瞧見海岸線上的慌亂景象：成千上萬無助的人們困在逐漸洶湧的浪潮和來勢洶洶的熔岩之

間，無處可逃。一堆堆的瓦礫因為高溫成了白色的炭火，許多人遭到活埋而喪命。陸上災情愈來愈慘烈的同時，你也會注意到海面揚起了巨浪，將大小船隻捲入海中。地震波是巨浪的主要成因；火山爆發造成的震波透過海床傳到了海面。

最後再次重申，這套行程不適合提心吊膽的貴賓。即便只是在船上觀看火山爆發，你仍可能暈船，或在甲板上滑倒。有時浪花太大會讓你成為落湯雞，有時會有種下一秒船就要沉了的感覺。若你遇到以上情況，請保持冷靜。敝公司的船隻十分堅固，能在各種極端狀況下確保乘客的安全，至今無任何失事紀錄。

在第六波，也是最後一波火山碎屑流結束後，團員乘坐的船隻會向卡布里島航行。各位貴賓會在沿岸的沙灘下船集合，準備穿越回現代。

2

英格蘭農民起義
The Peasants' Revolt

時間：1381年6月12日～15日
地點：英格蘭

古英格蘭的美好歡欣即將幻滅。年方十四的理查二世成了一群奸臣邪佞的傀儡：蘭開斯特公爵岡特的約翰（John of Gaunt）趁其年幼握權多年，坎特伯里大主教西蒙·蘇保利（Simon Sudbury）和財務大臣羅伯·赫爾斯（Robert Hales）也不遑多讓，一起狼狽為奸。三十年來人民稅務吃重、社會動盪不安，肯特、埃塞克斯和倫敦的農奴、自耕農和自由民決心起義反抗當權者。各位將在布萊克希斯加入由瓦特·泰勒（Wat Tyler）、傑克·史托（Jack Straw）和激進英勇的牧師約翰·鮑爾（John Ball）領導的起義群眾，在羅瑟希德等待國王的船隻駕到，最後跟著倫敦的暴民攻克倫敦橋，占領這座正舉行基督聖體節慶典的城市。這將是個前所未有千載難逢的機會，讓你在中世紀的倫敦恣意欣賞古雅又奇特的建築、了解不同社會階級的生活和品味，但可別逗留太久！你可以隨意亂入市街上狂熱的叛軍、失序的暴民或鎮壓革命的皇家軍隊。

歷史充電站：英格蘭農民起義

中世紀英格蘭的農民起義肇因於持續約三十年的社會動盪。1340和1350年代爆發的黑死病讓英格蘭的人口減少了三分之一，使得耕地過剩、勞動力短缺，貴族與佃農之間的權力關係改變，開始傾向對後者有利。許多奴隸趁機規避義務，逃往其他莊園或城鎮。政府頒布各項法令，仍無法控制暴漲的工資。嚴苛的《勞動者規約》（*Ordinance of Labourers*）和《勞工法令》（*Statute of Labourers*）也無法遏止農奴制度的崩毀。

1377年愛德華三世逝世後，各地的封建秩序瓦解得更加徹底。王子理查二世繼位時只有十歲，由其叔父岡特的約翰掌控實權，人民對其不合理的統治方式忿忿不平。為了支援歹戲拖棚、毫無勝利跡象的英法百年戰爭，約翰在1377、1379和1381年對全國人民課徵極重的人頭稅，而在叛亂爆發時，約翰人還在英格蘭北部，準備和蘇格蘭人簽訂另一紙和平條約！前兩次的逃稅情形便非常嚴重，反對的聲音也不少；然而在埃塞克斯和肯特點燃抗議的，是1381年6月的第三次徵稅。人民開始有計畫地攻擊徵稅官和地主，燒毀莊園和教堂的法律文件，這些文件記錄著租金及各項封建義務。

反抗軍在本次行動中打的名號是「為國王理查和全國人民而戰」，亦即他們是衝著背叛或蠱惑國王的佞臣而來，因此肯特的反抗軍一聽到國王將在布萊克希斯（後來改為倫敦）接見他們的消息，便攜著干戈浩浩蕩蕩地往倫敦前進。

｛行程簡介｝

貴賓落地的地點是布萊克希斯空曠的河濱低地，當地時間為1381年6月12日星期二，正值午餐時間。這片低地位於泰晤士河南岸，往下游步行一哩即抵達倫敦塔及倫敦近郊。你會

牧師約翰·鮑爾（騎馬者）激勵瓦特·泰勒領導的反抗軍。奇怪的是，畫中的民兵裝備竟如此齊全。收錄於尚·傅華薩（Jean Froissart）的《見聞錄》（*Chronicles*）手稿中，此為1470年版本。

發現身旁有一大群正在集結的反抗軍，以及階級較低的倫敦市民，他們正等待國王理查二世駕到。

我們另外準備了兩套更多天的行程，提供給有冒險犯難精神且熱愛中世紀風情的貴賓。參與者能在抵達布萊克希斯前，體驗埃塞克斯和肯特的起義行動。在此溫馨提醒，你必須具備基本的馬術技巧和體能，才能玩得盡興。

支線：埃塞克斯的叛亂

這套行程足足比「倫敦基本款」多了十二天，團員會在5月30日由埃塞克斯郡的集鎮布倫特伍德出發。你將參與鎮民

與治安法官的集會，場面不久便失控，民眾群起抗議、拒絕納稅，將國王派來的徵稅官逐出城外。這天恰逢降靈節，你可以騎著馬到不遠處的博金村，參與埃塞克斯男性一場盛大的聚會，感受民眾一觸即發的憤怒，見證這把怒火延燒全郡的過程。

　　接下來的一週，南埃塞克斯各地都有好戲上演，每個據點之間的路程都不超過一天。我們建議各位團員參加6月10日在科格索爾鎮克瑞興聖堂（Cressing Temple）的聚會，當晚埃塞克斯的大家長（郡長）即將在反抗軍手下一命嗚呼。往倫敦的遊行隊伍將於6月11日通過切姆斯福德鎮，屆時各位團員可以好好欣賞焚燒官方文件的盛況。請注意，遊行隊伍行至泰晤士河北岸的阿爾德門或魯德門便會停下腳步。你必須自己往南走過倫敦橋，抵達布萊克希斯。團員很可能看見城門深鎖，如果情況如此，就到倫敦塔東側的碼頭僱個船夫幫你「偷渡」進去吧！

支線：肯特郡大行動

　　各位團員會在6月5日抵達本次起義的根據地——肯特郡的達特福德鎮。鎮上的反抗軍忙進忙出，疾馳到附近的村落集結援軍，你應該會看見鎮上已有數千名男子帶著武器蓄勢待發。你將在隔天（6月6日）「入伍」，與他們一同行軍至附近的羅徹斯特，拿下一座防守薄弱的城堡，挾持堡主羅傑‧紐恩頓爵士（Sir Roger Newenton）。6月7日你則要前往梅德斯通，與暴民一同衝進監獄，救出因異教罪名遭到關押的牧師約翰‧鮑爾。他獨具個人魅力，提倡自由，幾天後發表的「羅瑟希德布道詞」非常精采，絕對不能錯過！

　　體力過人的貴賓還可以加入本次起義（準）領導人——瓦特‧泰勒的隊伍，行進約三十哩抵達南邊的坎特伯里。在當

地時間的 6 月 10 日，泰勒先生會步入坎特伯里大教堂，要求選出新的大主教，替換貪腐的現職主教。他接著要鎮民點名他們之間的「邪佞之人」。反抗軍斬首了三人後，便展開一場擴及全鎮的暴動，占領城堡，闖入監獄。隔天早上，皇家信使會捎來消息：國王希望瓦特・泰勒帶著整支軍隊，到布萊克希斯近郊與他會面。我們建議想喘口氣的團員先開個小差，到梅德斯通或達特福德納涼一下（別去羅徹斯特，那兒極易遭受動亂波及）。等到 6 月 11 日下午四、五點，瓦特・泰勒的軍隊返回布萊克希斯時，各位團員便可以再次加入，繼續你的冒險。

　　請注意，不管你選擇了哪一套行程，或如何抵達布萊克希斯，請仔細看看周遭的景物，確認一下方位，因為我們 6 月 16 日早上將在這裡集合出發。在各位正北方的格林尼治有座小山丘，反抗軍的領袖將在那兒碰面。若你背向河川沿著道路前進，穿過一片荒原後便會看見兩條向右的岔路，先抵達的那條通往羅瑟希德，亦即反抗軍與理查二世會面之地。另一條則通往著名的市郊南華克，坐落在泰晤士河的南岸，與倫敦橋相望。

城市生活

倫敦的城牆內共有三百五十四家小酒館，所以要喝一杯絕對不是問題。請注意，小酒館是只提供酒類和食物的高級消費場所，而最高檔的酒館桌上總會鋪著亞麻桌巾。每杯一便士的波爾多紅（Bordeaux Red）是基本款，但請別告訴店保你要一杯紅葡萄酒（claret），因為這個詞還要好幾百年才會出現。來自伊比利半島的濃烈白酒萊佩（Lepe）和歐希（Osey）也是不錯的選擇。若你想嘗試更高級的酒類，可以點杯兩便士的萊茵白酒（Rhenish Wines）。酒館裡的食物則以各式各樣的烤肉和鹹派為主。

　　為數眾多的啤酒屋也是倫敦的另一個特色，出入份子較為複雜，常有人在裡頭大聲喧嘩及鬧事，因此請各位貴賓看好你的貴

重物品，注意人身安全。店裡除了麥酒、蘋果酒和蜂蜜酒，也供應黑麥麵包和起司等塞牙縫的小點心。十四世紀的倫敦街頭本會有許多小販，但因各位是在動亂期間造訪，見到他們的機會比較少。不過肚子餓時還是可以留意一下，說不定鹹派專家、麵包師傅或水果達人就在你身邊！但購買鹹派時千萬要小心，據傳有些黑心商人會把腐肉摻在派裡為你加料。

相較之下，到倫敦食品市場覓食會是個更健康的選擇，6月的主打商品是莓果和春蔬。但受到暴動影響，聖體節的那個週末可能一菜難求。

【服儀】

十四世紀英格蘭社會結構變動迅速，由下而上的社會流動威脅既有秩序，政府實施的禁奢法因此越來越嚴厲。每個社會階層容許穿戴的毛皮、徽章，衣服的種類和材質皆受到嚴格規範。但正如其他封建法令，禁奢法即將土崩瓦解。農民起義沸沸揚揚的那個週末，各位最好穿得樸素些，以免遭到不測。若你在倫敦城的這場混亂中被誤認為律師、徵稅官或陪審員，後果將不堪設

想。我們建議各位團員的穿著要比自耕農來得高級，但也不能太高調，可以模仿低階鎮民或菜鳥抄寫員的裝扮。老爺、先生可以參考素色緊身褲、覆蓋大腿一半的長外套和緊身上衣（袖口和領子上的獸毛裝飾可別太誇張）。太太、小姐則可穿著素色亞麻罩衫、長度拖地的束腰外衣，或一件搭著外套的束袖口連身長裙。

【住宿】

住宿方面，我們已幫各位貴賓預留了兩處的房間：位於城外南華克的「塔巴客棧」以及城內利德賀市場的「羔羊酒館」。前者是個相對安全、嚴格把關的過夜場合，但後者離暴動發生的地點較近，任君選擇。你必須先繳交一筆訂金，入住時再付清餘款。按照該區的行情，一張單人床一個晚上收費一便士，一頓伙食則是兩便士（肉類和酒類須額外加價）。我們建議把每日預算訂在一人四便士以上。你的馬匹也需要睡覺和吃東西，收費皆是兩便士。有鑑於社會秩序正在崩壞，通貨膨脹也不用太意外。看到一堆用繩子固定的木板了嗎？別懷疑，那就是你今晚歇息之處，幸運的是，你至少會拿到客棧主人

熱心提供的亞麻稻草床墊兩張，伴你度過漫漫長夜。

【醫療】

　南英格蘭最近一次的黑死病爆發於 1369 年（十二年前），但各位貴賓仍需接種最新的鼠疫疫苗以及傷寒、肺結核和肝炎疫苗。

不過你在旅途中最可能遇到的問題應該是吃壞肚子，因此我們會發給每位團員足夠劑量的樂必寧（強力止瀉劑）以應急。在短暫的旅途期間，感染痲瘋病的風險非常低，各位團員若在倫敦、埃塞克斯或肯特郡的街上看見痲瘋病人，莫急莫慌莫害怕。

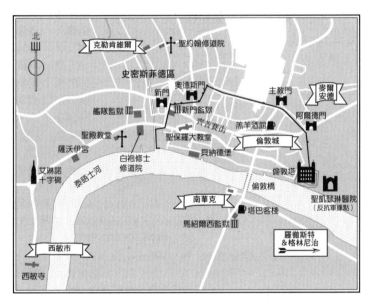

6 月 12 日，星期二
會見反抗軍

　聚集在布萊克希斯的群眾又累又餓，除了等待之外別無選擇。你今天會過得有點空虛，大部分時間都在搜集柴火，用大夥掙來的窮極寒酸布料紮營，默默等待來自國王的信息。營地的氣氛緊張，謠言四處飛舞，稍微留心便能聽見各種「風聲」：

王太后瓊（Joan）顯然希望反抗軍能有所作為，白金漢郡伯爵稍後便會宣示站在人民這一邊。埋伏在河邊小丘上的指揮官也將把他們的人質——約翰・紐恩頓爵士（Sir John Newenton）押往附近一哩處的倫敦塔。下午四、五點時，你會看見兩位御用傳令官騎著馬朝小丘奔來。他們大老遠送來的是國王的詔令：翌日早晨與反抗軍會於羅瑟希德。

　　你可以在南華克度過一個有趣的下午和舒適的晚上，別忘了我們已為你訂好塔巴客棧的房間。強烈建議團員在下午四點前抵達，因為傍晚六點時許多鄰近地區都將受戰火波及。反抗

理查二世與反抗軍於布萊克希斯會面的前一刻。王室船隻後方描繪的正是倫敦塔。

軍第一個襲擊的目標是客棧旁的馬紹爾西監獄，屆時也會有許多南華克的百姓加入戰局。當天晚上，南華克最不受歡迎的人物，也是王座法院監獄看守者理查・因渥斯（Richard Imworth）的房子被縱火焚燒，其他陪審員和徵稅官的房屋或檔案紀錄也難逃一劫。子夜時分許多反抗軍會往西移動，到坎特伯里大主教居住的蘭貝斯宮示威。你會發現這批民眾的行為收斂多了。占領此地的主要目的是找到並燒毀教區的檔案紀錄，以及酒窖的入口。主要任務達成後，大夥便在宮殿的廚房裡開起了派對，氣氛熱鬧喧騰，仔細聽便能聽見當天最夯的歌曲〈大家一起嗨翻天〉（A Revel and a Revel）。

6 月 13 日，星期三
瓦特・泰勒、國王暨營火之夜

　　不論你選擇在布萊克希斯還是南華克過夜，今天都必須起個大早，到泰晤士河南岸的羅瑟希德皇家莊園加入瓦特・泰勒和他領導的軍隊，這兒的反抗軍大概占總人數的十分之一。搜索一下兩面在群眾之中飛舞的巨大聖喬治錦旗，泰勒本人應該就在附近。在等待理查二世和隨行官兵的同時，今早的重頭戲即將上演：上週三剛被肯特郡暴民營救出來的熱血牧師約翰・鮑爾即將進行激勵人心的演說。若你側耳傾聽，便會聽到他引用的那句至理名言：「亞當夏娃耕織之時，豈有貴賤階級之分？」如此簡單易懂的平等主義，讓封建社會中的統治階級不寒而慄。

　　接下來請把你的目光移向左方，理查二世的船隊即將靠近泰晤士河曲折綿長的河岸。站在國王身邊的有大主教蘇保利、財務大臣羅伯・赫爾斯、沃里克（Warwick）伯爵和索爾茲伯里（Salisbury）伯爵。岸上群眾情緒激動，叫囂鼓譟聲勢駭人，皇

家船隊見狀，在離岸三十碼處「緊急煞船」，拒絕靠岸。雙方於是隔空談判，國王要求反抗軍代表拿出請願書，岸上又是一陣騷動。一位代表於是走到河中央遞出文件，上頭寫著落落長的改革事項，並要求馬上處決王室掌權者，被點名的有岡特的約翰、倫敦主教寇特尼（Courtney）、大主教蘇保利以及財務大臣赫爾斯，尷尬的是這幾個人都在船上。經過一陣討論，整支船隊掉頭揚長而去，拋下河岸上怒不可遏的肯特暴民。

上午十點左右，憤怒的反抗軍離開羅瑟希德和布萊克希斯，朝南華克和倫敦橋行進。各位貴賓可以留意一下南華克魚塘旁的妓院，老闆正是倫敦市長威廉・渥爾渥斯（William Walworth）先生，這裡稍後便會被縱火焚毀。一大批反抗軍行至倫敦橋南側便卡在橋上動彈不得，因為活動橋目前是升起的狀態。在活動橋的彼端，我們可以看到進城的石橋兩側有座教堂和許多商家，還有一大批群眾熱情歡迎反抗軍的到來。此際倫敦市民一致相信，這群人不是來搞破壞的，只是來警告一下那些為非作歹的奸臣，也相信他們吃東西會付錢，但實際狀況並非如此。活動橋終於放下的那刻，群眾瞬間擁入倫敦城內，喧鬧、哭喊和叫囂聲劃破天際。

各位貴賓過了橋，在橋頭街上往北行進時，不妨在第一個十字路口停下來，看看右邊的比靈斯門和左邊的製繩廠。不斷從你身邊經過的人潮有些會右轉通過比靈斯門，朝倫敦塔擁去。塔丘上聚集了一大群人，揪團嘲笑困在塔內的王室隨從。另一批反抗軍則不斷直行，經過芬喬奇街抵達阿爾德門，門外有許多埃塞克斯反抗軍等著進城。若你在此處多多留意，可能就會撞見野生的大詩人喬叟（Geoffrey Chaucer），他在這附近租了個小公寓。選擇左轉的人潮最多，大都是往西邊的魯德門或新門去，與在這兩處駐紮的反抗軍會合。聚集在新門的群眾蓄勢待發，準備前往城牆另一端的兩個目的地：新門監獄，和

黃金巷往北四分之三哩的聖瑪麗修道院，這兒是醫院騎士團的總部。

　　經過我們精密的計算，一路向西前往魯德門的暴民人數最多，各位貴賓可以跟隨他們，若你前進的方向正確，遠方聖保羅大教堂的尖頂會在你的右手邊。魯德門本身就是件值得一看的藝術品，最近才剛打掉重建，使用的石材取自一些猶太富商的豪宅（屋主多遭驅逐或殺害），上頭還站著數位古不列顛國王的塑像，當然也包括傳說中的「魯德王」。出了魯德門，迎接各位貴賓的便是一大片的牧場、美輪美奐的別墅、天然到不行的果園，以及屬於索爾茲伯里主教和加爾默羅修士（Carmelites，又稱白袍修士）的壯麗莊園。不過絕大部分的反抗軍都選擇繼續前進，沒有停下來參觀，只有一小群人脫隊去破壞北邊艦隊監獄的大門。其他人沿著艦隊街繼續前進，在聖殿教堂停下腳步，或沿著河岸再走一哩，映入眼簾的便是你目前看到最大的建築物──岡特的約翰的薩沃伊宮。

　　聖殿教堂在十二世紀時是聖殿騎士團的總部，聖殿騎士團瓦解後落入醫院騎士團之手。「醫騎團」稍後把整個地方租給了倫敦的法律界，這兒於是成為實習律師的宿舍和法律文件的陳列室。下午四時許，反抗軍會來蹂躪此處，甚至把四周的附屬建築物都拆了，你將會看見花園裡升起一道巨大的營火，名單、稅單、經書和各式各樣的檔案紀錄成了取之不盡、用之不竭的燃料。

　　我們先把畫面切至河岸一帶，亦即艦隊街的最西邊。艾希特（Exeter）、巴斯（Bath）、蘭達夫（Llandaff）、科芬翠（Coventry）、伍斯特（Worcester）主教的大宅都坐落於此，不過這幾棟房子和南側的薩沃伊宮相比，奢華程度還是小巫見大巫。薩沃伊宮位於倫敦城和西敏市的中間，在你抵達時，那兒應該已經人聲鼎沸，高聳的石牆完全擋不住這批意志堅定的反抗軍，但

他們仍謹守初衷：起義的目的在於懲戒而非劫掠，因此襲擊薩渥伊宮的群眾紀律嚴明，守規矩的程度令人匪夷所思。宮裡的桌巾、華裳和布料被燒成灰燼，暴民努力把珠寶磨成碎屑，而非打包帶走。至於金盤、銀盤，他們則使出吃奶的力氣一個個捶歪打爛，而非拿回家當裝飾品。當晚有名不安好心的成員想偷帶幾個盤子回家，馬上被抓包，隨即就地審理、當眾處罰。請注意，若你聽見宮內傳來醉漢的笑聲，或正義凜然的呼喚，別被好奇心慫恿而入內探查，因為鄉民們在裡頭放的一把小火會意外引燃三桶火藥，整座宮殿不久後便會被熊熊大火吞噬。

夜間行程

　　傍晚時分，活動的焦點會轉向齊普賽街，不過各位貴賓參與之前可能要有點心理準備。齊普賽街位於城鎮中央牛奶街、麵包街和柴頭街的交界處，是倫敦城內少有的公共空間，傳道、懲罰示眾抑或各式各樣的商業活動都在此舉行。若你看見顯眼的艾琳諾十字碑，就沒跑錯地方了！艾琳諾十字碑由四根六角形石柱結合而成，上頭刻有前王后艾琳諾的六尊塑像，已故國王愛德華一世從林肯護送愛妻遺體到西敏寺的途中，為她留下了這些永恆的紀念。然而今天晚上和接下來的幾天，在這美麗廣場上上演的將是殘酷的砍頭戲碼（而且劊子手還非常不專業）！暴民會進行地毯式搜索並逮捕城內的徵稅官；他們的首要目標是惡名昭彰的羅傑‧萊吉特（Roger Legett）。萊吉特先生在新門街上的聖瑪汀勒格蘭教堂被捕，教徒通常在此處舉行宗教儀式，但我們的暴民可不想舉行什麼儀式，他們把萊吉特從教堂裡拖出去，頭也不回地往齊普賽街走，可憐的萊吉特先生即將面對殘酷的命運。

　　若有團員覺得上述行程過於血腥殘暴，也可以選擇加入往

北走的群眾，他們會沿著霍爾本河前進，抵達一處寬敞的城市空間——克勒肯維爾。暴民會在途中焚燒萊吉特先生的家當，不過耶路撒冷聖約翰的修道院才是重點，這裡是一個光鮮亮麗、富裕奢華的軍事組織——醫院騎士團的宿舍。暴民放火毫不手軟，聽說殘骸燒了超過一個禮拜才全部燒完。

　　如果擁擠的市街造成你的幽閉恐懼，或你對肆無忌憚的縱火已經麻木，就往西走到倫敦塔去吧。除了塔丘上的那群人，在倫敦塔東邊聖凱瑟琳醫院前的空地上有個小小的反抗軍據點。當天深夜會有兩位皇家騎士抵達聖凱瑟琳醫院，他們帶著一張羊皮紙，上頭有國王玉璽的印信。你會看見一個人匆匆忙忙推出一把椅子，另一人在人群中笨手笨腳爬上椅子，大聲念出羊皮紙上的訊息，內容大概是：「如果現在收工回家，國王就會原諒你們，有什麼不滿都可以寫下來向國王反映。」這完完全全踩到了這群暴民的地雷，因為絕大部分的人根本不識字，而且他們上週都在忙著燒毀文字紀錄。有些人一聽到這段話就毅然回城繼續放火，立志把律師和書記員的房子和文書紀錄統統燒光。

　　一想到要走回南華克或利德賀就很崩潰的貴賓可以選擇在附近過夜，塔丘和聖凱瑟琳醫院都非常安全，還有享用不盡的酒和食物，有些是反抗軍前往倫敦塔的途中劫來的，有些則是倫敦市民慷慨的餽贈，兩地的慶祝活動都會持續到天明，別當個老人，一起縱酒狂歡吧！

6月14日，星期四
麥爾安德會國王、攻占倫敦塔

　　各位團員今天早上必須從三套行程中擇一參與，分別是海布里、麥爾安德和倫敦塔。

　　名為海布里的小鎮位於倫敦城北方，財務大臣赫爾斯的幾座莊園就坐落於此。一大清早，由傑克・史托領導的一大批反抗軍將會有計畫地對豪宅和石倉放火，絕不會有任何疏漏。任務進行的過程中，一群來自北方聖奧爾本斯、耳聞倫敦起義一事的民眾也會加入。史托稍後會集合所有人，要求大家一同高呼「效忠國王理查及全體人民之誓」。請注意，從倫敦到海布里約有三哩的路程，請各位團員由奧德斯門出城，沿奧德斯路往北走接格斯維爾路。

　　當日的主要事件發生在倫敦東邊不遠處的麥爾安德，那兒有片廣闊的原野。經過一整夜的軍事會議，國王理查決定繼續使用綏靖政策，下令傳訊到城市的各個角落：請所有反抗軍今早到麥爾安德與國王會面。國王本人會帶著一小支騎兵隊出巡，成員包括沃里克伯爵、牛津伯爵（Oxford），以及國王同母異父的兄弟——湯瑪斯・賀蘭（Thomas Holland）和約翰・賀蘭（John Holland），牛津伯爵會攜帶著國王的大劍。國王的愛將羅伯・諾爾斯爵士（Sir Robert Knolles）和湯瑪士・波西爵士（Sir Thomas Percy），以及倫敦市長渥爾渥斯都會陪侍在側，王太后瓊則殿後，整支隊伍以兜圈子的方式移動，以確保所有團員的安全。今天早上的風雲人物非倫敦軍區總隊長湯瑪斯・法靈頓（Thomas Farringdon）莫屬，膽大包天的他數次切入國王的隊伍，抓住國王馬匹的韁繩，要求國王處決財務大臣赫爾斯，並稱他為「頭號叛徒」。若你不願錯過任何精采畫面，就必須在日出之前由阿爾德門出城趕赴麥爾安德。在你抵達時，大部分的反抗軍和來自倫敦的群眾應該集合得差不多了。眼尖的你應該會注意到兩本特大號的書，它們是從埃塞克斯的艾德蒙・德拉梅爾將軍（Admiral Edmund de la Mare）的圖書室搶來的，反抗軍把兩本書插在乾草叉上四處遊行，作為一種令人不解的象徵。

接下來向各位貴賓說明今早的詳細流程和走位。首先數位反抗軍領導人會走向理查國王，在他面前單膝跪下，開始陳述要求、表達不滿，內容大都和農奴制度及工作狀況有關，此外請願者也要求禁止封建罰款及莊園內的人身控制。在他們說了好一陣子後，理查國王會開口同意所有要求，並請在場所有群眾排成兩個橫排，好讓他授予得來不易的自由權。國王同時大聲宣告，除了獲得自由權以外，反抗軍有權逮捕全英格蘭的叛徒，帶到他面前讓他依法審判。至於國王為何會這樣說原因不明，大家聽進去多少我們也不知道。數分鐘後有些反抗軍決定直接回家睡覺，有些則受到聖旨激勵，大聲嚷嚷著要回倫敦把叛徒抓好抓滿。國王說的「依法審判」，可能還要等等。

理查國王要反抗軍搜捕叛徒的命令約會在早上九點半左右傳到倫敦塔，不久後一批剛剛待在麥爾安德的反抗軍也會抵達，人數還不算少。看似壁壘森嚴的倫敦塔，在一小時內便會讓熱血沸騰的反抗軍占領。敝社同時收到線報：倫敦市民放下了倫敦橋，城內的衛兵看見暴民舉的是王室旗時瞠目結舌、拔腿就跑，倫敦塔內同情暴民的人士也為他們開啟了祕密通道。

團員可以參與攻占倫敦塔的過程，但請注意塔內階梯和房間的排列組合就像迷宮一樣，非常容易迷路，且一迷路鐵定沒戲唱，只能不斷鬼打牆，因此敝社良心建議跳過這關。執意參與的貴賓請特別注意，絕對別向任何人洩漏亨利‧博林布魯克（Henry Bolingbroke）的藏身之處，他是岡特的約翰之子，十八年後將被加冕為英格蘭國王亨利四世（Henry IV）。數小時後，反抗軍會帶著四位重要的俘虜出現：坎特伯里大主教西蒙‧蘇保利、財務大臣羅伯‧赫爾斯、警衛長約翰‧雷格（John Legge）以及方濟會修士威廉‧阿普頓（William Appleton）（岡特的約翰的私人醫師）。四人皆會被帶到塔丘上斬首，其中負責大主教蘇保利的劊子手格外手殘，斧頭砍了八次才讓他的身首分

離。

今早值得注意的最後一件事，是王太后瓊坐著駁船逃離現場，到王族的藏身之處——貝納得堡與親信會合，這座城堡就在倫敦城的西邊。

下午與夜間行程

午後的行程比早上更加血腥殘酷。倫敦暴民對外邦人的積怨會如脫韁野馬般一次爆發。聚集在倫巴底街的義大利銀行家將大難臨頭，不過最慘的絕對是集中在溫特里區的法蘭德斯人，他們確切的位置在通往泰晤士河岸的三一街南側的小巷子裡。你可以看見暴民在女王街和上泰晤士街的交叉口聚集，他們很快就會闖進聖馬丁教堂的大門，揪出躲在裡頭的四十個法蘭德斯人，然後將他們全部斬首！溫特里區的另一位苦主則是家財萬貫的倫敦商人理查・里昂斯（Ricahrd Lyons），暴民會衝進他家逮人，再將他沿庫德威那區的各街道向北拖行，帶到齊普賽街處決。若你需要一點線索確認身分，當時的人是這樣形容這位先生的：「身材魁梧、長相英俊，頭髮集中在耳朵四周且有點自然捲，蓄著山羊鬍。經常穿著快要拖地的錦緞長袍，袍上有花朵狀的線條，肩上常由左到右斜背一個大皮包，素色大披肩覆蓋了他的雙肩和上背。」

早上在塔丘砍下的那些頭顱會被反抗軍帶著穿越整座倫敦城，抵達位於查令小丘的艾琳諾十字碑，反抗軍首領開始精心策劃如何展示這些「戰利品」。大主教蘇保利的紅色法冠會被釘在頭上，和羅伯・赫爾斯、羅傑・萊吉特、威廉・阿普頓以及陪審員羅伯・索姆努爾（Robert Somenour）的頭顱一起插在一根根的長矛上。約莫下午四、五點時，你便可以加入這場喧鬧歡騰的「五頭巡禮」，遊行隊伍將浩浩蕩蕩地走向西敏市，

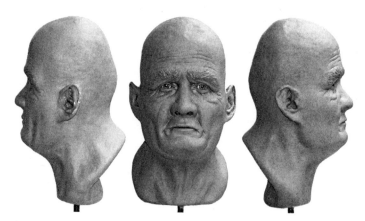

這可能是西蒙‧蘇保利的真面目：在這顆頭顱離開他的主人六百年後，專家運用鑑識技術重建他的外觀。

折返後在倫敦橋上不敬禮解散，那五顆頭顱也會留在那兒讓民眾盡情觀賞。

6月15日，星期五
西敏寺與瓦特‧泰勒之死

習慣早起和喜愛觀察王室的貴賓，週五黎明之時就可以到西敏市待命。南華克王座法院監獄的看守者理查‧因渥斯是反抗軍的首要目標之一。他聽到風聲便逃離南華克的豪宅，躲進西敏寺避避風頭。上午九時許，一支人數眾多的隊伍會闖進西敏寺，直衝因渥斯藏身的主祭壇將他俘虜。各位團員可以跟著群眾回到齊普賽街，在午後時分見證又一次的刀起頭落。

回程路上經過麵包街時，團員可以留意一下格林菲的約翰（John of Greenfield）這位可憐蟲，他只是個僕從，但因為幫昨天被砍頭的威廉‧阿普頓說話，還是被暴民逮捕，拖行至奎恩

海澤和泰晤士河畔，再帶到齊普賽街殺頭。

　　若你選擇在西敏市按兵不動，就等待理查國王駕到吧！這次國王帶了超過兩百名隨扈，一排來自聖史蒂芬教堂的教士會莊重地迎接，陪同國王步入西敏寺，在懺悔者愛德華的聖殿進行不公開的禱告儀式。此時西敏寺戒備森嚴，禁止閒雜人等進入。我們建議各位團員在寺外等待三十分鐘，活動結束後尾隨前往史密斯菲爾德的皇家隨扈。

夜間行程

　　白天選擇待在倫敦鬧區的團員若多多留意，就會聽到理查國王要與反抗軍再次會面的消息，時間就是今天，地點則在史密斯菲爾德——倫敦城北邊一片寬敞的空地，集市、慶典和公開處決等事都在此舉行。午餐時間一過，你就會看見往新門和阿爾德門的人潮，跟著走就對了。大約下午五點，倫敦城內的反抗軍幾乎都抵達史密斯菲爾德了，瓦特・泰勒和上次一樣威風凜凜地騎著馬，指揮著群眾。

　　皇家騎兵隊不久便會抵達，在壯麗的聖巴薩羅繆大教堂和醫院前整隊，和反抗軍隊伍間有段距離。接下來發生的事，各位貴賓只能遠遠地觀看，無法聽見人物間的對話，因此你必須花點工夫解讀到底發生了什麼事。首先你會看到瓦特・泰勒騎著馬接近國王和他的隨扈。雖然在這麼遠的距離外很難看見泰勒的表情，但他顯然對國王有些輕蔑。這次他並沒有單膝跪下，握手也握得太用力了些。他接著開始高聲宣揚「理想中的英格蘭」該是如何如何，明示暗示金雀花王朝封建制度下的法律及宗教機構應該廢除，想當然耳引來此起彼落的噓聲。「演說」進行到一半，倫敦市長渥爾渥斯會站出來和泰勒針鋒相對，雙方接著便掏出匕首單挑！在一陣亂鬥之後，皇家騎兵隊

取自中世紀的插畫，理查二世看著倫敦市長和拉爾夫‧史丹迪殺死瓦特‧
泰勒，並向群眾喊話。

的一名隨扈拉爾夫‧史丹迪（Ralph Standish）會拔劍衝向泰勒，
刺穿了他的腹部。

　　目睹這怵目驚心的一幕後，反抗軍開始騷亂，但請各位團
員不要恐慌，留意國王的動向。國王高聲命令反抗軍隊伍跟隨
他，一說完便同貼身隨扈往克勒肯維爾的方向奔去了。在一陣
猶疑之後，大部分的成員選擇跟隨國王。薄暮時分，倫敦市長
渥爾渥斯會帶領一小隊臨時徵召的傭兵來到克勒肯維爾，將士
氣低落、心意徬徨的反抗軍團團圍住。眼見這麼多援軍抵達，
國王一聲令下，反抗軍隊便緩慢地潰散，來自埃塞克斯的成員

大都選擇直接回家。此時若各位團員有辦法接近皇家騎兵隊，就會看見理查國王授予渥爾渥斯和其他三位郡長爵士頭銜，分別是尼可拉斯·本柏（Nicholas Brembre）、羅伯·勞德（Robert Launde）和拉爾夫·史丹迪。

啟程

我們建議各位貴賓見好就收，在此結束這場英倫穿越之旅。請克制自己的好奇心，不要尾隨埃塞克斯反抗軍回家，也不要執意探詢事情的後續而流連忘返。接下來的幾週，英格蘭各地會陸續爆發激烈的反抗行動，官方的鎮壓也會更加血腥殘暴，戰火將由薩默塞特郡的橋港市延燒到北方的劍橋和約克。

CHAPTER

3

第一次牛奔河之役
First Battle of Bull Run

時間：1861年7月21日
地點：美國華盛頓哥倫比亞特區、維吉尼亞州

 快來加入北方聯邦的菁英，共同迎接美國南北戰爭的第一場主要戰役！

你可以在華盛頓特區心臟地帶的韋拉德大飯店用餐，領略當時的社交生活和都市人的傲慢。你可以乘著四輪馬車到維吉尼亞的森特維爾與聯邦的波多馬克軍會合，和記者、政治人物以及好奇的群眾共襄盛舉，體驗森特維爾丘的緊張氣氛。英勇無畏的團員甚至可以在戰爭最前線享受最真實的感官刺激，不過聯邦軍隊（以下簡稱北軍）終將面臨潰敗的下場，因此請先做好撤退的心理準備。一大群戰敗的阿兵哥將沿著沃倫頓公路一路撤回華盛頓。

歷史充電站：北軍企望速戰速決

美國南北戰爭初期，北軍的政治人物及媒體呼籲軍方對維吉尼亞北部的邦聯「偽政權」展開攻勢，盼能在短時間內取得決定性勝利，順勢對其首都里奇蒙展開總攻擊，一舉擊潰對方。

在龐大的政治壓力下，北軍總司令厄文·麥克道爾（Irving McDowell）勉為其難，指揮駐紮於華盛頓西南方、幾無作戰經驗的三萬五千波多馬克軍，準備發動攻擊。同一時間，由皮埃爾·古斯塔夫·圖唐·博雷加德（Pierre Gustave Toutant Beaure-gard）將軍帶領的邦聯軍隊（以下簡稱南軍）正於牛奔河彼端的馬納薩斯驛站集結。

華盛頓的政治高層認為他們在牛奔河一役就能讓南軍打包回家。數百名熱血民眾自首都跋涉三十哩，趕赴森特維爾加入麥克道爾將軍的行列，企望速戰速決，早早回家慶祝。

但事情沒有想像中那麼夢幻，由於偵查不足、缺乏經驗、運氣欠佳，麥克道爾將軍在關鍵時刻無法集中他的大部隊。西側戰線上的兩個師本欲採取側翼戰術，

牛奔河戰場上的北軍炮兵部隊。

但變化莫測的戰況讓部隊寸步難行。博雷加德將軍則幸運得多，在援軍搭著火車趕到後掌握了勝利的籌碼，逐漸控制戰況。下午五時許，北軍的戰線全面瓦解，沒打過仗的北軍士兵身心飽受摧殘，軍紀隨之潰散。數千名阿兵哥不聽指令，在南軍騎兵和大炮的猛攻下向森特維爾逃竄，原本自信滿滿的軍隊上演了一場狼狼的大撤退。

在這場戰事中，兩支軍隊都過於莽撞，急於求勝卻缺乏組織。戰場上龐大的死傷和惡劣的身心狀況令人為之震懾。第一次牛奔河戰役後，雙方軍民皆深刻體認，這場戰爭的止息之日尚遠，消耗的財力，流下的鮮血遠比想像中還多。

{ 行程介紹 }

各位貴賓將於1861年7月20日星期六的下午抵達華盛頓哥倫比亞特區，確切的地點為賓夕法尼亞大道和第十四街交口的東南角，當天天氣溫暖而潮濕，請各位落地後多看幾眼，並於7月22日星期一的午夜回到此處集合。

看似壯麗的華盛頓，其實是座尚待開發的新興小城，公共衛生和垃圾處理尤其欠佳；這座建造在沼澤之上的城市還有相當嚴重的蚊蟲問題。深吸一口氣，你鐵定能聞到半公里外的排水溝飄來的陣陣腐臭味。

不過在各位貴賓前方的正是韋拉德大飯店華麗的流線型轉角，這是棟布雜藝術風的五層樓建築，也是城內最多政商名流冠蓋雲集之處。林肯先生今年年初就任總統之前曾住在這裡；戰爭爆發前的最後一次和平會議也在這兒召開，最後以失敗收場。現在的韋拉德大飯店是華盛頓政治和社交生活的重心，會客室和餐廳總是擠滿了政治人物、說客、高級軍官、記者和企業家等屬害角色，一如明年會造訪此處的作家霍桑（Nathaniel

Hawthorne）所言：「求取一官半職的、牽線的、立約的、投資的、搞藝術的、攀附外邦權力的、說話又臭又長的、指揮蓋鐵路的，在這兒都找得到。」你可以留意一下牆上煙燻的痕跡和水漬，在你大駕光臨的兩個月前，隔壁的小理髮廳發生火災，差點吞噬了整座飯店。當時一隊英勇的紐約打火兄弟趕來救火，搭起人肉金字塔運送水桶和水管，才讓飯店倖免於難。他們現在服役於北軍的紐約第十一輕步兵大隊，各位團員稍後便會見到他們。

你可以把握機會看看西邊不遠處的白宮，或沿著第十四街往南走五分鐘，就會抵達華盛頓紀念碑。若想去國會山一探究竟，你可以搭乘四輪馬車，或到賓夕法尼亞大道的西南角搭乘每過一段時間就會出現的公共馬車，車程僅需數分鐘。

到了國會山，各位可能會對雜亂的街景感到意外。寬闊的街道兩旁種著臭椿樹，豪華的大理石連棟別墅、政府建築、粗糙而搖搖欲墜的木板廣告漫無章法地共存。國會大廈則在大幅整修中，屋頂上充滿建造到一半的大理石塔、鋼骨結構和起重機。舊有的屋頂即將被全新的大圓頂取代。

各位貴賓若肚子餓，可以返回韋拉德大飯店用餐，直接走進大廳，選擇一家餐廳找位子坐下即可，無須事先訂位。我們建議你在此處大吃特吃，能吃多少就吃多少，因為踏上牛奔河戰場後，有沒有空檔吃飯還不知道。這裡的主菜是美味的香烤狗魚佐紅酒醬、烘烤羊腿佐酸豆和炙烤鵪鶉肉。喜愛甜食的貴賓一定要嚐嚐淑女蛋糕、奶油派和果醬餡餅。一如你在其他食客桌上所見，你也可以外帶些野餐籃（附籐籃和整副餐具）、三明治和啤酒，在之後漫長的旅途上享用。

我們建議團員子夜之前一定要搭上四輪馬車，可以的話再提早一些。想在黎明之前一探北軍動員情形的同胞，須於晚上七點前出發。

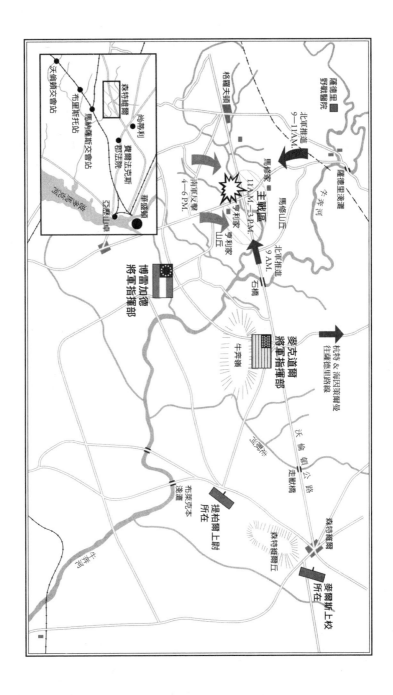

森特維爾

　　若馬車夫的方向感沒問題，各位貴賓會一路向西經過喬治城，再往南走跨過波多馬克河，抵達維吉尼亞州威廉王子郡的森特維爾。整趟旅程約三十哩，費時七小時左右。森特維爾是個蕞爾小鎮，在美麗的時節依然了無生氣，不過在7月21日的早晨，出現在你眼前的會是個匆匆部署的軍事基地。

　　在小鎮的東邊駐紮著三個師，分別由杭特（Hunter）、海因策爾曼（Heintzelman）和麥爾斯（Miles）三位上校指揮。小鎮西邊約半哩處，則有陸軍准將泰勒（Tyler）將軍帶領的一個師團，東西支隊透過鎮上的主要幹道沃倫頓公路互相聯絡。鎮上有幾間稍嫌簡陋的木板屋、一家小客棧和一座教堂，所以住宿應該不是什麼大問題。北軍的總司令麥克道爾將軍則駐紮在小鎮的西側，若你閒晃時經過營區，可能會聽見嘔吐的聲音，因為將軍今晚不幸中標，食物中毒得有點嚴重。

　　大約凌晨兩點三十分，部隊便會開始喧嘩，你會聽見喇叭聲和節奏參差的鼓聲，看見數百道營火熊熊燃起。士兵的早餐大都是難以下嚥的雜牌咖啡、乾牛肉、硬邦邦的壓縮餅乾配上一根香菸。匆匆用完早餐，騎兵開始拉緊韁繩，淒厲的馬鳴此起彼落，運貨馬車緩緩起步，軍士清點武器，指揮官的號令和軍隊的踏步聲隨著天邊露出的曙光漸強。凌晨的溫度舒適宜人，黎明之後氣溫開始直線上升，下午戰況最激烈之時，太陽將熱辣不堪，導致雙方士兵嚴重脫水，所以現在閒著沒事，就確認一下水帶得夠不夠吧！

小百科：說好的制服呢？

　　隨著軍隊開始行進，你會發現大家的制服並未統一。儘管北軍士兵大都穿著海軍藍制服，南軍士兵大都穿著灰色制服，依然有

北軍輕步兵的穿著。

許多人身上兩種顏色都有，甚至穿著與敵軍顏色相同的軍服，因為雙方陣營都沒有軍需幹部統籌此類事務，也未對制服做出硬性規定。而每個師之下的兵團通常是由各城市或各州的贊助者提供作戰裝備，軍服並不在贊助範圍之內，需要自行購買，這讓制服不統一的情況更加嚴重。不過稍後在牛奔河戰場上，塵土、硝煙和爛泥將讓所有人面目全非，弄不清誰是誰。

然而有兩支制服相當整齊的隊伍值得注意，首先是前面提過的紐約第十一義勇步兵團，又稱埃爾斯沃思（Ellsworth）或「第一消防輕步兵團」。他們身上最顯眼的是大紅色的袖口、海軍藍外套上的特殊裝飾，裡頭還穿著一件紅色的消防員汗衫，頭上戴的則是紅色搭著藍色的土耳其氈帽或法國軍用平頂帽，相當時髦帥氣。

另一支隊伍則是紐約第十四民兵團，又稱「布魯克林第十四民兵團」或「紅腿魔鬼團」，他們穿著深藍色獵人外套和紅色馬褲，戴著有藏青帽沿和遮頸片的紅色軍用平頂帽，搭配白色頸布和手套，儼然是本次戰役中最潮裝扮。

凌晨四點半左右，軍隊會開始移動，當初規劃的動線非常簡單，執行起來卻困難重重。杭特和海因策爾曼上校帶領的兩個師共約一萬兩千人，兩處駐紮地與沃倫頓公路的距離差不多，卻同時往公路方向行進，導致士兵、馬匹和軍事設備互不相讓，主要幹道大塞車。更糟的是，當第一支縱隊終於抵達城鎮西邊時，將撞上泰勒師團的屁股。因為沿路不斷遭到南軍的伏擊，泰勒師還在沃倫頓公路上奮力爬行，離目的地石橋尚有一大段距離。約莫凌晨五點半，麥克道爾將軍將在搖搖晃晃的走獸橋上現身，命令還在公路上的泰勒師團退到公路兩旁，讓杭特師和海因策爾曼師先行通過，這才解決了尷尬的塞車問題。

有意到薩德里野戰醫院看看的貴賓（詳見「戰地醫療」一節），請在海因策爾曼師離開沃倫頓公路，越過走獸橋數百碼後隨即跟上。隊伍將行進至薩德里淺灘北側再向南折返經過薩德里，最後抵達馬修山丘西側，整趟行程共花費五小時左右。沿著公路再往前走兩百碼，你會發現一間鐵匠工坊，現已徵用為麥克道爾將軍的前線指揮部。

森特維爾丘

森特維爾鎮南邊有座長滿草的小丘，關心戰況的民眾白天大都聚集於此。當你在大清早來到此地時，便會發現一小群記者、政治人物和他們的隨扈已經卡好位子了。接下來的五小時，來自各城市的自用或出租馬車會陸續抵達，騎馬或走路來的訪客也不在少數，使觀戰人數持續暴增。最早來的那群人當中有幾個值得留意的大人物，包括倫敦泰晤士報的特派記者威廉·浩爾·羅素（William Howard Russel）和戴著草帽、穿著亞麻風衣，背後掛著一個大木盒（裡頭裝著攝影機）的知名攝影師馬修·布雷迪（Matthew Brady）。從國會山則來了一大

票的政治大咖，在場的參議員有亨利・威爾森（Henry Wilson）
（麻薩諸塞州）、扎凱萊亞・錢德勒（Zachariah Chandler）（密西
根州）、班・韋德（Ben Wade）（俄亥俄州）、詹姆斯・葛萊姆
斯（James Grimes）（愛荷華州）、吉姆・連恩（Jim Lane）（堪薩
斯州）、拉法葉・福斯特（Lafayette Foster）（康乃迪克州），眾
議員則有艾爾弗雷德・伊利（Alfred Ely）（紐約州）、史凱勒・
科爾法克斯（Schuyler Colfax）（印第安那州），以及埃利胡・華
須本（Elihu Washburn）和伊薩克・阿諾（Issac Arnold）（伊利諾
州）。幾乎整個上午，參議員威爾森和他的隨從會不斷發放新
鮮三明治給軍隊充飢，不過請務必遠離這位先生的四輪馬車，
因為約莫下午四五點，一顆南軍炮彈會冷不防飛進來，完全命
中那輛馬車，嚇得威爾森先生騎著驢子逃回華盛頓。

　　其他經過小丘的人物包括俄亥俄州法官丹尼爾・麥庫
克（Daniel McCook）和頭號廢奴主義者 W・P・湯瑪森（W. P.
Thomasson），頭上總是戴著一頂黑色加高大禮帽。這位帽子先
生稍後便會同伊利諾州眾議員歐文・洛維喬（Owen Lovejoy）
拿起槍桿子，加入紐約第七十一步兵團作戰。兩個駕著馬車的
波士頓年輕人會下車尋找一名北軍士兵的遺體；他們的哥哥三
天前在小丘南邊的布萊克本淺灘遭到南軍伏擊陣亡。小丘上還
有數十位女性，有士兵的母親、參議員夫人，還有叫賣餡餅和
氣泡水的婦女。小有名氣的奧古絲塔・福斯特（Augusta Foster）
小姐也在現場，她有「軍團之女」的稱號，也是緬因第二步兵
團的精神支柱。

　　不過老實說，站在這裡其實看不到什麼精采的戰況。即便
各位貴賓整天都聞得到火藥味，聽得到震耳欲聾的槍炮聲，這
兒離主戰場馬修山丘和亨利家山丘仍有五哩之遙。白天時北軍
軍官會不定期捎來捷報，通常是在正午前後：「我們在每一區
都把他們打得落花流水！」雖然你知道真相如何，也請盡量憋

迪克森·麥爾斯上校（手上的烈酒沒現出來）。

住，不要說溜嘴。如果各位貴賓決定整天都待在森特維爾丘，我們建議最遲下午六點半要搭上馬車，否則稍後的撤退會讓交通嚴重打結，馬車幾乎無法移動。

群眾中比較不怕死的幾位資深共和黨參議員和記者覺得這兒看不過癮，要在上午九點左右前往戰況激烈的沃倫頓公路和牛奔嶺（詳見「牛奔嶺」一節）。想離開森特維爾丘，但不想太冒險的團員可以加入迪克森·麥爾斯（Dixon Miles）上校的隊伍，到布萊克本淺灘一探究竟。

在森特維爾南邊約一哩，往馬納薩斯的道路西側有座小山，約翰·提柏爾（John Tidball）上尉和他的炮兵隊正在那兒作戰。嶺上的視野十分開闊，你可以清楚看見牛奔河和谷底小小一片的布萊克本淺灘。儘管這裡不是一級戰區，地上仍有一些屍體和棄置的軍用設備，是上週四一場小規模戰鬥留下的。接近午餐時間，大大小小的馬車會陸續抵達，在炮兵隊後方的

原野上排成一排看好戲。提伯爾上尉則被大批群眾包圍，不斷詢問仗打得怎樣了，但他完全沒有理會。

　　會騎馬的團員可以尾隨迪克森・麥爾斯上校，下午有段關於他的小插曲十分有趣。上校在這次戰爭中負責管理後備軍，一大清早他會在森特維爾旅館的門廊上納涼，這裡現在是他的司令部，也充當野戰醫院使用。他稍後會把兩頂稻草帽疊在一起戴在頭上，看似怪異好笑但遮陽效果奇佳。同時他因為喝了太多烈酒配上鴉片類藥物，已經茫茫然然、踉踉蹌蹌。麥爾斯上校上午會到戴維斯（Davies）和理查森（Richardson）兩位上校的炮兵陣地巡視，不過下午回程時的遭遇精采許多。理查森上校會拒絕服從麥爾斯的命令，並在眾人面前指控他在作戰期間喝醉。請別太快走開，等會兒麥克道爾將軍會現身並要麥爾斯上校滾蛋。

牛奔嶺

　　沃倫頓公路南側的牛奔嶺無疑是觀察戰況的最佳位置，各位貴賓可以穿越原野抵達此處，但我們建議沿著公路向西行走。午餐時間快結束時，大咖記者和資深參議員觀光團會風塵僕僕地抵達，一同眺望主要戰場馬修山丘和亨利家山丘的概況。若你天不怕地不怕，想要看得更清楚點，可以再沿沃倫頓公路前進半哩，抵達另一優良觀戰點——石橋。

　　這個下午，法官丹尼爾・麥庫克會跟他的其中一個兒子用餐，這孩子吃完飯就打仗去了。令人揪心的是，這可憐的孩子在戰鬥中遭到一名南軍軍官射殺，回程的馬車上陪著法官先生的是具冰冷的遺體。眾議員華須本先生看打仗看得很生氣，不久便說要親自去「偵查」，揚長而去。如前所述，請各位團員一定要在下午五點半前離開此地，屆時南軍騎兵將大開殺戒，

倒楣的眾議員伊利先生也將成為南軍步兵團的俘虜。

小百科：戰地醫療

儘管和之後的幾場大會戰相比，牛奔河之役只是美國南北戰爭中的一次小衝突，但對旁觀者或參戰人員而言，血腥殘暴的程度遠遠超乎想像。一整天下來，北軍共有460人死亡、1,124人負傷，南軍則有387人死亡、1,587人負傷。傷者大都送往當天才設立的野戰醫院之一，有不少人在那裡嚥下了最後一口氣。

關心醫療技術的團員可到石橋旁有四間房的農舍、農舍北邊和牛奔嶺彼側沃倫頓公路上的路易斯之家參觀。最大最繁忙的野戰醫院則位於薩德里泉，早上杭特和海因策爾曼師行進時會經過這個小村落。

中午過後，要穿越戰場抵達薩德里泉是不可能的事，因此你必須在黎明之前加入杭特和海因策爾曼的師團一同行進。經過薩德里泉時，你會發現軍士把村裡的教堂迅速改裝成野戰醫院。教堂裡的長椅會全部搬到附近的橡樹叢中棄置，地上鋪滿了稻草，臨時手術桌也一一架起。第一批救護（馬）車將於上午十點三十分左右抵達，上頭搭著顯眼的白色帆布，滴下的血在教堂外聚成駭人的一攤。下午時分，醫官會緊急徵用兩幢附近的房舍和一處車輪工匠的作坊，但教堂前地上已經躺滿屍體和輕重傷患。除了止血、包紮傷口和處置骨折外，醫官也忙著進行截肢手術，盡力挽救傷患，當時可用的麻醉劑有白蘭地酒、嗎啡和氯仿。不過我們要先警告各位貴賓：醫院裡的種種聲音遠比畫面或氣味令人難以消受。

戰事始末

不管各位貴賓選擇的觀戰地點是石橋還是牛奔嶺，都只能看見整場戰役的片段：北軍泰勒師團在下午三點左右越過石橋，一排又一排的士兵小心翼翼地穿過原野，臉上寫著不安，點綴山丘上的小灌木林冒出一陣又一陣的濃煙。不過根據這些

畫面，你大致能拼湊出整支軍隊的動向。

　　早上九點半至十一點半，北軍和南軍會在馬修山丘上碰頭。若你睜大眼睛用力的看，應該能看見准將內森·伊凡斯（Nathan Evans）的第七旅在石橋前轉向，往西邊的馬修山丘前進，與正要抵達薩德里淺灘的北軍主力會師。謝爾曼（Sherman）上校領軍的第二旅勢如破竹，很快便會越過石橋北邊數百碼的農場淺灘。上午十一時三十分左右，北軍的多線夾擊會截斷南軍在馬修山丘上的戰線，我們從這裡可以清楚看見南軍開始向南撤退至亨利家山丘。

　　接下來的一小時左右，聚集在馬修山丘上的大批北軍會和

如果你正在觀看北軍打仗，然後畫面看起來跟這張圖差不多，那你可能靠得太近了，請退回至牛奔嶺觀戰。

在亨利家山丘上重新集結的南軍展開一場炮兵大對決,各位貴賓可能要習慣一下震耳欲聾的爆炸聲。而在下午一點到三點間,北軍的數波攻擊都遭到擊退,據傳來自維吉尼亞的傑克森(Jackson)上校,帶著他的一個團在南軍戰線的中央屹立不搖,「像座石牆一樣」,不過這件事的真偽仍有待商榷。

　　或許從各位貴賓的視角不易察覺,但下午三點半之後,局勢開始扭轉。許多北軍士兵因為長途行進、缺水缺糧,開始無精打采,有些甚至連站都站不穩。就在同一時間,大批來自仙納度河谷的南方援軍乘著火車抵達前線。這批大軍一加入戰局,北軍的戰線便開始潰散,首先失守的是主戰場東側的清嶺,不久亨利家山丘山腳下的中線軍隊也節節敗退。下午五點,北軍開始倉皇撤退,有些擁向北邊的薩德里,更多人則往東逃離,越過石橋回到沃倫頓公路上。

戰役結束後,南軍騎兵隊在薩德里淺灘上排排站。

參議員扎凱萊亞‧錢德勒和班‧韋德。

全面撤退

自牛奔嶺上望去，明顯的撤退跡象首先出現在下午五點左右。逃竄的士兵會大喊：「快撤啊！快啊！我們要全軍覆沒啦！」參議員扎凱萊亞‧錢德勒見狀馬上站到路中央，用單手做出擋路的姿勢，想阻止士兵撤退。參議員班‧韋德則會拿起步槍，把槍口瞄準撤退的士兵，但一點嚇阻作用都沒有。請注意，各位貴賓須在下午六點前越過距離此地一哩的走獸橋，因為屆時南方大軍的火力將會到達橋邊，並引發這場戰役中最大的騷動。橋上的一輛馬車會突然轉向並翻覆，阻礙撤退人潮的去路，弟兄們只好狼狽跳河。自此刻起，這場撤退變成了逃難。士兵紛紛拋下武器、背袋，甚至把制服也脫了，沿路留下一整排的彈藥箱、一捆捆的稻草和一袋又一袋的燕麥，炮彈不斷在他們頭上爆炸，未曾停歇。有些人擠上了救護（馬）車和四輪馬車，有些則看到野馬或野驢就騎上去加速逃離。不管是高級軍官還是小兵，此時此刻都拚了命地往森特維爾狂奔，憤怒又

驚嚇地狂吼……因此請各位貴賓不要擋到他們的去路。

　　有幸逃到沃倫頓公路上再往前奔走一哩的士兵算是安全了，由布蘭克（Blenker）上校指揮的德軍旅（多由德裔美籍人士組成）共有三個步兵團和一門大炮，將掩護北軍撤退並稍微管制路上交通。成功抵達安全區域後，有些士兵會直接回家，有些去華盛頓，更多人則回到森特維爾的營區，把能帶的東西都帶一帶，再來面對往首都三十哩的艱苦跋涉。麥克道爾將軍也會在當天子夜宣布「全員撤離」。如果各位團員招不到出租馬車必須步行，我們建議你去搭訕一下從羅德島州來的那幾位小伙子，與他們同行，因為他們仍然元氣十足，哼歌也哼得最動聽。這將是段非常虐心的旅程，你會看到跛行的傷者有些剛被截肢，傷口還滲著血、有些大腿或鼠蹊部少了一大塊肉，有些甚至連舌頭都沒有。更糟的是，屆時軍隊已經沒法提供半滴乾淨的水了，只能請各位旅客走好走穩，各自珍重。

穿越時空書單
Past, present & future reading

碗糕時空旅行社試玩員在實地考察之餘,亦參照專家學者及素人的史學著作,這些史學家雖然無緣使用「啾一下時光機」,但卻不受其所在的時空所圍,以文字還原歷史現場,敝社可為其忠於史實掛保證,並推薦各位貴賓在穿越之旅前閱讀,但千萬千萬別放進你的手提行李中。

金襴會

格倫·理查德森(Glenn Richardson)。《金襴會》(The Field of Cloth of Gold)。2013年。

萬國工業博覽會

麥可·利普曼(Michael Leapman)。《一先令,一世界》(The World for a Shilling: How the Great Exhibitionof 1851 Shaped a Nation)。2001年。

倫敦歐戰勝利日

羅素·米勒(Russell Miller)。《歐戰勝利日:民眾心聲》(VE Day: The People's Story)。2007年。

胡士托音樂節

詹姆斯·佩龍(James E. Perone)。《胡士托風波全紀錄》(Woodstock: An Encyclopaedia of the Music and Art Fair)。2005年。

喬伊·麥克渥(Joel Makower）。《烏茲塔克口述歷史：揭開世紀搖滾音樂祭的真相》（*Woodstock: An Oral History*）。1989年。

波士頓茶會

班傑明・L・卡普（Benjamin L. Carp）。《愛國者起義：波士頓茶會和美國的誕生》（Defiance of the Patriots: The Boston Tea Party and the Making of America）。2010年。

哈洛・賈爾斯・安格（Harlow Giles Unger）。《美國革命旋風：都是波士頓茶會惹的禍》（American Tempest: How the Boston Tea Party Sparkeda Revolution）。2011年。

查理一世上斷頭臺

班・寇茨（Ben Coates）。《英國內戰對倫敦經濟之衝擊（1642-1650）》（*The Impact of the English Civil War on the Economy of London 1642–50*）。2004年。

查爾斯・史賓塞（Charles Spencer）。《弒君者》（*Killers of the King: The Men Who Dared to Execute Charles I*）。2014年。

薇洛妮卡・韋奇伍德（C. V. Wedgwood）。《眾矢之的：查理一世之審判與處決》（*A King Condemned: The Trial and Execution of Charles I*）。1964年。

凡爾賽宮婦女大遊行

喬治・魯德（George Rudé）。《法國大革命中的群眾》（*The Crowd in the French Revolution*）。1959年。

西蒙・沙瑪（Simon Schama）。《公民：法國革命編年史》（*Citizens: A Chronicle of the French Revolution*）。1989年。

斐迪南大公暗殺事件

克里斯多福・克拉克（Christopher Clark）。《夢遊者：1914年歐洲如何邁向戰爭之路》（*The Sleepwalkers: How Europe Went to War in 1914*）。2012年。

大衛・詹姆斯・史密斯（David James Smith）。《1914年6月28日：塞拉耶佛之晨》（*One Morning in Sarajevo：28 June 1914*）。2008年。

柏林圍牆倒塌事件

瑪麗・艾莉斯・薩洛特（Mary Elise Sarotte）。《柏林圍牆意外倒塌！？》（*The Collapse:The Accidental Opening of the Berlin Wall*）。2014年。

第二百三十五屆古代奧運會

奈吉爾・史派維（Nigel Spivey）。《古代奧運會》（*The Ancient Olympics: A History*）。2005 年。

莎士比亞環球劇場開幕夜

彼得・艾克洛伊德（Peter Ackroyd）。《莎士比亞傳》（*Shakespeare: The Biography*）。2005 年。

詹姆士・夏比洛（James Shapiro）。《1599：環球劇場元年》（*1599: A Year in the Life of William Shakespeare*）。2005 年。

好萊塢黃金年代

西門・盧維許（Simon Louvish）。《西席・戴米爾的「藝」生》（*Cecil B. DeMille: A Life in Art*）。2008 年。

史考特・艾曼（Scott Eyman）。《夢想帝國：西席・戴米爾傳奇的一生》（*Empire of Dreams: The Epic Life of Cecil B. DeMille*）。2010 年。

咆勃爵士樂誕生

史丹利・克魯希（Stanley Crouch）。《鳥仔旋風》（*Kansas City Lightning: The Rise and Times of Charlie Parker*）。2013 年。

艾拉・吉特樂（Ira Gitler）。《搖擺咆勃》（*Swing to Bop: An Oral History of the Transition in Jazz in the 1940s*）。1985 年。

羅賓・凱利（Robin D. G. Kelley）。《美國怪傑：瑟隆尼斯・孟克》（*Thelonious Monk: The Life and Times of an American Original*）。2010 年。

披頭四發跡

馬克・路易森（Mark Lewisohn）。《那些年：披頭四傳記三部曲（一）》（*The Beatles: All These Years – Volume 1, Tune In*）。2013 年。

叢林之戰

諾曼・梅勒（Norman Mailer）。《那一戰》（*The Fight*）。1975 年。

馬可・波羅遊上都

馬可・波羅（Marco Polo）。《馬可・波羅遊記》（*The Travels*）。1299 年。

約翰・曼（John Man）。《仙那度：西方發現東方》（*Xanadu：Marco Polo and Europe's Discovery of the East*）。2009 年。

庫克船長越洋首航

彼得‧奧頓（Peter Aughton）。《奮進號：驚心動魄的海上之旅》（*Endeavour: The Story of Captain Cook's First Great Epic Voyage*）。2002年。

詹姆士‧庫克（James Cook）。《庫克船長日誌》（*The Journals of Captain Cook*）。1768–71年。

法蘭克‧麥克林（Frank McLynn）。《庫克船長：七海之王》（*Captain Cook:Master of the Seas*）。2011年。

維蘇威火山爆發

瑪麗‧畢爾德（Mary Beard）。《龐貝：一座古羅馬城市的生活》（*Pompeii: The Life of a Roman Town*）。2008年。

英格蘭農民起義

茱麗葉‧巴克（Juliet Barker）。《1381：農奴起義》（*1381: The Year of the Peasants' Revolt*）。2014年。

丹‧瓊斯（Dan Jones）。《浴血之夏》（*Summer of Blood: ThePeasants' Revolt of 1381*）。2010年。

第一次牛奔河之役

大衛‧德澤（David Detzer）。《蜩螗沸羹：1861年牛奔河之役》（*Donnybrook: The Battle of Bull Run, 1861*）。2004年。

亂入時空旅行團：帶你完美路過兩千年來 20 個歷史現場
The Time Travel Handbook: From the Eruption of Vesuvius to the Woodstock Festival

作　　者	詹姆斯・威利（James Wyllie）、強尼・艾克頓（Johnny Acton）、大衛・戈布雷（David Goldblatt）	
譯　　者	張綺容、陳湘陽	
美術設計	高偉哲	
版型設計	黃暐鵬	
內頁排版	高巧怡	
校　　對	謝惠鈴	
行銷企畫	林芳如、王淳眉	
行銷統籌	駱漢琪	
業務發行	邱紹溢	
業務統籌	郭其彬	
責任編輯	吳佳珍	
副總編輯	何維民	
總 編 輯	李亞南	
發 行 人	蘇拾平	
出　　版	漫遊者文化事業股份有限公司	
地　　址	台北市 105 松山區復興北路 331 號 4 樓	
電　　話	（02）27152022	
傳　　真	（02）27152021	
讀者服務信箱	service@azothbooks.com	
漫遊者部臉書	www.facebook.com/azothbooks.read	
發　　行	大雁文化事業股份有限公司	
地　　址	台北市 105 松山區復興北路 333 號 11 樓之 4	
劃撥帳號	50022001	
戶　　名	漫遊者文化事業股份有限公司	
初版一刷	2018 年 4 月	
定　　價	390 元	
Ｉ Ｓ Ｂ Ｎ	978-986-489-258-7	

版權所有・翻印必究（Printed in Taiwan）
本書如有缺頁、破損、裝訂錯誤，請寄回本公司更換。

國家圖書館出版品預行編目 (CIP) 資料

亂入時空旅行團：帶你完美路過兩千年來 20 個歷史現場 / 詹姆斯・威利 (James Wyllie), 強尼・艾克頓 (Johnny Acton), 大衛・戈布雷 (David Goldblatt) 著；張綺容, 陳湘陽譯. -- 初版. -- 臺北市：漫遊者文化出版：大雁文化發行, 2018.04
376 面；13.8 X 21　公分
譯自：The time travel handbook : from the eruption of Vesuvius to the Woodstock Festival
ISBN 978-986-489-258-7(平裝)
1. 世界史
711　　　　　　　　　　　　　　107004419